Massimo Crippa   Marco Fiorani

SISTEMA TERRA

C Le rocce e i processi litogenetici
D Geologia strutturale e fenomeni sismici

© 2015 by Mondadori Education S.p.A., Milano
Tutti i diritti riservati

www.mondadorieducation.it

Prima edizione: febbraio 2015

Edizioni

10	9	8	7	6	5	4	3	2
2019		2018		2017		2016		2015

Questo volume è stampato da:
Cartoedit S.r.l. - Città di Castello (Pg)
Stampato in Italia - Printed in Italy

Il Sistema Qualità di Mondadori Education S.p.A. è certificato da Bureau Veritas Italia S.p.A. secondo la Norma UNI EN ISO 9001:2008 per le attività di: progettazione, realizzazione di testi scolastici e universitari, strumenti didattici multimediali e dizionari.

Le fotocopie per uso personale del lettore possono essere effettuate nei limiti del 15% di ciascun volume/fascicolo di periodico dietro pagamento alla SIAE del compenso previsto dall'art. 68, commi 4 e 5, della legge 22 aprile 1941 n. 633.
Le fotocopie effettuate per finalità di carattere professionale, economico o commerciale o comunque per uso diverso da quello personale possono essere effettuate a seguito di specifica autorizzazione rilasciata da CLEAREdi, Centro Licenze e Autorizzazioni per le Riproduzioni Editoriali, Corso di Porta Romana 108, 20122 Milano, e-mail autorizzazioni@clearedi.org e sito web www.clearedi.org.

Redazione	Beatrice Milano
Progetto grafico	Massimo De Carli
Impaginazione	ARA di Bellini Giovanni
Progetto grafico della copertina	46xy studio
Disegni	ARA di Bellini Giovanni
Ricerca iconografica	Beatrice Milano

Contenuti digitali

Progettazione	Fabio Ferri, Marco Guglielmino
Redazione	Viola Bachini, Michela Perrone
Realizzazione	Viola Bachini, Michela Perrone

In copertina *Glaciar gate in Nigardsbreen arm of the large Jostedalsbreen gla* ©BjornStefanson/Thinkstock

L'editore fornisce - per il tramite dei testi scolastici da esso pubblicati e attraverso i relativi supporti - link a siti di terze parti esclusivamente per fini didattici o perché indicati e consigliati da altri siti istituzionali. Pertanto l'editore non è responsabile, neppure indirettamente, del contenuto e delle immagini riprodotte su tali siti in data successiva a quella della pubblicazione, distribuzione e/o ristampa del presente testo scolastico.

Per eventuali e comunque non volute omissioni e per gli aventi diritto tutelati dalla legge, l'editore dichiara la piena disponibilità.

Per informazioni e segnalazioni:
Servizio Clienti Mondadori Education
e-mail *servizioclienti.edu@mondadorieducation.it*
numero verde **800 123 931**

Massimo Crippa   Marco Fiorani

SISTEMA TERRA

SECONDA EDIZIONE

C Le rocce e i processi litogenetici
D Geologia strutturale e fenomeni sismici

LIBRO+WEB

Libro+Web è la piattaforma digitale Mondadori Education adatta a tutte le esigenze didattiche, che raccoglie e organizza i libri di testo in formato digitale, i **MEbook**; i **Contenuti Digitali Integrativi**; gli **Strumenti per la creazione di risorse**; la formazione **LinkYou**.

Il **centro dell'ecosistema digitale Mondadori Education** è il **MEbook**: la versione digitale del libro di testo. È fruibile **online** direttamente dalla homepage di Libro+Web e **offline** attraverso l'apposita app di lettura. Lo puoi consultare da qualsiasi dispositivo e se hai problemi di spazio puoi scaricare anche solo le parti del libro che ti interessano.

Il **MEbook** è personalizzabile: puoi ritagliare parti di pagina e inserire appunti, digitare del testo o aggiungere note. E da quest'anno trovi il vocabolario integrato direttamente nel testo.

È sempre con te: ritrovi qualsiasi modifica nella versione online e su tutti i tuoi dispositivi.

In Libro+Web trovi tutti i **Contenuti Digitali Integrativi** dei libri di testo, organizzati in un elenco per aiutarti nella consultazione.

All'interno della piattaforma di apprendimento sono inseriti anche gli Strumenti digitali per la personalizzazione, la condivisione e l'approfondimento: **Edutools**, **Editor di Test e Flashcard**, **Google Drive**, **Classe Virtuale**.

Da Libro+Web puoi accedere ai **Campus**, i portali disciplinari ricchi di news, info, approfondimenti e Contenuti Digitali Integrativi organizzati per argomento, tipologia o parola chiave.

Per costruire lezioni più efficaci e coinvolgenti il docente ha a disposizione il programma **LinkYou**, che prevede seminari per la didattica digitale, corsi, eventi e webinar.

Come ATTIVARLO e SCARICARLO

MEBOOK

COME ATTIVARE IL MEbook

PER LO STUDENTE

- Collegati al sito mondadorieducation.it e, se non lo hai già fatto, registrati: è facile, veloce e gratuito.

- Effettua il login inserendo Username e Password.

- Accedi alla sezione Libro+Web e fai clic su "Attiva MEbook".

- Compila il modulo "Attiva MEbook" inserendo negli appositi campi tutte le cifre tranne l'ultima dell'ISBN, stampato sul retro del tuo libro, il codice contrassegno e quello seriale, che trovi sul bollino argentato SIAE nella prima pagina dei nostri libri.

- Fai clic sul pulsante "Attiva MEbook".

PER IL DOCENTE

- Richiedi al tuo agente di zona la copia saggio del libro che ti interessa.

COME SCARICARE IL MEbook

È possibile accedere online al **MEbook** direttamente dal sito mondadorieducation.it oppure scaricarlo per intero o in singoli capitoli sul tuo dispositivo, seguendo questa semplice procedura:

- Scarica la nostra applicazione gratuita che trovi sul sito mondadorieducation.it o sui principali store di app.

- Lancia l'applicazione.

- Effettua il login con Username e Password scelte all'atto della registrazione sul nostro sito.

- Nella libreria è possibile ritrovare i libri attivati: clicca su "Scarica" per renderli disponibili sul tuo dispositivo.

- Per leggere i libri scaricati fai clic su "leggi".

Accedi al MEbook anche senza connessione ad Internet.
Vai su www.mondadorieducation.it e scopri come attivare, scaricare e usare il tuo MEbook.

www.mondadorieducation.it

UNA DIDATTICA DIGITALE INTEGRATA

Studente e docente trovano un elenco dei **Contenuti Digitali Integrativi** nell'INDICE, che aiuta a pianificare lo studio e le lezioni in classe.

VIDEO E VIDEOLABORATORI

- Filmati per approfondire i temi più importanti attraverso una narrazione multimediale.
- Attività di laboratorio guidate per sviluppare le competenze attraverso esperienze, attività e ricerche.

ANIMAZIONI

Risorse animate di supporto e di semplificazione per visualizzare processi complessi e recuperare lacune.

WEBDOC

Un percorso di approfondimento e ripasso per fissare bene i principali "nodi" concettuali.

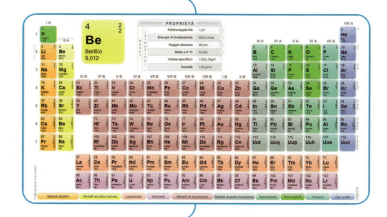

APP

La Tavola periodica interattiva, per esplorare le proprietà degli elementi chimici e scoprirne le caratteristiche meno conosciute.

E tanti altri Contenuti Digitali Integrativi:

Test autocorrettivi per verificare le conoscenze.

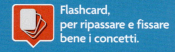
Flashcard, per ripassare e fissare bene i concetti.

www.mondadorieducation.it

Sommario

CONTENUTI DIGITALI INTEGRATIVI

SEZIONE C
Le rocce e i processi litogenetici — 1
Qualcosa in più Alcuni concetti fondamentali di chimica — 2

Unità 1 I minerali — 7
1. La mineralogia — 7
2. La composizione della crosta terrestre — 7
3. I minerali — 9
4. Genesi e caratteristiche dei cristalli — 10
   - 4.1 La struttura dei cristalli — 10
   - 4.2 La forma dei cristalli — 11
   - 4.3 I solidi amorfi — 12
Qualcosa in più Come si studiano i reticoli cristallini? — 13
5. Due importanti proprietà dei minerali: polimorfismo e isomorfismo — 14
6. Alcune proprietà fisiche dei minerali — 15
7. La classificazione dei minerali — 17
8. I silicati e la loro classificazione — 17
Scienze della Terra & salute Amianto: un killer invisibile — 21
9. Un'ulteriore distinzione: minerali femici e sialici — 22
10. I minerali non silicati — 22
Qualcosa in più Le pietre preziose — 23
In Italia L'oro del Ticino — 24
Verifiche — 25

Unità 1
- Animazione — I minerali e le rocce
- Flashcard
- Test

Unità 2 Le rocce ignee o magmatiche — 28
1. Le rocce — 28
Qualcosa in più Lo studio delle rocce — 30
2. Il processo magmatico: dal magma alla roccia — 30
3. La classificazione delle rocce magmatiche — 31
   - 3.1 Una prima classificazione in base alle condizioni di solidificazione — 31
   - 3.2 Un secondo criterio di classificazione: il contenuto in silice — 33
   - 3.3 La composizione mineralogica e chimica — 35
Qualcosa in più Classificazione modale: il diagramma di Streckeisen — 36
4. La genesi dei magmi — 37
In Italia Usi delle rocce ignee — 38
5. Il dualismo dei magmi — 39
6. Cristallizzazione frazionata e differenziazione magmatica — 40
Qualcosa in più Le serie magmatiche — 42
Verifiche — 43

Unità 2
- Webdoc — Le rocce ignee
- Flashcard
- Test

Unità 3 Plutoni e vulcani — 46
1. Plutoni — 46
   - 1.1 Corpi ipoabissali — 48

In Italia I plutoni italiani	50	
2	I vulcani: meccanismo eruttivo	51
3	Attività vulcanica esplosiva	52
	3.1 Il meccanismo di caduta gravitativa	53
	3.2 Il meccanismo di flusso piroclastico	53
	3.3 Il meccanismo di ondata basale	54
4	Attività vulcanica effusiva	54
	4.1 I diversi tipi di colate laviche	54
5	Eruzioni centrali ed edifici vulcanici	56
Qualcosa in più I camini kimberlitici: resti di antichi apparati vulcanici	58	
	5.1 Caldere	59
Storie di ieri Le più spaventose eruzioni vulcaniche della storia recente	60	
6	Eruzioni lineari o fissurali	62
7	Vulcanismo secondario	62
Qualcosa in più Islanda: terra di vulcani e di ghiacciai	63	
Scienze della Terra & tecnologia Energia geotermica in Italia	64	
8	Distribuzione dei vulcani sulla Terra	65
9	I vulcani italiani	65
Storie di ieri L'eruzione del Vesuvio del 79 d.C.	68	
10	Il rischio vulcanico	69
	10.1 Il rischio vulcanico in Italia	69
In Italia I Campi Flegrei: una zona ad alto rischio	70	
In Italia Il piano di emergenza per il Vesuvio	71	
Verifiche	72	

Unità 4 Rocce sedimentarie ed elementi di stratigrafia — 76

1	Il processo sedimentario	76
	1.1 Disgregazione, trasporto e sedimentazione	76
	1.2 La diagenesi	77
2	La classificazione delle rocce sedimentarie	78
	2.1 Le rocce clastiche	78
	2.2 Le rocce organogene	79
Storie di ieri Le Dolomiti: un'antica barriera corallina	80	
	2.3 Le rocce di origine chimica	81
Qualcosa in più I combustibili fossili	83	
In Italia Uso delle rocce sedimentarie in edilizia	84	
3	Elementi di stratigrafia	85
Qualcosa in più Dalle strutture sedimentarie agli ambienti di sedimentazione	86	
	3.1 Il rilevamento geologico	87
	3.2 Unità litostratigrafiche	88
	3.3 Unità biostratigrafiche	88
	3.4 Unità cronostratigrafiche	89
	3.5 Discontinuità stratigrafiche	89

CONTENUTI DIGITALI INTEGRATIVI

Unità 3
- **Video** I vulcani
- **Animazione** I vulcani
- **Flashcard**
- **Test**

Unità 4
- **Webdoc** Le rocce sedimentarie
- **Flashcard**
- **Test**

Sommario

3.6	Cicli sedimentari	90
Qualcosa in più	Gli ambienti sedimentari	92
Verifiche		93

Unità 5 Le rocce metamorfiche e il ciclo litogenetico   96

1	Il processo metamorfico	96
2	Studio e classificazione	97
3	Metamorfismo retrogrado	98
Qualcosa in più	Alcune reazioni metamorfiche	98
4	Tipi di metamorfismo e strutture derivate	99
	4.1 Metamorfismo di contatto	99
	4.2 Metamorfismo cataclastico	99
	4.3 Metamorfismo regionale	99
5	Le serie metamorfiche	100
6	Il ciclo litogenetico	102
Qualcosa in più	Usi delle rocce metamorfiche	103
Verifiche		104

Verso le competenze

Riconoscimento dei minerali	108
Le proprietà fisiche dei minerali	109
Riconoscimento di correlazioni stratigrafiche basate sulla presenza di fossili guida	109

Laboratorio

La crescita di sali di salgemma	110

SEZIONE D
Geologia strutturale e fenomeni sismici   111

Unità 6 Geologia strutturale   112

1	Le rocce possono subire deformazioni	112
2	I materiali reagiscono in modo diverso alle sollecitazioni	113
3	Le deformazioni nelle rocce: da che cosa dipendono?	113
4	Deformazioni rigide	114
Qualcosa in più	Analisi di laboratorio su campioni di roccia	115
	4.1 Sistemi di faglie	116
Qualcosa in più	Bacini di pull-apart	117
5	Deformazioni plastiche	118
	5.1 Classificazione delle pieghe	118
	5.2 Falde di ricoprimento	120
	5.3 Stile tettonico	120
Qualcosa in più	Il Cervino: uno spettacolare esempio di klippe	122
Qualcosa in più	La neotettonica	123
Verifiche		124

CONTENUTI DIGITALI INTEGRATIVI

Unità 5
- **Webdoc** — Le rocce metamorfiche
- **Animazione** — Il ciclo delle rocce
- **Flashcard**
- **Test**

Unità 6
- **Animazione** — Le faglie
- **Flashcard**
- **Test**

CONTENUTI DIGITALI INTEGRATIVI

Unità 7 I fenomeni sismici — 128

1 I terremoti	128
2 Le onde sismiche	130
2.1 Gli strumenti di rilevazione delle onde sismiche	131
3 Magnitudo e intensità di un terremoto	132
3.1 Le isosisme	134
3.2 Il concetto di rischio sismico	134
Qualcosa in più Come si determina l'epicentro di un terremoto?	135
Qualcosa in più Gli tsunami	136
4 Si può prevedere un terremoto?	137
4.1 La previsione deterministica	137
4.2 La previsione statistica	138
Storie di ieri 1908: apocalisse sullo Stretto	139
Qualcosa in più Dalla California... all'Aquila, passando per l'Irpinia: la previsione si scontra con la realtà	140
5 Come difendersi dai terremoti	142
5.1 Edilizia antisismica	143
5.2 Che cosa fare in caso di terremoto?	143
6 Distribuzione dei terremoti sulla Terra	144
Verifiche	145

Unità 7
- Animazione — Ipocentro ed epicentro
- Video — I terremoti
- Animazione — Le onde sismiche
- Animazione — Lo tsunami
- Flashcard
- Test

Unità 8 L'interno della Terra — 148

1 L'importanza dello studio delle onde sismiche	148
Qualcosa in più Riflessioni e rifrazioni delle onde sismiche	149
2 Le principali discontinuità sismiche	150
3 Crosta oceanica e crosta continentale	151
4 Il mantello	152
5 Il nucleo	153
6 Litosfera, astenosfera e mesosfera	153
7 I movimenti verticali della crosta: la teoria isostatica	154
8 Il calore interno della Terra	156
8.1 Flusso di calore	156
8.2 Origine del calore interno	156
8.3 Correnti convettive nel mantello	158
Qualcosa in più Moderni metodi di indagine: la tomografia sismica	158
9 Campo magnetico terrestre	160
9.1 La misura del campo magnetico terrestre (c.m.t.)	160
9.2 Le ipotesi sull'origine del campo magnetico terrestre	161
Verifiche	162

Unità 8
- Webdoc — La struttura della Terra
- Video — La dinamica terrestre
- Flashcard
- Test

Verso le competenze

Geologia strutturale	166
Le onde sismiche	167
Il rischio sismico	168
L'interno della Terra	169

Scienze della Terra

sezione C

Le rocce e i processi litogenetici

Unità

1 I minerali
2 Le rocce ignee o magmatiche
3 Plutoni e vulcani
4 Rocce sedimentarie ed elementi di stratigrafia
5 Le rocce metamorfiche e il ciclo litogenetico

Obiettivi

Conoscenze

Dopo aver studiato questa Sezione sarai in grado di:

→ descrivere i criteri di classificazione di minerali e rocce;

→ illustrare i tipi di rocce esistenti e le loro strutture;

→ descrivere il meccanismo eruttivo, i diversi tipi di eruzione (attività effusiva ed esplosiva) e i prodotti a essi connessi;

→ illustrare i fenomeni secondari dell'attività vulcanica con particolare riferimento allo sfruttamento dell'energia geotermica;

→ descrivere gli ambienti di formazione delle rocce, in particolare delle rocce sedimentarie.

Competenze

Dopo aver studiato questa Sezione ed aver eseguito le Verifiche sarai in grado di:

→ osservare e imparare a riconoscere sommariamente una roccia, a partire dall'analisi della struttura macroscopica, per classificarla come ignea, sedimentaria o metamorfica;

→ comunicare attraverso la terminologia specifica della geologia descrittiva e interpretativa, imparando a utilizzare informazioni e dati riportati nel testo e nelle figure;

→ correlare le molteplici informazioni descrittive e metterle in relazione con l'interpretazione del fenomeno (ad esempio, mettere in relazione l'origine dei magmi con la loro composizione chimica, il tipo di lava col tipo di attività vulcanica, col tipo di prodotto, col tipo di deposito e col tipo di edificio vulcanico risultante).

Alcuni concetti fondamentali di chimica

Gli atomi, i "mattoni" della materia

Tutta la materia è composta da unità piccolissime, delle dimensioni di poche decine o centinaia di nanometri e quindi invisibili, chiamate atomi (dal greco *atomos*, "indivisibile"). Un atomo è formato da tre tipi di particelle, ancora più piccole: i protoni (p^+, dotati di carica elettrica positiva), i neutroni (n, privi di carica elettrica) e gli elettroni (e^-, con carica elettrica negativa).

Gli atomi non sono tutti uguali: la differenza tra un atomo e un altro dipende dal diverso numero di protoni che contiene (che a sua volta influenza il numero di neutroni ed elettroni). A ogni tipo di atomo corrisponde un elemento chimico: tutti gli atomi di un elemento sono identici tra loro, ma sono differenti dagli atomi degli altri elementi proprio perché hanno un diverso numero di protoni.

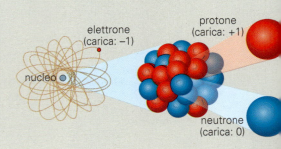

Quanto "pesa" un atomo?

In base al numero di protoni e neutroni che possiede, un atomo ha una certa massa; gli elettroni sono molto più leggeri, e quindi il loro peso è trascurabile. L'idrogeno, per esempio, è l'atomo più leggero presente nell'universo perché ha un solo protone, mentre il piombo è molto pesante poiché ha 82 protoni e un numero simile di neutroni. Per misurare la massa degli atomi, che è estremamente piccola, non si usa la comune unità di misura dei pesi, il chilogrammo, e nemmeno un suo sottomultiplo, ma un'unità di misura introdotta appositamente: il **dalton** o, più correttamente, l'**unità di massa atomica** (u.m.a.), che è pari a 1/12 della massa dell'atomo di carbonio-12 e vale $1{,}667 \cdot 10^{-27}$ kg.
Per questo motivo la massa degli atomi è detta massa atomica relativa: un atomo di ossigeno, per esempio, ha una massa di 16 u.m.a. perché la sua massa è 16 volte maggiore di quella di 1/12 dell'atomo C-12.

Il modello planetario di Bohr

Secondo il modello atomico planetario proposto nel 1913 dal fisico danese N. Bohr, l'atomo si può immaginare come una specie di piccolissimo sistema solare in cui i protoni e i neutroni, di massa maggiore, sono concentrati in una zona centrale, il nucleo, mentre i leggerissimi elettroni "orbitano" intorno ad esso come i pianeti intorno al Sole (▶2).
Oggi questo modello è superato dal modello quanto-meccanico, ma è ancora molto utile per descrivere in modo semplice i fenomeni chimici.
Se si eccettua l'idrogeno, che possiede un solo elettrone, tutti gli altri atomi sono dotati di un certo numero di elettroni, che si muovono su orbite situate a distanze crescenti dal nucleo: queste orbite, in cui gli elettroni "stazionano" (ossia orbitano senza variare la distanza dal nucleo), sono dette livelli energetici e possono essere paragonate a una serie di gusci concentrici sempre più grandi. Nel primo livello, il più vicino al nucleo, possono stazionare al massimo 2 elettroni, nei livelli successivi un massimo di 8 elettroni.
Gli elettroni si collocano nei diversi livelli in base al criterio dell'energia crescente: se un atomo possiede numerosi elettroni, essi si collocano prima nel primo livello, riempiendolo, poi nel secondo e così via.
L'unico livello che rimane incompleto in quasi tutti gli atomi (eccetto i gas nobili, o inerti, come elio e neon) è il più esterno: gli elettroni che vi orbitano sono detti elettroni di valenza e hanno grande importanza nella formazione dei legami chimici.

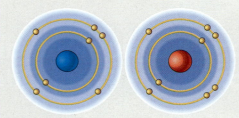

Figura 2 La struttura planetaria dell'atomo.

Gli atomi possono perdere o acquistare elettroni: gli ioni

Di norma il numero degli elettroni presenti in un atomo è uguale a quello dei protoni: l'idrogeno, che ha un solo protone nel nucleo, possiede un elettrone; l'elio, che ha due protoni, possiede 2 elettroni; il piombo, che ha 82 protoni, possiede 82 elettroni. Per questo motivo gli atomi sono elettricamente neutri.

A volte però accade che un atomo acquisti oppure perda uno o più elettroni diventando uno ione, ossia un atomo dotato di carica elettrica; nel primo caso acquisisce una carica elettrica negativa (anione o ione negativo), poiché possiede più elettroni (negativi) che protoni (positivi), nel secondo caso acquisisce una carica elettrica positiva (catione o ione positivo), poiché possiede più protoni che elettroni.

La carica dello ione viene indicata a destra del suo simbolo atomico, come evidenziano gli esempi seguenti, in cui H ha perso un elettrone, Cl ne ha acquistato uno, Ca ne ha persi due e O ne ha acquistati due:

H^+ Cl^- Ca^{2+} O^{2-}

In generale, indicando con n il numero di cariche elettriche possedute dall'atomo:

X^{n-} oppure X^{n+}

(la carica unitaria si indica solo con + o −, senza il numero 1)

Il Sistema Periodico degli elementi

Gli elementi chimici naturali e quelli creati artificialmente dall'uomo nei laboratori di fisica nucleare sono ordinati in base al loro numero atomico e raggruppati in base alle loro caratteristiche chimiche nel **Sistema Periodico degli elementi** (o **Tavola Periodica di Mendeleev**).

Le righe orizzontali della Tavola Periodica (TP, ▶3) sono dette **periodi** e numerate con numeri arabi, mentre le colonne verticali sono dette **gruppi** e numerate tradizionalmente con numeri romani. Gli elementi dello stesso gruppo possiedono caratteristiche chimiche simili perché hanno il medesimo numero di elettroni di valenza.

Sulla sinistra della TP sono posizionati i **metalli** (ferro, rame, sodio, potassio ecc.) solidi, lucenti, buoni conduttori di elettricità e calore, mentre sulla destra sono collocati i **non metalli**, che hanno proprietà tra loro differenti e possono essere gassosi, liquidi o solidi (ossigeno, azoto, carbonio, zolfo ecc.). Il blocco centrale è costituito dai **metalli di transizione** (che sono i metalli più comuni). Gli elementi che si trovano sulla stessa riga, per esempio tutti quelli tra il litio (Z = 3) e il neon (Z = 10), appartengono allo stesso periodo e i loro atomi possiedono lo stesso numero di livelli.

Gli elementi che si trovano nella stessa colonna, come H, Li, Na ecc., appartengono allo stesso gruppo e hanno proprietà chimiche simili, poiché possiedono lo stesso numero di elettroni di valenza nel livello più esterno: nel caso del gruppo I un solo elettrone, nel gruppo II due elettroni, sino a 8 elettroni nel gruppo VIII (il gruppo dei gas inerti). Il colore giallo infine indica i metalli, il verde i semimetalli (con caratteristiche solo in parte metalliche) e il rosa i non metalli.

Figura 3 La moderna tavola periodica.

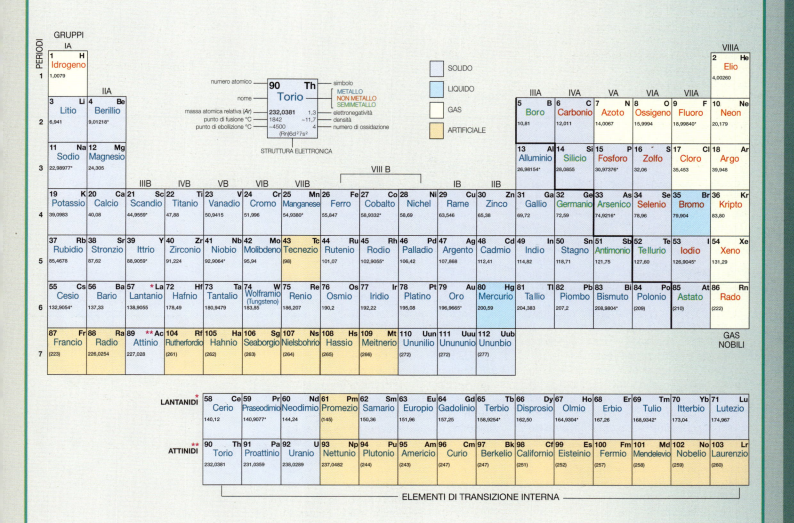

Numero atomico, numero di massa e isotopi

Ogni elemento è definito dal numero di protoni presenti nel nucleo, ossia dal suo **numero atomico** (Z). Per indicare il numero atomico di un elemento si usa scriverlo in basso a sinistra del simbolo:

$$_1H \quad _6C \quad _7N \quad _8O$$

Nel nucleo di un atomo è presente anche un certo numero di neutroni, che hanno la funzione di interporsi tra i protoni in modo che non si respingano elettricamente.
Per questo motivo si è introdotto il **numero di massa** (N), che è la somma del numero di protoni (Z) e del numero di neutroni (N) presenti nel nucleo di un atomo:

$$A = Z + N$$

Il numero di massa si scrive in alto a sinistra del simbolo dell'elemento:

$$^1H \quad ^{12}C \quad ^{14}N \quad ^{16}O \quad ^{235}U$$

(si può anche scrivere: idrogeno-1, carbonio-12 ecc.)
Spesso si indicano sia il numero atomico sia quello di massa:

$$^1_1H \quad ^{12}_6C \quad ^{14}_7N \quad ^{16}_8O \quad ^{235}_{92}U$$

Gli atomi di uno stesso elemento chimico hanno il medesimo numero atomico, ma non obbligatoriamente lo stesso numero di massa, poiché possono possedere un diverso numero di neutroni: in questo caso si tratta di isotopi dello stesso elemento. Possiedono identiche proprietà chimiche, ma massa diversa.
La maggior parte degli elementi chimici è in pratica una miscela di isotopi, presenti in natura in percentuali differenti ma costanti nel tempo. Il caso più noto è quello dell'idrogeno (Z = 1), di cui esistono tre isotopi (▶4):

→ l'**idrogeno normale** o **pròzio** con un protone nel nucleo: ^1_1H (99,985% del totale);

→ il **deuterio** con un protone e un neutrone nel nucleo: ^2_1H (0,015%);

→ il **trizio** con un protone e due neutroni: ^3_1H (percentuale irrilevante).

Un altro esempio importante è quello del carbonio (Z = 6), anch'esso con tre isotopi:

$$^{12}_6C \quad ^{13}_6C \quad ^{14}_6C$$

Il carbonio-14 è un isotopo radioattivo (o radioisotopo), ossia un atomo il cui nucleo instabile si trasforma nel tempo, con velocità costante, in un nucleo stabile, emettendo radiazioni (decadimento radioattivo). Grazie a questa proprietà alcuni radioisotopi, come il C-14, vengono utilizzati per datare i fossili.

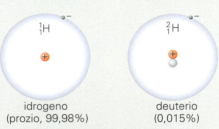
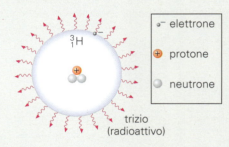

Figura 4 I tre isotopi dell'idrogeno naturale.

I legami chimici

Con pochissime eccezioni (i gas inerti), gli atomi degli elementi non tendono a "stare da soli" ma a unirsi tra loro per mezzo di **legami chimici**. Lo fanno per raggiungere una maggiore stabilità energetica, che ottengono quando riescono a completare il livello energetico più esterno con 2 (nel caso dell'idrogeno) o con 8 elettroni (tutti gli altri): è la **regola dell'ottetto di stabilità**. I principali tipi di legami sono il **covalente**, lo ionico e il **metallico**.

Il legame ionico: tra ioni positivi e ioni negativi

Esistono però anche composti solidi (detti genericamente **sali**) che non sono formati da molecole, ma da ioni di carica opposta che si attraggono reciprocamente. La forte attrazione elettrica che li tiene uniti è detta legame ionico. Gli ioni si formano grazie al trasferimento di uno o più elettroni da un atomo all'altro, quando questi hanno una notevole differenza di elettronegatività, come nel caso del cloruro di sodio (NaCl), un composto ionico formato da ioni sodio positivi (Na⁺) e da ioni cloro negativi (Cl⁻) disposti ordinatamente in una struttura tridimensionale, detta reticolo cristallino, in cui ogni atomo di sodio ha ceduto un elettrone a un atomo di cloro (▶5).

Il motivo per cui gli atomi di sodio e cloro si trasformano in ioni nasce, anche in questo caso, dalla tendenza degli atomi a riempire di elettroni il proprio livello esterno.
Il cloro (Z = 17) possiede due livelli pieni e il terzo (il più "esterno") con 7 elettroni di valenza; acquistando un elettrone riempie il terzo livello e raggiunge "l'ottetto di stabilità".
Il sodio (Z = 11) ha due livelli pieni e il terzo con un solo elettrone di valenza: cedendo questo elettrone al cloro rimane con due soli livelli, ma pieni, ed è quindi stabile.

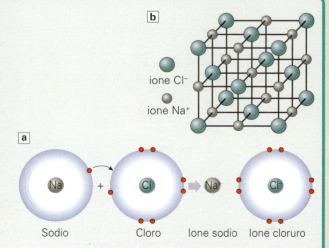

Figura 5 a) Reticolo cristallino del cloruro di sodio con ioni Na⁺ e Cl⁻ alternati; **b)** il sodio cede al cloro l'elettrone del suo livello energetico più esterno.

Il legame covalente: la condivisione degli elettroni

Il **legame covalente** si forma quando due atomi mettono in comune ("in compartecipazione") uno o più elettroni di valenza ciascuno, formano coppie di elettroni che si muovono contemporaneamente intorno ai nuclei di entrambi (elettroni di legame). Il legame si forma grazie all'attrazione elettrica che si viene a creare tra i nuclei (positivi) e gli elettroni di legame (negativi) degli atomi coinvolti.
Consideriamo il caso della molecola di idrogeno (H_2) (▶6)): un atomo di idrogeno possiede un solo elettrone, ma se lo condivide con un altro atomo di idrogeno si forma una molecola in cui ogni atomo possiede una coppia di elettroni, "proprietà comune" dei due atomi, come in una società commerciale in cui due soci costituiscono un "fondo comune" di denaro. In questo modo i due atomi di idrogeno raggiungono l'obiettivo di riempire con due elettroni il loro unico livello.

Non sempre però è sufficiente che tra due atomi si formi un **legame semplice**, in alcuni casi le coppie di elettroni messe in comune sono due o tre, per cui si forma **un legame doppio o triplo**: è il caso della molecola di ossigeno O_2 (O = O) e di quella d'azoto N_2 (N ≡ N).
Il legame covalente porta, nella maggioranza dei casi, alla formazione di una molecola, che possiamo definire come la più piccola parte di una sostanza che ne mantiene tutte le proprietà. Le molecole degli elementi contengono due o più atomi uguali, come nell'ossigeno (O_2) o nell'ozono (O_3). Le molecole dei composti sono invece formate da atomi diversi, come nell'acqua (H_2O) o nell'acido solforico (H_2SO_4): se la molecola di H_2O si spezza si ottengono idrogeno e ossigeno, che non hanno le proprietà dell'acqua.

Per rappresentare le molecole si usa una **formula chimica**, che indica i rapporti quantitativi tra gli atomi componenti: la formula H_2O, evidenzia la presenza, nella molecola dell'acqua, di due atomi di idrogeno (H) e uno di ossigeno (O).
In H_2, O_2 e N_2 gli elettroni erano condivisi equamente all'interno della molecola, poiché attratti con la medesima forza dai due nuclei di idrogeno, ossigeno o azoto: in questo caso il legame è detto covalente puro e la molecola che ne deriva è detta apolare.
Se invece il legame si forma tra atomi dotati di una differente capacità di attrazione degli elettroni condivisi (o **elettronegatività**); questi ultimi si spostano verso il nucleo dell'atomo più "attrattivo" (o elettronegativo), che acquisisce una parziale carica negativa, mentre l'altro atomo diventa parzialmente positivo. Si forma di conseguenza una molecola polare, come HCl, in cui il cloro, più elettronegativo, è il polo negativo, mentre l'idrogeno è quello positivo (▶7).

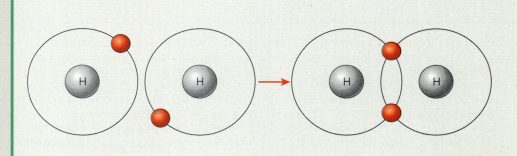

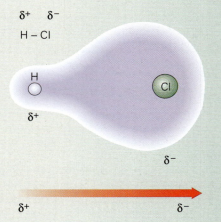

Figura 6 Formazione di una molecola di idrogeno (H2). I due atomi di idrogeno, mettendo in comune i loro elettroni, riempiono il loro livello raggiungendo così la stabilità.

Figura 7 Molecola polare di H–Cl.

Il legame metallico: elettroni mobili

Nei metalli gli elettroni di valenza si possono allontanare facilmente poiché sono debolmente trattenuti dal nucleo atomico.
Il **legame metallico** si instaura per attrazione tra gli ioni positivi della struttura cristallina e gli elettroni mobili in cui sono immersi.
È questo il motivo per cui i metalli sono ottimi conduttori di elettricità (▶8).

Figura 8 La quasi totalità degli impianti elettrici e di comunicazione delle nostre case è ancora realizzata in rame, metallo con ottime caratteristiche di conducibilità elettrica.

I legami intermolecolari

Il covalente e lo ionico sono legami di notevole forza, che uniscono atomi o ioni per formare molecole o cristalli. Esistono però altri legami, più deboli, che tengono unite tra loro le molecole di una medesima sostanza, impedendo a queste di allontanarsi l'una dall'altra: sono i **legami intermolecolari** (detti anche **forze di Van der Waals**) a far sì che molte delle sostanze liquide e solide che conosciamo non si trasformino istantaneamente in vapore.
Si formano soprattutto in presenza di molecole polari: tra il polo negativo di una molecola e quello positivo della molecola vicina si crea una debole attrazione elettrica che le tiene unite.
Nel caso più importante, quello dell'acqua, il legame si forma tra l'idrogeno (polo positivo) di una molecola e l'ossigeno (polo negativo) di una molecola vicina e prende nome di **legame a idrogeno** (▶9).

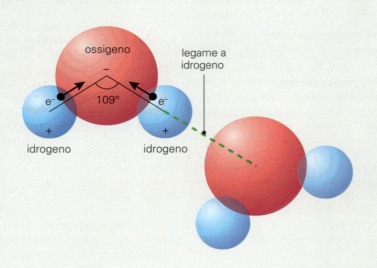

Figura 9 Il legame a idrogeno si stabilisce tra l'atomo di idrogeno e l'atomo di ossigeno di una molecola vicina.

Reazioni ed equazioni chimiche

Una **reazione chimica** è una trasformazione grazie alla quale alcune sostanze (i **reagenti**) si trasformano in altre (i **prodotti**).
Gli atomi presenti nei reagenti e nei prodotti sono i medesimi, perché la materia non si crea né si distrugge, ma durante la reazione vengono come "rimescolati": si rompono i legami nelle molecole dei reagenti e se ne formano di nuovi nelle molecole dei prodotti.
Consideriamo il caso del metano (CH_4), che si combina con l'ossigeno (O_2) formando diossido di carbonio (CO_2) e acqua (H_2O): il carbonio e l'idrogeno, che sono legati tra loro nella molecola del metano, si separano e formano legami con l'ossigeno.

La reazione chimica si può rappresentare per mezzo di un'equazione in cui a sinistra si scrivono le formule dei reagenti, a destra quelle dei prodotti e si inserisce una freccia orientata verso i prodotti; se sono presenti più reagenti e/o più prodotti si inserisce il segno + tra le loro formule. Nel nostro esempio, l'equazione chimica è la seguente:

$$CH_4 + O_2 \rightarrow CO_2 + 2H_2O$$

I minerali

unità 1

Perché i minerali tendono ad assumere una forma geometrica particolare?

1 La mineralogia

La mineralogia, come studio sistematico, nasce in Sassonia nel XVI secolo a opera di Georg Bauer (▶1), più noto come Georgius Agricola (1494-1555): nel *De re metallica* egli portò a compimento il primo tentativo di classificazione dei minerali in base alle loro caratteristiche fisiche. Tuttavia l'interesse dell'uomo per i minerali è molto più antico. Il fascino della loro lucentezza e il mistero delle loro diverse forme geometriche li hanno elevati, da tempo immemorabile, al rango di oggetti preziosi, a volte persino dotati di proprietà magiche o terapeutiche. Una forte spinta alla ricerca mineraria venne, inoltre, dalla nascita e dallo sviluppo della metallurgia (l'estrazione dei metalli dai minerali) nelle società antiche.

Al giorno d'oggi i minerali non hanno certo perso di importanza. Da essi si estraggono elementi chimici essenziali per molte applicazioni tecnologiche e industriali: si pensi al silicio per i computer o all'uranio per le centrali nucleari.

Lo studio dei minerali assume anche un'importanza di tipo scientifico: le loro caratteristiche fisiche e chimiche dipendono dalle condizioni ambientali in cui si sono formati. La mineralogia fornisce allo studioso informazioni sui processi di trasformazione che la superficie del nostro pianeta ha subito nel corso del tempo.

2 La composizione della crosta terrestre

Minerali e rocce costituiscono la parte più esterna del nostro pianeta: la **crosta terrestre**.

La nostra conoscenza diretta di questi materiali è limitata alle rocce che affiorano in superficie e che si estraggono dal sottosuolo con l'attività mineraria o in seguito ad attività di perforazione effettuate per la ricerca e l'estrazione di idrocarburi. Ma le miniere e le trivellazioni effettuate per questi scopi raggiungono profondità modeste, al massimo 7 km.

Il pozzo più profondo del mondo si trova in Russia, nella penisola di Kola, vicino a Murmansk. Questa perforazione, avviata per scopi di ricerca scientifica e arrivata oltre i 12 km di profondità, ha permesso di ampliare le nostre conoscenze dirette sulla parte superficiale della crosta continentale e di sviluppare nuove tecniche per l'esplorazione profonda.

Purtroppo, negli ultimi decenni alcuni progetti molto ambiziosi, che avevano come obiettivo l'esplorazione diretta di tutta la crosta terrestre, sono stati abbandonati per un problema di costi.

Perciò la nostra conoscenza dei materiali presenti nelle zone più profonde non può essere che indiretta, ottenuta prevalentemente con lo studio della propagazione delle onde sismiche in profondità (Unità 6).

Figura 1 Georg Bauer (1494-1555) è considerato il "padre" della mineralogia.

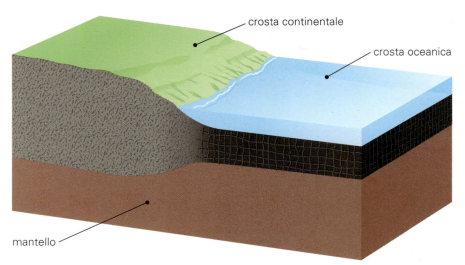

Figura 2 La crosta terrestre.

Figura 3 Nel vallone del Breuil, nei pressi del Passo del Piccolo San Bernardo, affiorano moltissime rocce di origine oceanica, ora parte integrante della crosta continentale (in primo piano, più scure). Sullo sfondo la Pointe Rousse, costituita da rocce di origine continentale (più chiare).

Si distinguono due tipi di crosta: continentale e oceanica. La crosta continentale, rispetto alla crosta oceanica, è costituita da rocce diverse e ha uno spessore maggiore; ambedue poggiano su uno strato di rocce più dense chiamato **mantello** (▶2).

A volte lembi di crosta oceanica che formavano antichi oceani si ritrovano intrappolati all'interno della crosta continentale a causa dei movimenti che provocano la formazione delle catene montuose in varie zone del pianeta e ne diventano parte costituente. Il vantaggio è evidente: si può studiare la composizione delle rocce che costituivano antichi i fondali oceanici "comodamente" sulla terraferma (▶3).

Tutte le informazioni raccolte confermano che solo alcuni dei 92 elementi chimici esistenti in natura sono presenti in quantità rilevanti nella crosta terrestre (▶4 e **TABELLA 1** e **2**).

TABELLA 1 Elementi costituenti la crosta terrestre in ordine di abbondanza

Elemento	Simbolo chimico	Percentuale in peso
1 Ossigeno	O	46,60
2 Silicio	Si	27,72
3 Alluminio	Al	8,13
4 Ferro	Fe	5,00
5 Calcio	Ca	3,63
6 Sodio	Na	2,83
7 Potassio	K	2,59
8 Magnesio	Mg	2,09
9 Titanio	Ti	0,44
10 Idrogeno	H	0,14

TABELLA 2 Altri elementi importanti dal punto di vista geologico

Elemento	Simbolo chimico	Elemento	Simbolo chimico
Argon	Ar	Litio	Li
Boro	B	Manganese	Mn
Bromo	Br	Azoto	N
Carbonio	C	Nichel	Ni
Cloro	Cl	Piombo	Pb
Rame	Cu	Rubidio	Rb
Fluoro	F	Zolfo	S
Elio	He	Selenio	Se
Iridio	Ir	Stronzio	Sr
Cripton	Kr	Zinco	Zn

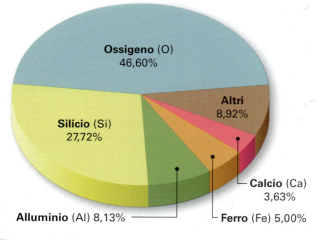

Figura 4 I principali elementi costituenti la crosta terrestre.

Facciamo il punto

1. Quali tipi di indagini hanno permesso l'esplorazione diretta della crosta terrestre?
2. Quali sono i principali elementi che formano le rocce della crosta?

3 I minerali

Un **minerale** è una sostanza naturale solida, originata da processi inorganici e caratterizzata da una composizione chimica ben definita (o variabile entro limiti ristretti).

Nella maggior parte dei minerali la disposizione spaziale degli atomi componenti forma un'impalcatura regolare e ordinata, chiamata reticolo cristallino; questa struttura è originata dalla ripetizione, nelle tre dimensioni dello spazio, di una **cella elementare**, che è la più piccola unità tridimensionale che conserva sia la composizione chimica sia la struttura cristallina di quel determinato minerale.

La cella elementare è quindi il mattone fondamentale che, ripetuto miliardi di volte, origina una forma esterna, fissa e caratteristica per ciascun minerale: l'**abito cristallino** (▶3).

In mineralogia, si definisce **cristallo** un corpo solido, naturale o artificiale, che si presenta con una forma esterna poliedrica, geometricamente definibile, delimitata da superfici piane, le *facce*, disposte regolarmente.

Le facce di un cristallo s'intersecano lungo linee, dette *spigoli*, mentre i *vertici* risultano dall'intersezione di almeno tre spigoli. Un cristallo è pertanto caratterizzato da un abito ben definito, cioè da una forma geometrica poliedrica ben riconoscibile, che a volte si può osservare a occhio nudo, altre con una lente di ingrandimento o con un microscopio binoculare.

Facciamo il punto

3 Che cos'è il reticolo cristallino di un minerale?

4 Come viene definito in mineralogia un cristallo?

5 Che cos'è l'abito cristallino di un minerale?

animazione

I minerali e le rocce
Che cosa sono e come vengono classificati.

Figura 3 Le foto raffigurano alcuni minerali il cui abito cristallino è facilmente riconoscibile:
a) berillo;
b) gesso;
c) fluorite;
d) almandino;
e) quarzo.

4 Genesi e caratteristiche dei cristalli

Un cristallo si può formare, sostanzialmente, in tre modi (▶4).

1) Per solidificazione di una sostanza, allo stato fuso, in raffreddamento: può accadere sia in superficie (da lava vulcanica), sia in profondità (da magmi, Unità 3).

2) Per precipitazione di sostanze disciolte in acqua: può avvenire da soluzioni che diventano soprassature e instabili per un abbassamento della temperatura, oppure da soluzioni calde, per evaporazione del solvente (per esempio, nei bacini di mare dove la temperatura è elevata).

3) Per brinamento da vapori, come nel caso dei minuscoli cristalli di zolfo che formano incrostazioni in prossimità di zone vulcaniche.

4.1 La struttura dei cristalli

Durante il processo di cristallizzazione, che può essere di lunga durata, qualsiasi modificazione delle condizioni ambientali fisiche (pressione e temperatura) e chimiche (concentrazioni ioniche nelle soluzioni) influenza la struttura del cristallo in crescita.

Le caratteristiche strutturali di un cristallo dipendono, in primo luogo, dai legami che si instaurano tra gli atomi che lo compongono. In base a ciò i minerali possono essere suddivisi in solidi *ionici*, *covalenti*, *metallici* o *molecolari*. Nel primo caso il cristallo è formato da cationi (ioni positivi) e anioni (ioni negativi) alternati, nel secondo da atomi neutri, nel terzo solo da ioni positivi e nel quarto da molecole tenute insieme da legami deboli. Non mancano cristalli dove sono presenti legami forti e deboli contemporaneamente. Dai tipi di legami presenti nel reticolo dipendono le proprietà fisiche dei minerali: i metalli, per esempio, conducono la corrente, mentre i solidi covalenti, come il diamante, hanno un'elevata durezza.

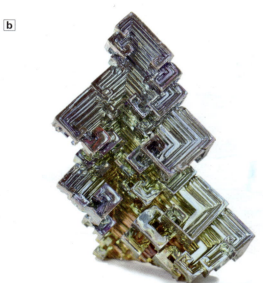

Figura 4 Tre modi di formazione di un cristallo. Per precipitazione (**a**, Salar de Uyuni, Bolivia); per solidificazione (**b**, cristalli di bismuto); per brinamento di vapori (**c**, cristalli di zolfo nell'isola di Vulcano).

Le caratteristiche di una struttura cristallina sono, però, determinate anche dalle *dimensioni relative delle particelle* che formano la cella elementare. Consideriamo un comune cristallo ionico (per esempio NaCl), dove gli ioni di carica opposta si attraggono fortemente e tendono, quindi, a disporsi il più possibile l'uno vicino all'altro. Se gli ioni hanno dimensioni diverse, intorno a quello più piccolo (Na$^+$) si dispongono gli ioni di carica opposta (Cl$^-$) in un numero che cresce all'aumentare delle dimensioni dell'atomo centrale. Tale numero è definito come *numero di coordinazione* e varia da 3 (se l'atomo centrale è molto piccolo) a 12 (se i due ioni di carica opposta hanno dimensioni molto simili). Il numero di coordinazione di Na$^+$ nel composto NaCl è 6: significa che ogni catione si trova a diretto contatto con 6 anioni Cl$^-$, due per ognuna delle direzioni dello spazio (▶5 e ▶6).

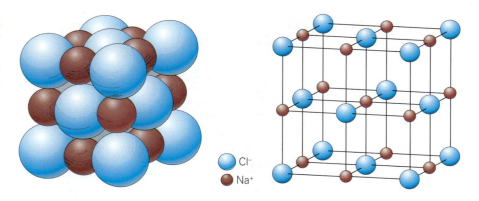

Figura 6 Le particelle che costituiscono il reticolo cristallino si dispongono in modo ordinato nello spazio. Per esempio, nel salgemma (NaCl – cloruro di sodio) gli ioni sodio e gli ioni cloro si dispongono alternati in filari paralleli ripetuti nelle tre dimensioni dello spazio per formare una struttura cubica.

Da ultimo occorre ricordare che la cella elementare deve essere *elettricamente neutra*, quindi le cariche positive presenti devono essere uguali alle cariche negative. Se il catione e l'anione hanno la stessa carica in valore assoluto, il rapporto quantitativo tra ioni sarà di 1:1, come tra K$^+$ e Cl$^-$ nella silvite (KCl); se gli ioni di segno opposto non hanno lo stesso numero di cariche, gli ioni con numero di cariche maggiore saranno presenti in quantità minore, come nell'argentite (Ag$_2$S, due ioni Ag$^+$ per ogni ione S^{2-}).

4.2 La forma dei cristalli

Le caratteristiche geometriche della cella elementare sono fondamentali per la definizione dell'abito cristallino di un minerale, ma questo non avviene in modo rigido e sempre uguale. Per esempio, un minerale con una cella elementare cubica può presentarsi con diversi tipi di abiti cristallini (cubico, ottaedrico e altri più complessi), purché la struttura macroscopica sia prodotta dalla ripetizione nello spazio di quella cella elementare (▶7). Tuttavia, i minerali sono in grado di "mascherarsi" in modo ancora più "subdolo": a volte l'abito cristallino appare estrema-

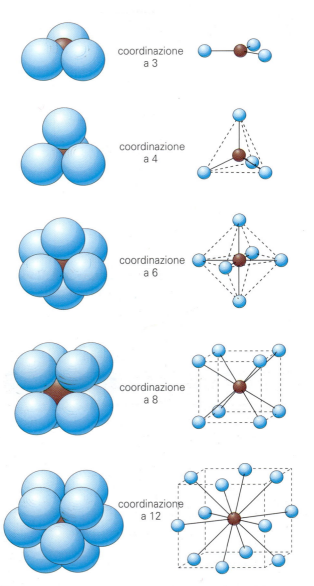

Figura 5 La struttura cristallina viene determinata dal numero di coordinazione. Più crescono le dimensioni dello ione positivo centrale, più ioni negativi possono disporsi attorno a esso.

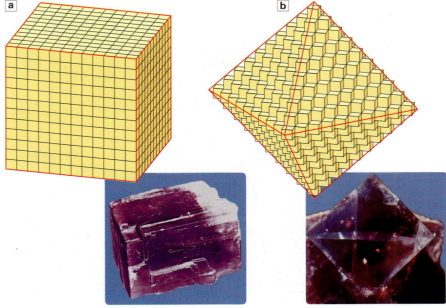

Figura 7 Le celle elementari ripetute nello spazio formano l'abito cristallino che può assumere diverse forme geometriche:
a) salgemma (abito cubico);
b) fluorite (abito ottaedrico).

Sezione C Le rocce e i processi litogenetici

Figura 8 Le forme complesse dei cristalli si possono ricondurre alla combinazione di forme più semplici. Il cubo e l'ottaedro possono compenetrarsi in combinazioni in cui sono ancora riconoscibili le facce appartenenti a ciascuna delle forme semplici.

Figura 9 Cristalli di quarzo a confronto. Essi presentano lo stesso abito cristallino; le dimensioni delle facce sono diverse ma gli angoli formati tra facce adiacenti sono identici (legge della costanza degli angoli diedri).

mente complesso, poiché deriva dalla combinazione di più forme geometriche semplici (▶8).

Inoltre, molto spesso, quello che dovrebbe essere uno dei caratteri diagnostici per il riconoscimento del minerale, cioè la forma del cristallo, non risulta facilmente identificabile poiché, durante i processi di formazione, i cristalli sono ostacolati nella loro crescita da spazi limitati e dalla formazione contemporanea di altri cristalli vicini. Di conseguenza, in molti casi si nota uno sviluppo maggiore di alcune facce rispetto ad altre e la forma del cristallo, influenzata da questa crescita irregolare, finisce per discostarsi di molto dalla forma poliedrica regolare rappresentata dall'abito cristallino. Per questo motivo i cristalli "perfetti" sono piuttosto rari.

Tuttavia, anche nei casi più sfortunati, esiste una caratteristica che permette l'identificazione e la classificazione del minerale: infatti gli angoli diedri, formati dalle facce che si incontrano in uno spigolo, hanno un'ampiezza costante e caratteristica per i cristalli di un certo minerale, in qualsiasi modo essi si siano accresciuti. Questa legge in mineralogia è nota come *legge della costanza degli angoli diedri* (▶9 e 10).

4.3 I solidi amorfi

Esistono altri componenti naturali della crosta terrestre che, pur essendo solidi, non possiedono al loro interno una disposizione regolare degli atomi: si tratta di sostanze amorfe che vanno considerate come dei liquidi ad altissima viscosità, impossibilitati quindi a modificare la propria forma. Queste sostanze si formano dalla rapida solidificazione di un liquido: il raffreddamento è così repentino che le particelle non riescono a disporsi in modo ordinato, formando così una struttura disordinata, come quella del vetro. Esse possono presentarsi in forma vetrosa, per esempio nel materiale presente in una colata lavica, oppure sotto forma di gel colloidali, come gli idrossidi di Al e Fe e l'opale ($SiO_2 \cdot nH_2O$).

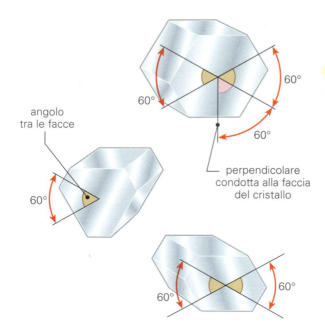

Figura 10 In un cristallo gli angoli tra le facce rimangono gli stessi, anche se le dimensioni delle facce sono alterate rispetto alla forma poliedrica regolare dell'abito cristallino (angoli diedri).

Facciamo il punto

6 In quali modi si può formare un cristallo?

7 Da che cosa dipendono le caratteristiche strutturali di un cristallo?

8 Che cosa sono i solidi amorfi?

9 Che cosa dice la legge della costanza degli angoli diedri?

Scheda 2 Come si studiano i reticoli cristallini?

Per lo studio dei reticoli cristallini vengono utilizzati i raggi X. Quando nel 1895 il fisico tedesco W.C. Röntgen scoprì questa radiazione di natura imprecisata (chiamata appunto X per questo motivo), ipotizzò che fosse di natura ondulatoria, come la luce. Egli però non riuscì a ottenere una conferma sperimentale di questa ipotesi poiché, a differenza della radiazione luminosa, i raggi X non producevano fenomeni di diffrazione: questo fenomeno di natura ondulatoria si verifica infatti solo quando le fenditure del reticolo artificiale attraverso il quale viene fatta passare la luce hanno una larghezza dello stesso ordine di grandezza della radiazione incidente. Nel 1912 il fisico tedesco Max von Laue ebbe l'idea di utilizzare i cristalli come reticoli naturali di diffrazione dei raggi X. Egli riuscì a ottenere uno spettro di diffrazione da un cristallo di blenda (ZnS), dimostrando sperimentalmente sia l'esistenza del reticolo cristallino sia la natura ondulatoria dei raggi X; la distanza tra le particelle atomiche nei piani reticolari risultò quindi dello stesso ordine di grandezza dei raggi X, cioè di pochi Ångstrom (1Å = 10^{-10} m). Le figure di diffrazione, che vengono rilevate su speciali lastre fotografiche, sono pertanto diagnostiche per il riconoscimento di sostanze cristalline e per ricostruire sia la posizione degli atomi nel reticolo cristallino, sia la forma e la grandezza della cella elementare (▶1).
Gli studi dei cristalli con i raggi X vennero effettuati dal fisico inglese William Henry Bragg e da suo figlio Lawrence, che ottennero entrambi il premio Nobel nel 1915 per la scoperta della struttura di un cristallo di salgemma. Ad essi si deve la formulazione di una relazione matematica (legge di Bragg) per il calcolo della distanza reticolare (▶2).

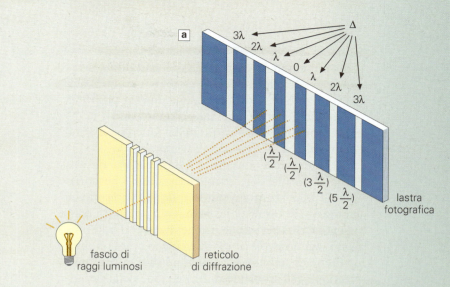

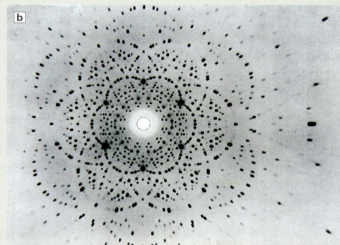

Figura 1 a) Le figure di diffrazione presentano zone luminose e zone buie a seconda che si produca un'interferenza positiva ($\Delta = n\lambda$) o negativa ($\Delta = n\lambda/2$).
b) Questo diffrattogramma mette in evidenza fenomeni di interferenza di raggi X diffratti da un cristallo di berillo e intercettati da una lastra fotografica.

Figura 2 Determinazione della distanza reticolare (d): se i fronti d'onda riflessi da due piani reticolari adiacenti si sommano si avrà un'interferenza positiva. Ciò avviene quando la differenza dello spazio percorso (ABC) risulta un multiplo intero della lunghezza d'onda della luce incidente. Da semplici considerazioni geometriche si può determinare d con la relazione $n\lambda = 2 d \sen \alpha$ (legge di Bragg).

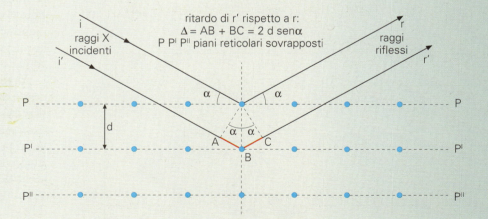

5 Due importanti proprietà dei minerali: polimorfismo e isomorfismo

Minerali con la stessa composizione chimica possono presentare un diverso abito cristallino, a seconda delle condizioni di pressione e temperatura del loro ambiente di formazione: questa proprietà dei minerali viene chiamata **polimorfismo** e le diverse configurazioni strutturali del reticolo vengono chiamate *varianti* o *modificazioni polimorfe*.

Ciascuna delle varianti è caratterizzata da una specifica forma del reticolo cristallino che corrisponde alla struttura più stabile in determinate condizioni di formazione. I minerali polimorfi hanno anche caratteristiche fisiche diverse. Il polimorfismo ha notevole importanza geologica, poiché permette di stabilire le condizioni di temperatura e pressione dell'ambiente di formazione della variante polimorfa di un dato minerale.

Un caso di polimorfismo molto evidente è quello tra *diamante* e *grafite*, entrambi costituiti da carbonio puro, ma con diversa struttura cristallina (▶11). Nel diamante (minerale duro, trasparente e fragile) ogni atomo di carbonio forma legami covalenti con altri quattro, costituendo una struttura tridimensionale formata da tetraedri tutti uguali. Esso si forma soltanto in condizioni estreme: temperature elevate (800-1000 °C) e pressioni presenti solo a profondità maggiori di 100 km. La grafite (minerale nero, opaco, untuoso al tatto) si forma invece a temperatura e pressione moderate e ha una struttura reticolare a piani paralleli, dove ogni atomo di carbonio forma legami covalenti con altri tre, a costituire esagoni disposti su di un piano. I piani sono invece tenuti uniti da legami deboli (forze di Van der Waals). Da questa differenza strutturale derivano le diverse proprietà dei due minerali: la tipica sfaldatura in piani della grafite e l'estrema durezza del diamante. Un altro esempio di polimorfismo è dato da *calcite*, romboedrica, e *aragonite*, prismatica, entrambe con formula $CaCO_3$.

L'**isomorfismo** è un fenomeno, piuttosto frequente, per cui minerali diversi per composizione possono avere una struttura cristallina, e quindi una cella elementare, analoga. Alla base di questo fenomeno vi è il fatto che alcuni ioni possono sostituirne altri all'interno del reticolo cristallino a patto che abbiano dimensioni simili (▶12).

Al fenomeno di sostituzione viene attribuito il nome di **vicarianza** e gli elementi che possono sostituirsi avendo il raggio ionico simile vengono detti *vicarianti*. Per esempio, gli ioni Si^{4+} e Al^{3+} sono vicarianti e la capacità dell'alluminio di sostituire il silicio nel reticolo cristallino dei silicati permette di identificare un sottogruppo di silicati, quello degli alluminosilicati. Altri ioni vicarianti sono il Fe^{2+} e il Mg^{2+}, il Na^+ e il Ca^{2+}.

La vicarianza si indica nelle formule chimiche con una virgola che separa i simboli dei due elementi.

I minerali isomorfi si possono considerare come delle vere e proprie soluzioni solide di due minerali distinti puri in cui si riscontra la presenza di uno solo dei due elementi vicarianti; la diversa quantità, in percentuale, in cui si possono trovare i due elementi all'interno del minerale dà luogo a una **serie isomorfa**.

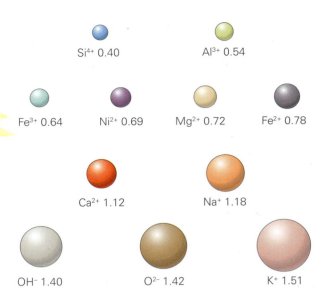

Figura 12 Dimensioni e cariche di alcuni ioni presenti nei minerali. Gli ioni si possono sostituire a vicenda in un reticolo cristallino solo se hanno dimensioni simili. Le cariche diverse possono essere bilanciate con l'inserimento di altri ioni nel reticolo. Il raggio ionico è espresso in angstrom Å (1 Å = 10^{-10} m).

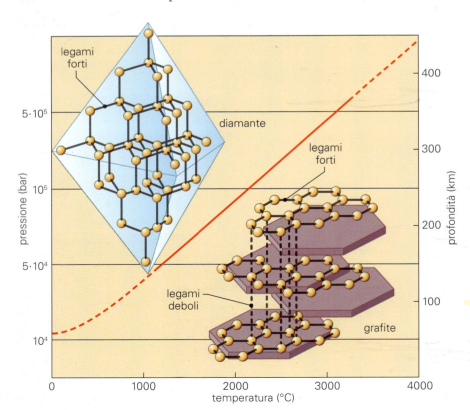

Figura 11 Diamante e grafite hanno la stessa composizione chimica, ma gli atomi di carbonio sono disposti in modo diverso nel reticolo cristallino: ciò determina le proprietà fisiche completamente diverse dei due minerali.

Le olivine, per esempio, sono minerali di una serie isomorfa aventi formula generale $(Mg, Fe)_2SiO_4$; gli ioni Fe^{2+} (raggio ionico = 0,78 Å) e Mg^{2+} (raggio ionico = 0,72 Å) sono presenti contemporaneamente e in quantità variabili tra due estremi, la *forsterite* Mg_2SiO_4 (100% Mg – 0% Fe) e la *fayalite* Fe_2SiO_4 (100% Fe – 0% Mg), piuttosto rari in natura. Quando le differenze nelle dimensioni degli ioni diventano rilevanti, tali cioè da impedire la vicarianza, si possono formare composti particolari detti *sali doppi*: ad esempio, la differenza di raggio ionico tra il Ca^{2+} e il Mg^{2+} impedisce che tra calcite $CaCO_3$ e magnesite $MgCO_3$ si formino miscele isomorfe. Si origina invece un sale doppio, la *dolomite* $CaMg(CO_3)_2$, con caratteri affini a quelli della calcite, in cui il rapporto tra calcio e magnesio è 1:1. Se ci fosse vicarianza, la formula della serie isomorfa sarebbe $(Ca, Mg)CO_3$.

Facciamo il punto

10 Definisci il polimorfismo facendo un esempio di minerale polimorfo.

11 Che cosa si intende con il termine "vicarianza"?

12 Che cos'è una serie isomorfa?

6 Alcune proprietà fisiche dei minerali

Le proprietà fisiche permettono, senza ricorrere ad analisi particolari, di riconoscere i minerali. Tranne qualche eccezione (la densità e la temperatura di fusione), esse variano a seconda della direzione della misura considerata all'interno del cristallo: questa caratteristica delle sostanze cristalline prende il nome di anisotropia.

Ecco alcune tra le più importanti proprietà fisiche dei minerali.

→ Il colore è sicuramente, tra le proprietà fisiche, la più appariscente ma anche la meno adatta per riconoscere con certezza il minerale che stiamo osservando. Alcuni minerali infatti presentano sempre lo stesso colore (*minerali idiocromatici*, ▶13), mentre altri possono presentare colorazioni diverse (*minerali allocromatici*, ▶14). La malachite (verde) e lo zolfo (giallo) sono esempi di minerali idiocromatici, il quarzo e molte pietre preziose sono esempi di minerali allocromatici (SCHEDA 3). Il colore di un minerale ridotto in polvere è più indicativo per il riconoscimento: normalmente la polvere di un minerale allocromatico è di colore biancastro o grigio chiaro, mentre quella di un minerale idiocromatico mantiene il colore, anche se più pallido.

Figura 13 Alcuni minerali idiocromatici:
a) malachite [$Cu(OH)_2CO_3$]; **b)** zolfo (S); **c)** cinabro (HgS); **d)** pirite (FeS_2).

→ La durezza è la misura della resistenza all'abrasione e alla scalfittura. Per la sua misura viene utilizzata la *scala di Mohs* che consta di 10 termini, ognuno dei quali scalfisce le superfici del minerale che lo precede nella scala e viene scalfito dal minerale che lo segue. Per avere un'idea della

Figura 14 Un esempio di minerale allocromatico è il salgemma:
a) bianco;
b) rosato;
c) viola.

Sezione C Le rocce e i processi litogenetici

TABELLA 3 La scala di Mohs

Minerale	Numero della scala	Oggetti di riferimento
Talco	1	
Gesso	2	unghia
Calcite	3	moneta di rame
Fluorite	4	
Apatite	5	lama di un temperino
Ortoclasio	6	vetro
Quarzo	7	filo di acciaio
Topazio	8	
Corindone	9	
Diamante	10	

Figura 15 Le proprietà ottiche dei cristalli dipendono dalla loro struttura.
In **a**) vi è un solo raggio rifratto (O).
In **b**) il raggio incidente forma due raggi rifratti: uno ordinario (O) e uno straordinario (S). In questo caso il cristallo è birifrangente e ha la capacità di sdoppiare le immagini. Nella foto qui sopra, la birifrangenza di un cristallo di calcite fa in modo che l'osservatore veda un'immagine sdoppiata.

durezza di un minerale, non avendo disponibili i minerali della scala di Mohs, ci si può aiutare con oggetti di facile reperibilità, come una lama di un temperino, un'unghia, un vetro, una moneta (**TABELLA 3**). Un termine e il successivo della scala non sono separati dalla stessa differenza di durezza, infatti tra il corindone (9) e il diamante (10) vi è molta più differenza che non tra il talco (1) e il gesso (2).

→ **La densità di un corpo è la sua massa per unità di volume** (g/cm^3): è direttamente proporzionale all'addensamento degli atomi nel reticolo ed è quindi alta in composti con elevato numero di coordinazione, come i metalli. Si misura in laboratorio pesando il solido e immergendolo in acqua per determinare il volume in base al principio di Archimede.

→ **La lucentezza misura il grado in cui la luce è riflessa dal cristallo e può essere** *metallica* **o** *non metallica*; i minerali con lucentezza metallica sono opachi in quanto assorbono totalmente la luce, gli altri sono più o meno trasparenti.

→ **La sfaldatura è la tendenza a rompersi, per urto, secondo superfici piane regolari** che normalmente sono parallele alle facce dei cristalli.

→ Se le forze di legame hanno più o meno la stessa intensità nelle tre direzioni dello spazio, otteniamo delle fratture di forma irregolare, scheggiosa, uncinata o curva. In questo caso non si parla più di sfaldatura ma di frattura: il quarzo, per esempio, dà luogo a superfici curve, dette *concoidi*, caratteristiche anche di corpi isotropi come il vetro.

→ **Le proprietà ottiche sono importanti per lo studio e il riconoscimento dei minerali in sezione sottile al microscopio di mineralogia.** Si distinguono minerali *monorifrangenti* (la luce rifratta si propaga all'interno del cristallo alla stessa velocità in tutte le direzioni) e minerali *birifrangenti* (la luce rifratta che passa all'interno del cristallo si divide in due raggi polarizzati che vibrano in piani tra loro perpendicolari e si propagano con diverse velocità) (▶15).

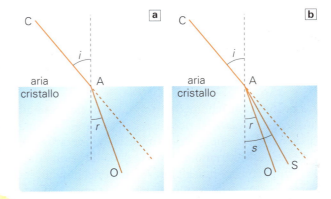

→ **La luminescenza è l'emissione di luce da parte di un minerale se sollecitato con raggi UV.** Si parla di *fluorescenza* se il fenomeno finisce al cessare della sollecitazione, di *fosforescenza* se il minerale continua a emettere luce per un certo periodo anche se la sollecitazione è cessata.

🔍 Lo sapevi che...

L'oro degli sciocchi
La pirite è un solfuro di ferro (FeS_2) molto comune. Il nome della pirite viene dal greco *pyr* ("fuoco") poiché produce scintille quando la si percuote. Viene chiamata anche l'oro degli sciocchi poiché fin dal Medioevo veniva facilmente confusa con il nobile metallo a causa del colore e della lucentezza molto simili. Come si possono distinguere oro e pirite? L'oro ha una densità più elevata della pirite (19,3 contro 5,2 g/cm^3) e quindi, a parità di volume, "pesa" di più; ha inoltre una durezza inferiore (indice della scala di Mohs: 2,5-3 contro 6-6,5). Nei giacimenti auriferi della Valle Anzasca (Macugnaga) microscopiche pagliuzze d'oro si trovano strettamente associate a cristalli di pirite: si parla in questo caso di "pirite aurifera".

✓ Facciamo il punto

13 Perché il colore non è una proprietà fisica decisiva per il riconoscimento di un minerale?

14 Come viene definita la durezza di un minerale?

15 Come si misura la durezza di un minerale?

16 Qual è la differenza tra fluorescenza e fosforescenza?

7 La classificazione dei minerali

Data la grande quantità di specie mineralogiche conosciute (circa 2000) e la diffusione nell'uso corrente di sinonimi, nomi antichi e nomi commerciali, è stato necessario individuare dei precisi criteri di classificazione.

Uno dei criteri più diffusi per la classificazione dei minerali è di tipo chimico, poiché si considera l'anione che caratterizza il minerale. Se l'anione è l'ossigeno (O^{2-}) esso si potrà legare con cationi metallici per formare composti chiamati *ossidi*.

L'ossigeno però, più frequentemente, si lega ad altri elementi per formare anioni poliatomici che a loro volta si combinano con uno o più cationi metallici. Tra gli anioni più importanti ricordiamo lo ione silicato (SiO_4^{4-}), lo ione carbonato (CO_3^{2-}), lo ione solfato (SO_4^{2-}); i minerali contenenti questi ioni prendono il nome degli ioni stessi: *silicati, carbonati, solfati* (▶16). Esistono, in quantità decisamente minore, altri minerali, caratterizzati dallo ione solfuro S^{2-} (*solfuri*), oppure dallo ione fluoruro F^- e dallo ione cloruro Cl^- (*aloidi*). A questi vanno inoltre aggiunti gli *elementi nativi* (Au, Ag, Cu), che non possiedono anioni e sono molto rari.

Figura 16 Due minerali di piombo: **a)** un carbonato (cerussite $PbCO_3$); **b)** un solfato (anglesite $PbSO_4$).

Facciamo il punto
17 Qual è il criterio più diffuso per la classificazione dei minerali?

8 I silicati e la loro classificazione

Sono i minerali più abbondanti nella crosta terrestre e sono caratterizzati dalla presenza dello ione silicato (SiO_4^{4-}), che rappresenta l'unità fondamentale del reticolo cristallino di questi composti. Lo ione silicato ha una struttura tetraedrica, all'interno della quale ogni ione silicio Si^{4+} coordina 4 ioni O^{2-} (▶17). Lo ione silicio si trova al centro del tetraedro, mentre ai vertici sono collocati i 4 ioni ossigeno. Siccome lo ione silicato non è elettricamente neutro (possiede 4 cariche negative in eccesso, una per ogni atomo di ossigeno) il tetraedro può raggiungere la neutralità in tre modi:

1) legandosi unicamente a cationi metallici, per cui i singoli tetraedri rimangono isolati non condividendo nessun atomo di ossigeno (i cationi fanno da ponte fra un tetraedro e l'altro);

2) legandosi in parte a cationi metallici e in parte mettendo in comune gli atomi di ossigeno con tetraedri adiacenti; in questo caso, che è il più diffuso, se aumenta il numero di atomi di ossigeno condivisi, diminuisce quello degli ioni positivi che entrano nella struttura del minerale;

3) unicamente mettendo in comune tutti gli atomi di ossigeno con i tetraedri adiacenti (nei tettosilicati).

La classificazione all'interno del gruppo dei silicati non è di tipo chimico ma strutturale, in quanto dipende dal modo in cui i tetraedri si uniscono tra loro (**TABELLA 4**, alla pagina successiva).

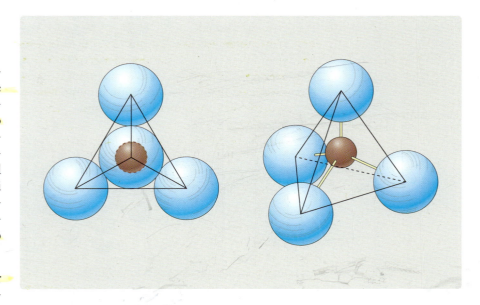

Figura 17 Nei silicati la struttura fondamentale è formata da un atomo di silicio centrale legato a quattro atomi di ossigeno che occupano i vertici di un tetraedro.

Sezione C Le rocce e i processi litogenetici

TABELLA 4 La stuttura dei silicati

Nesosilicati
tetraedri isolati

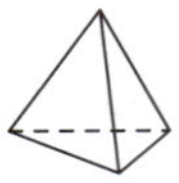

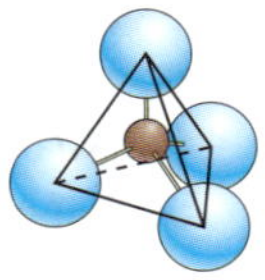

Granato

Sorosilicati
coppie di tetraedri

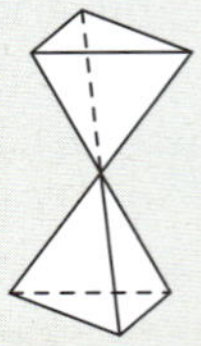

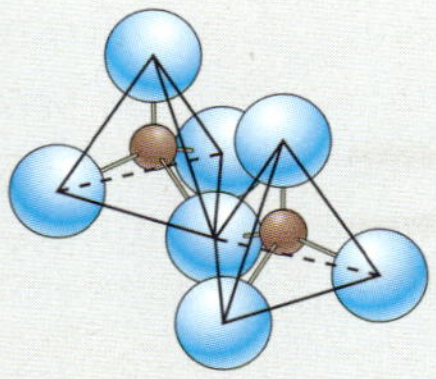

Vesuviana

Ciclosilicati
tetraedri ad anello

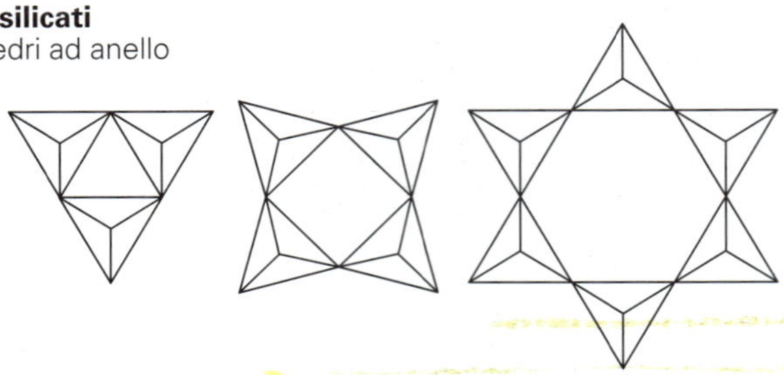

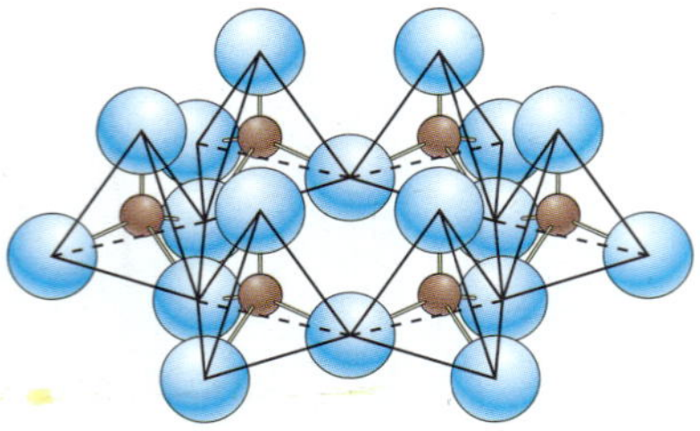

Berillo

Inosilicati

tetraedri a catena semplice

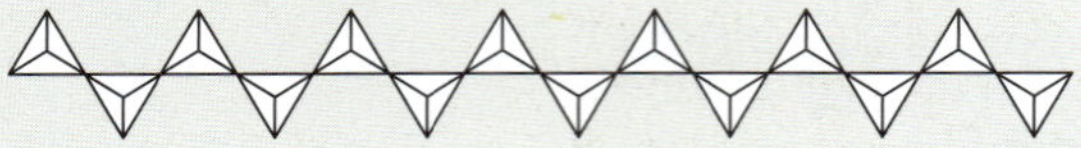

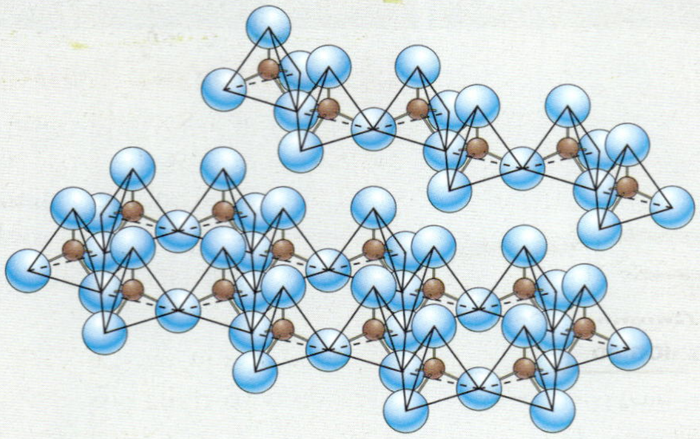

tetraedri a catena doppia

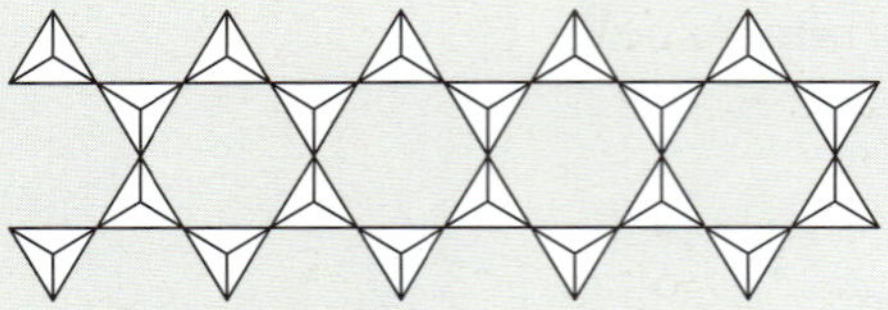

Orneblenda

Fillosilicati
piani di tetraedri

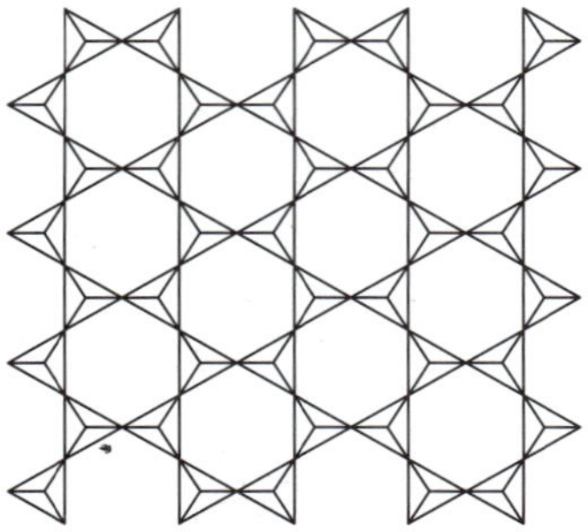

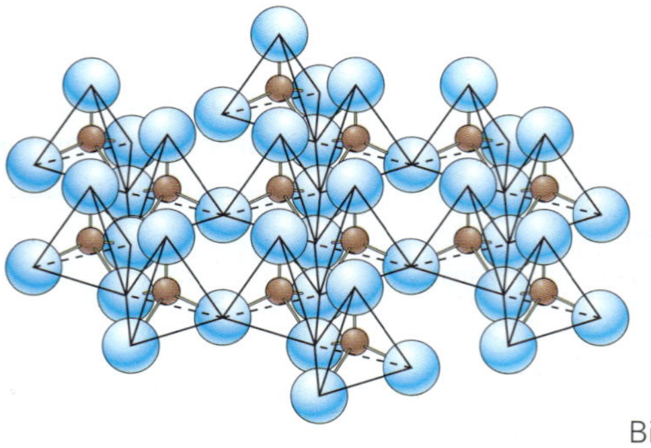

Biotite

Tettosilicati
rete tridimensionale
di tetraedri

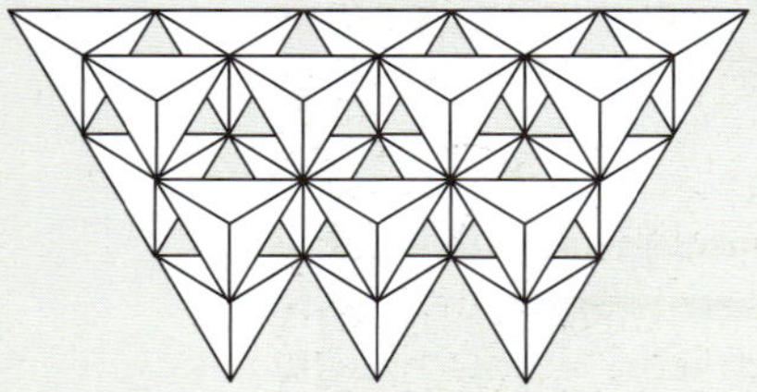

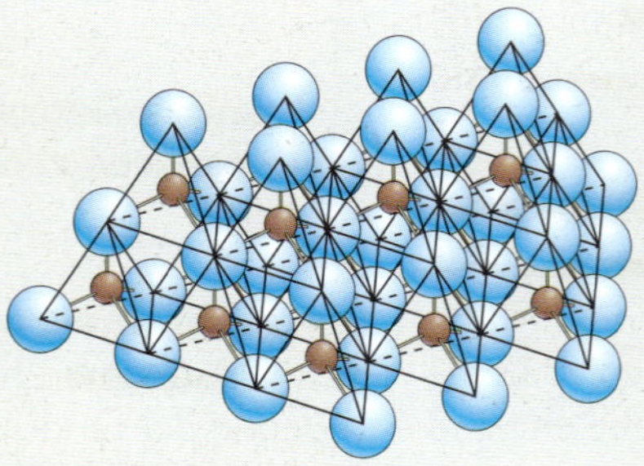

Quarzo

I nesosilicati: tetraedri isolati

I gruppi tetraedrici sono isolati. Le cariche negative dello ione silicato sono saturate da ioni metallici. Presentano generalmente durezza e peso specifico elevati. Esempio di nesosilicati sono le *olivine* (▶18), miscela isomorfa con formula generale $(Mg, Fe)_2SiO_4$. I cationi metallici che saturano le cariche negative sono Mg^{2+} e Fe^{2+}. Ogni catione coordina 6 atomi di ossigeno.

Figura 18 Cristalli di olivina (nesosilicati).

I ciclosilicati: tetraedri ad anello

Sono costituiti da anelli formati da 3, 4, 6 tetraedri, ognuno dei quali condivide 2 atomi di ossigeno con tetraedri dello stesso anello a formare gruppi $(Si_nO_{3n})^{2n-}$ (dove *n* è uguale al numero di tetraedri nell'anello). Nella struttura gli anelli risultano sovrapposti l'uno sull'altro dando origine a cristalli di forma prismatica. Esempi sono la *tormalina* (▶20) e il *berillo*.

Figura 20 La tormalina è un esempio di ciclosilicato.

I sorosilicati: coppie di tetraedri

Sono costituiti da due tetraedri uniti per un vertice a formare un gruppo $(Si_2O_7)^{6-}$ (TABELLA 5). Le sei cariche negative sono bilanciate da cationi metallici. I rappresentanti più diffusi sono gli *epidoti* (▶19), composti a formula complessa in cui troviamo vari cationi, talora vicarianti tra loro.

TABELLA 5	Gruppi anionici e cariche negative da bilanciare		
		Gruppo anionico	Carica
Nesosilicati		SiO_4	– 4
Sorosilicati		Si_2O_7	– 6
Ciclosilicati	a 3 tetraedri	Si_3O_9	– 6
	a 4 tetraedri	Si_4O_{12}	– 8
	a 6 tetraedri	Si_6O_{18}	– 12
Inosilicati	a catena semplice	Si_2O_6	– 4
	a catena doppia	Si_4O_{11}	– 6
Fillosilicati		Si_4O_{10}	– 4
Tettosilicati		SiO_2	zero

Gli inosilicati: tetraedri a catena

I tetraedri sono uniti tra loro a formare catene lineari indefinite; questa disposizione può essere di due tipi: *semplice* o *doppia*. Nel primo caso ogni tetraedro condivide due atomi di ossigeno con due tetraedri adiacenti; nel secondo caso i tetraedri condividono alternativamente due o tre atomi di ossigeno. Prevalgono forme allungate, aciculari o fibrose dei cristalli, in quanto i legami sono molto saldi all'interno delle catene e piuttosto deboli tra catene adiacenti.

→ *A catena semplice*: un esempio sono i pirosseni, caratterizzati dalla ripetizione del gruppo anionico $(Si_2O_6)^{4-}$. Tra i pirosseni più comuni ricordiamo le *augiti* (▶21), miscele molto complesse in cui possiamo trovare molti cationi vicarianti tra loro. Le augiti hanno formula generale $(Ca, Mg, Fe^{II}, Fe^{III}, Ti, Al)_2[(Si, Al)_2O_6]$; la formula, sebbene complessa, si può ricondurre alla formula generale dei pirosseni $A_2(Si_2O_6)$, in cui con "A" viene indicato un catione bivalente. Quando Al^{3+} sostituisce Si^{4+} si libera una carica negativa

Figura 19 Cristalli di epidoto (sorosilicato).

Figura 21 L'augite (pirosseno) è un inosilicato a catena semplice.

Figura 22 La muscovite è un fillosilicato: a causa della sua struttura a piani di tetraedri si sfalda in lamelle sottili.

Figura 23 L'ortoclasio è un esempio di alluminosilicato (tettosilicato).

nell'anione complesso; in questo modo altri cationi possono inserirsi nella struttura cristallina per renderla elettricamente neutra.

La serie isomorfa diopside $CaMg(Si_2O_6)$-hedenbergite $CaFe(Si_2O_6)$ presenta una vicarianza tra Mg^{2+} e Fe^{2+}.

→ *A catena doppia*: un esempio sono gli anfiboli, caratterizzati dal gruppo anionico $(Si_4O_{11})^{6-}$. Alla serie pirossenica delle augiti corrisponde negli anfiboli la serie complessa delle *orneblende*. Oltre ai cationi metallici, nel reticolo cristallino sono presenti anche gli ioni F^- e OH^-. Sono minerali indice delle condizioni di pressione e temperatura a cui si sono formate le rocce.

I fillosilicati: piani di tetraedri

Un tetraedro condivide tre atomi di ossigeno con altrettanti tetraedri adiacenti a formare dei piani di esagoni; per questo motivo gli abiti dei cristalli sono lamellari e fogliacei con facile sfaldatura parallela ai piani. Il gruppo anionico che li caratterizza $(Si_4O_{10})^{4-}$ viene neutralizzato, tra un piano e l'altro, da quattro cariche positive fornite dai più comuni cationi metallici.

Le miche sono i minerali più rappresentativi del gruppo; tra esse ricordiamo la mica nera *biotite*, contenente Fe e Mg, e la mica bianca *muscovite*, contenente Al, in cui è molto accentuato il fenomeno della sfaldatura in sottili lamine parallele (▶22).

I tettosilicati: una rete tridimensionale di tetraedri

I quattro atomi di ossigeno del tetraedro sono in comune fra tetraedri vicini, in modo che ogni atomo di ossigeno sia legato a due atomi di silicio. La struttura che si forma è tridimensionale, continua e indefinita. In questo modo si genera un minerale molto diffuso nelle rocce della crosta continentale, il *quarzo* (SiO_2). L'*alluminio* può sostituire atomi di silicio all'interno dell'impalcatura tridimensionale, formando composti che sono chiamati alluminosilicati; la presenza dell'Al^{3+} in luogo del Si^{4+} permette l'inserimento nell'impalcatura cristallina di vari tipi di cationi. Un esempio di alluminosilicati sono i minerali appartenenti alla famiglia dei feldspati: se consideriamo quattro gruppi SiO_2 otteniamo (Si_4O_8) e, sostituendo un Si con un Al, otteniamo $(AlSi_3O_8)^-$, che si può legare con cationi monovalenti come K^+ e Na^+, oppure, sostituendo due atomi di Si con due di Al, si forma il gruppo anionico $(Al_2Si_2O_8)^{2-}$ che permette l'inserimento di cationi bivalenti come Ca^{2+}.

Nel primo caso si ottiene il *feldspato potassico* (K-*feldspato*) $KAlSi_3O_8$, termine generale che indica 4 modificazioni polimorfe che hanno una struttura differente in relazione alle condizioni di cristallizzazione: *sanidino* (alta temperatura), *ortoclasio* (temperatura medio-alta) (▶23), *microclino* (temperatura medio-bassa), *adularia* (bassa temperatura).

Nel secondo caso, la vicarianza tra Na^+ e Ca^{2+}, resa possibile dalle dimensioni quasi identiche dei due ioni, dà origine a una famiglia di minerali molto comuni, i *plagioclasi*, una serie isomorfa tra *albite* $NaAlSi_3O_8$ e *anortite* $CaAl_2Si_2O_8$, con formula generale $(Na,Ca)[Al(Al,Si)Si_2O_8]$. Anche in questo caso la composizione chimica è influenzata dalla temperatura: a temperatura maggiore cristallizza l'anortite, seguono via via termini sempre meno ricchi in Ca e più ricchi in Na, fino all'albite (Unità 2, § 6).

Lo sapevi che...

Non è mica... vetro!
Le miche sono dei minerali appartenenti al gruppo dei fillosilicati e sono caratterizzate da una grande sfaldabilità, data dalla disposizione in strati sovrapposti degli ioni silicato. Esse sono facilmente divisibili in lamelle trasparenti, flessibili, elastiche e spesso sottilissime.
In Russia, ai tempi degli zar, cristalli di grandi dimensioni di mica muscovite, varietà ricca in potassio, venivano utilizzati al posto del vetro per le finestre delle isbe.

Facciamo il punto

18 Qual è l'unità fondamentale del reticolo cristallino dei silicati?

19 Qual è il criterio di classificazione dei silicati?

20 In quali gruppi vengono suddivisi i silicati?

21 Che particolarità hanno i tettosilicati?

Scheda 3 **Amianto: un killer invisibile**

Con il termine **amianto** o **asbesto** i geologi indicano, in senso stretto, la varietà filamentosa di un gruppo di silicati femici (ricchi in ferro e magnesio) appartenente alla serie mineralogica dei serpentini, che sono dei fillosilicati (▶1).

Figura 1 Amianto naturale.

Figura 2 Fibre di amianto naturale.

Il più importante in Italia è il **crisotilo**, presente soprattutto in Piemonte (nell'alta valle di Lanzo), in Valle d'Aosta, in Val Sesia (VC) e Val Malenco (SO). I singoli strati tipici dei fillosilicati sono arrotolati su se stessi a formare delle fibre facilmente lavorabili, con caratteristiche di elasticità e resistenza tali da poter essere tessute. Per l'enorme resistenza al calore l'amianto è stato utilizzato fino agli anni '80 del secolo scorso sia per indumenti e tessuti da arredamento ignifughi (anche per le tute dei vigili del fuoco) sia per produrre la miscela cemento-amianto (indistruttibile, eterna, da cui il nome: **eternit**) utilizzata per la coibentazione (isolamento termico e acustico) di edifici e treni; se n'è fatto uso anche come materiale per l'edilizia (tegole, pavimenti, tubazioni, vernici, canne fumarie), nelle auto (vernici, guarnizioni di parti meccaniche come i freni), nella fabbricazione di materiali plastici e di molti oggetti di uso quotidiano. Nel 1992, tuttavia, l'accertata nocività per la salute ha portato a vietarne, in Italia, l'estrazione e l'utilizzo. La pericolosità dell'amianto dipende dal fatto che la sua lavorazione tende a produrre polveri sottili (tra i 3 e i 5 micrometri) che, inspirate, provocano l'asbestosi (una malattia polmonare cronica) oltre che tumori della pleura (mesotelioma pleurico), dei bronchi e dei polmoni (carcinoma). Non esiste una soglia di rischio al di sotto della quale la concentrazione di fibre di amianto nell'aria non sia pericolosa, tuttavia un'esposizione prolungata nel tempo e/o a elevate quantità aumenta esponenzialmente le probabilità di ammalarsi. È il caso degli addetti all'estrazione e alla lavorazione del minerale, in cui si manifestano tumori anche dopo molti anni dalla cessazione dell'attività lavorativa. Un caso ben noto in Italia è quello dei lavoratori dello stabilimento "Eternit" (la multinazionale che produceva in grande quantità questo materiale, e che aveva lo stesso nome del materiale prodotto) di Casale Monferrato, costruito nel 1906 e chiuso 80 anni dopo. I vertici della multinazionale sono accusati di aver nascosto agli operai e ai cittadini la pericolosità delle polveri d'amianto, nota fin dagli anni '60: le imputazioni sono di disastro ambientale (le polveri di lavorazione, tra l'altro, venivano gettate nel Po) e omissione delle misure di sicurezza. In effetti, tutta la zona intorno a Casale è tuttora impregnata di amianto, sebbene molto sia già stato fatto per la bonifica. Per questo motivo un aumento delle patologie legate all'inspirazione delle polveri di amianto si registrò, e si riscontra tuttora, anche tra gli abitanti di Casale che non hanno mai lavorato nella fabbrica (il 75% degli attuali malati non sono mai stati dipendenti dell'azienda). Il 13 febbraio 2012 una storica sentenza del Tribunale di Torino ha condannato in primo grado gli attuali vertici di Eternit a 16 anni di reclusione, riconoscendo i capi di imputazione.
In appello, l'anno dopo, la pena è stata aumentata a 18 anni, con l'obbligo di risarcimento danni alle parti civili per un totale di 100 milioni di euro. Quello di Torino è stato comunque il primo caso al mondo in cui i vertici aziendali sono stati condannati per disastro ambientale aggravato, costituendo un importante precedente. Il 29 novembre 2014 la Cassazione ha però decretato l'annullamento delle condanne per avvenuta prescrizione.
In Italia l'amianto è stato da tempo rimosso dagli edifici, ma non è stata completata l'azione di bonifica, ossia l'eliminazione di tutti i materiali che lo contengono, che a volte sono stati accatastati "temporaneamente" in discariche a cielo aperto.

Figura 3 Rimozione di eternit dal tetto di un edificio.

9 Un'ulteriore distinzione: minerali femici e sialici

I silicati possono essere suddivisi in *femici*, se sono presenti Fe e Mg, e *sialici*, se sono presenti Al e Si. Nel primo caso i minerali hanno una densità elevata (fino a 3,3 g/cm³ per le olivine) e una colorazione scura (dal verde al nero); nel secondo caso i minerali hanno una densità più bassa (2,6 g/cm³ per il quarzo) e una colorazione per lo più chiara (nelle tonalità chiare sono compresi anche il rosa e il rosso) conferita loro anche dalla presenza di Na, K e Ca (TABELLA 6).

I termini "femici" (o "mafici") e "sialici" (o "felsici") possono essere estesi anche a minerali non silicatici e, se usati al femminile, per indicare la colorazione generale di una roccia.

TABELLA 6 — Minerali femici e sialici

	Minerali	Rapporto Si/O	Densità (g/cm³)
femici	olivina	1/4	3,3 ÷ 4,3
	pirosseni	1/3	3 ÷ 4
	anfiboli	4/11	2,8 ÷ 3,6
	mica	2/5	2,6 ÷ 3,3
sialici	feldspati	~ 1/2	2,6 ÷ 2,8
	quarzo	1/2	2,6

Facciamo il punto
22 Qual è la differenza tra minerali femici e minerali sialici?

10 I minerali non silicati

I più diffusi sono riconducibili a sei tipi principali, ma la loro quantità nella crosta terrestre non supera l'8%.

→ **Elementi nativi**: minerali composti da un solo elemento chimico e piuttosto rari nella crosta terrestre: ad esempio oro (Au), argento (Ag), rame (Cu), diamante e grafite (C), zolfo (S).
→ **Solfuri**: minerali importanti per l'estrazione di molti metalli che si trovano combinati con lo zolfo: pirite FeS_2 ("l'oro degli stupidi"), galena PbS, sfalerite ZnS, calcopirite $CuFeS_2$, cinabro HgS.
→ **Aloidi**: minerali che si formano per cristallizzazione a partire da soluzioni saline in seguito a evaporazione del solvente. Molti si ritrovano come componenti essenziali di rocce chiamate evaporiti: il più diffuso è il salgemma NaCl.
→ **Ossidi e idrossidi**: minerali in cui un elemento è combinato con l'ossigeno, gruppi ossidrile (OH^-),

Figura 26 L'anidrite è un solfato anidro.

molecole di H_2O. Esempi sono: l'ematite Fe_2O_3 e la magnetite $Fe^{II}Fe^{III}_2O_4$, principali minerali da cui si estrae il ferro; la brucite $Mg(OH)_2$, molto usata per l'estrazione del magnesio metallico; la bauxite $Al_2O_3 \cdot nH_2O$, utilizzata per l'estrazione dell'alluminio. Il quarzo si classifica come un ossido se si considera la sua composizione chimica (SiO_2), come un silicato se si tiene conto della sua struttura (tetraedri SiO_4^{4-}).
→ **Carbonati**: si formano prevalentemente per processi chimici e biochimici in acque marine e continentali. I rappresentanti più noti sono la calcite $CaCO_3$ e la dolomite $CaMg(CO_3)_2$, sale doppio di Ca e Mg. Sono minerali piuttosto diffusi, principali componenti di numerosi rilievi montuosi (Dolomiti, Prealpi, Massiccio del Gran Sasso).
→ **Solfati**: si distinguono in anidri e idrati e si generano prevalentemente per fenomeni chimici di precipitazione. Anidri: anidrite $CaSO_4$ (▶24), barite $BaSO_4$. Idrati: gesso $CaSO_4 \cdot 2H_2O$.

Lo sapevi che...

La rosa del deserto
La rosa del deserto è un aggregato di cristalli di gesso (solfato di calcio idrato) con la tipica forma di fiore. Si forma in particolari condizioni ambientali e climatiche, quando in un ambiente arido uno strato di gesso relativamente superficiale ricoperto di sabbia entra in contatto con l'acqua di falda o con la pioggia e viene parzialmente solubilizzato risalendo in superficie per capillarità. Le temperature desertiche provocano l'evaporazione dell'acqua e la precipitazione del gesso in cristalli tabulari dalla tipica disposizione. Le dimensioni di questi aggregati cristallini variano da pochi centimetri ad alcuni metri. I depositi più famosi sono quelli del Sahara (Libia, Tunisia, Marocco) e quelli dei deserti del Nuovo Messico e dell'Arizona (USA).

Facciamo il punto
23 Quali sono i tipi principali di minerali non silicati?

Scheda 4 Le pietre preziose

Forse non tutti sanno che alcune tra le più pregiate pietre preziose sono varietà particolarmente trasparenti e variamente colorate di minerali molto comuni. In alcuni casi il colore o la sfumatura particolare possono essere determinati da inclusioni di altri minerali, oppure dalla presenza all'interno del cristallo di elementi che lo colorano in modo particolare. Esempi sono il quarzo (ametista, rosa, citrino), il corindone (rubino e zaffiro) e il berillo (acquamarina e smeraldo). Le pietre preziose opportunamente tagliate e lavorate sono utilizzate in gioielleria.

Ametista: è chiamata in questo modo una varietà di uno dei silicati più comuni, il quarzo (SiO_2). Essa deve il suo colore viola alla presenza di ossido di Fe (▶1).

Quarzo citrino: è una varietà di quarzo di colore giallo citrino (dal latino *citrus*, limone) dovuto alla presenza di ferro (▶2).

Quarzo rosa: il colore rosa è dato dalla presenza di manganese o titanio.

Rubino e zaffiro: si tratta di due varietà di un comune ossido, il corindone (Al_2O_3), che di solito si presenta con un anonimo colore grigio o bruno. Il rubino è trasparente e di colore rosso, lo zaffiro è trasparente e di colore azzurro.

Acquamarina e smeraldo: si tratta di due varietà di berillo, che è un ciclosilicato di formula chimica $Al_2Be_3(Si_6O_{18})$. Il berillo si presenta normalmente con un abito prismatico esagonale e ha un colore grigio-azzurrino; l'acquamarina si può presentare con diverse tonalità dell'azzurro ed essere più o meno trasparente, lo smeraldo è trasparente e di colore verde (▶3).

Topazio: si tratta di un nesosilicato che si presenta con abito prismatico, talora con cristalli enormi (270 kg) e con colore molto variabile: la varietà più pregiata è certamente quella bruno-dorata, denominata *scherry*, mentre sono molto ricercate dai collezionisti le varietà blu o verde.

Granati: una diversa composizione chimica di questi minerali della famiglia dei nesosilicati assicura ai cristalli una notevole varietà cromatica: l'almandino, il piropo e la grossularia hanno colori rossi più o meno intensi dovuti alla presenza di ferro; l'uvarovite e la stessa glossularia sono verdi a causa della presenza di cromo e vanadio.

Olivina: è un nesosilicato componente essenziale delle rocce ultrabasiche (peridotiti) ed è molto abbondante anche nelle rocce basiche (basalti e gabbri). Il colore verde oliva o verde bottiglia è determinato dalla presenza di ferro nella miscela isomorfa $(Mg, Fe)_2SiO_4$. I cristalli più trasparenti vengono chiamati dai gemmologi con il nome di "peridoto" (▶4).

Diamante: è una delle modificazioni polimorfe del carbonio (le altre sono la grafite e il buckminsterfullerene) e lo si trova in rocce chiamate kimberliti (da Kimberley, Repubblica Sudafricana, dove fu scoperto il primo grande giacimento) che si formano a grandi profondità (▶5). Solo eccezionalmente i diamanti raggiungono dimensioni sufficienti per l'impiego come gemme, per il quale devono essere, inoltre, sottoposti al taglio (a rosetta, a brillante, a goccia). Il più celebre diamante mai ritrovato fu il Cullinan, rinvenuto presso Pretoria nel 1905; esso pesava grezzo 621,2 g e dalla sua lavorazione si ottennero 36 gemme (alcune usate per la corona dei reali d'Inghilterra). I principali giacimenti si trovano nella Repubblica Sudafricana (Kimberley, Pretoria) e nella Repubblica Democratica del Congo (primo produttore mondiale); l'estrazione, la lavorazione, il commercio e la vendita di diamanti in tutto il mondo sono di fatto controllati da una multinazionale, la De Beers.

Opale: non si trova mai in cristalli poiché si tratta di silice colloidale amorfa. Si presenta variamente colorato con splendide iridescenze che ne fanno delle vere e proprie pietre preziose di grandissimo pregio (▶6). I maggiori giacimenti si trovano in Australia.

Figura 1 L'ametista è una varietà di un minerale molto comune: il quarzo.

Figura 2 Quarzo citrino dell'Isola d'Elba.

Figura 3 Lo smeraldo (**a**) e l'acquamarina (**b**) sono due varietà di berillo: hanno lo stesso abito cristallino ma diverso colore.

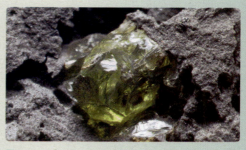

Figura 4 Olivina (Vesuvio).

Figura 5 Il diamante si origina a grande profondità a pressioni molto elevate. Le varietà più pregiate sono estremamente trasparenti.

Figura 6 La caratteristica principale dell'opale è di presentare iridescenze di diverso colore a seconda della varietà.

Sezione C Le rocce e i processi litogenetici

IN ITALIA

Scheda 5 L'oro del Ticino

L'oro è un minerale classificato come elemento nativo poiché, a differenza dei composti, è formato da un unico elemento. Generalmente si rinviene in piccoli granuli o in pagliuzze disperso in rocce quarzose, di solito associato a solfuri; sono invece rarissimi i ritrovamenti di cristalli di forma cubica, ottaedrica o rombododecaedrica. La maggior parte dell'oro viene però ottenuto da giacimenti di origine sedimentaria, sia attuali, come le sabbie dei fiumi, sia fossili, nelle antiche sabbie e ghiaie compattate e cementate che ora sono rocce vere e proprie; questi giacimenti prendono il nome di "placers". In Italia, fin dai tempi dei Romani, era noto che il fiume Ticino fosse una fonte sfruttabile per l'estrazione del prezioso metallo. Bisogna ammettere che non si può pensare oggi a una corsa all'oro come quella che interessò il Nordamerica nel XIX secolo, anche se da noi, nell'immediato dopoguerra, ci fu effettivamente una piccola "corsa all'oro". In quegli anni sembrava davvero che l'oro del Ticino potesse rappresentare una fonte di guadagno per la popolazione, che usciva stremata dalla guerra e che soffriva la fame. Questo tipo di attività, oggi, in Italia, non riveste più alcun interesse economico, ma amatoriale: i cercatori d'oro del XXI secolo sono appassionati della natura e membri di associazioni che organizzano gare sportive.
L'Associazione cercatori d'oro della Valle del Ticino organizza gare, mostre, conferenze e altre attività inerenti all'oro, promuove attività per la tutela ecologica del Ticino e di altri fiumi auriferi, nonché di salvaguardia della secolare attività di "pesca dell'oro".
Vince chi ne trova la maggiore quantità: lavorando un'intera giornata si possono trovare circa 2 grammi d'oro!
Qual è l'attrezzatura richiesta? Molto semplice: stivali di gomma e una "batea" o "padella" del cercatore, un piatto di legno concavo (▶1).

Figura 2 In prossimità di un'ansa di un fiume è molto probabile trovare una concentrazione di metalli pesanti, poiché la velocità dell'acqua diminuisce e deposita sedimenti con densità maggiore.

Figura 1 Cercatore d'oro agita la batea facendola roteare. Il prezioso metallo si trova sul fondo.

Secondo una tecnica millenaria la batea viene riempita di sabbia aurifera e viene agitata facendola roteare a pelo dell'acqua per favorire la fuoriuscita dei materiali più leggeri. Dopo ripetuti "lavaggi", sul fondo della batea si concentra la parte più pesante della sabbia nella quale si possono scorgere le pagliuzze luccicanti.
Difficilmente si trovano pagliuzze di dimensioni superiori al millimetro, anche se con un po' di fortuna si possono trovare piccole pepite. La ricerca delle zone potenzialmente aurifere lungo il corso del fiume si basa su una delle caratteristiche fisiche del metallo e cioè l'elevato peso specifico: il fiume accumula sabbie aurifere là dove perde energia, cioè in prossimità di anse e meandri (▶2).

Da dove viene l'oro del Ticino? In alcune località alpine esistono delle mineralizzazioni aurifere in vene e filoni, sfruttate direttamente fino a non molto tempo fa, come le miniere nei pressi di Macugnaga alle falde del Monte Rosa: qui l'attività estrattiva, non più redditizia, cessò definitivamente nel 1961 e le vecchie gallerie sono ora adibite a museo.
Processi erosivi che hanno agito per milioni di anni su questi filoni quarziferi hanno via via eliminato la parte quarzosa della roccia "liberando" le pagliuzze che sono arrivate nel Ticino seguendo il corso dei principali affluenti.

I minerali Unità 1

Ripassa con le flashcard ed esercitati con i test interattivi sul Me•book.

CONOSCENZE

Con un testo articolato tratta i seguenti argomenti

1. Quali sono i fattori che determinano le caratteristiche dei cristalli?
2. Spiega che cosa si intende per isomorfismo e per polimorfismo e da che cosa dipendono.
3. Spiega qual è il criterio di classificazione dei silicati e in quali gruppi vengono suddivisi. Per ogni gruppo di silicati riporta almeno un esempio.
4. Come si riuscì sperimentalmente a dimostrare l'esistenza dei reticoli cristallini? (Scheda 1)
5. Descrivi le proprietà fisiche dei minerali.
6. Descrivi le caratteristiche principali delle pietre preziose più richieste (Scheda 3).
7. Descrivi l'impiego del diamante come gemma (Scheda 3).

Con un testo sintetico rispondi alle seguenti domande

8. Come si spiega il fenomeno della vicarianza?
9. Che cos'è il numero di coordinazione e da che cosa dipende?
10. Perché il colore non è una proprietà diagnostica per il riconoscimento di un minerale?
11. Come viene definita e come si misura la durezza di un minerale?
12. Che cosa si intende per sfaldatura di un minerale? Tutti i minerali possiedono questa proprietà?
13. Quali sono le caratteristiche delle sostanze amorfe?
14. In cosa consiste la caratteristica fisica detta anisotropia?
15. Su che cosa si basa il criterio di classificazione dei minerali?
16. Qual è l'unità fondamentale del reticolo cristallino dei silicati?
17. Qual è la differenza tra i seguenti termini: abito cristallino, reticolo cristallino, cella elementare?
18. Che cos'è un cristallo e da quali elementi è caratterizzato?
19. Quali sono le differenze tra minerali femici e sialici?
20. Che cosa sono gli alluminosilicati e in quale gruppo vengono classificati?
21. Che cosa sono gli elementi nativi?
22. Come è stato possibile definire la disposizione nello spazio degli atomi costituenti il reticolo cristallino? (Scheda 1)
23. Che cosa sono le figure di interferenza e come si possono ottenere? (Scheda 1)
24. Che cos'è l'opale? (Scheda 3)
25. Che cosa hanno in comune acquamarina e smeraldo? (Scheda 3)

Quesiti

26. Gli elementi nativi sono:
    a. minerali che contengono silicio.
    b. composti dell'ossigeno.
    c. minerali formati da un solo elemento chimico.
    d. solidi amorfi.

27. Quale tra queste coppie di minerali rappresenta un fenomeno di polimorfismo?
    a. Albite – Anortite.
    b. Diamante – Grafite.
    c. Calcite – Dolomite.
    d. Anortite – Ortoclasio.

28. Quale tra queste coppie di minerali è isomorfa?
    a. Forsterite – Fayalite.
    b. Diamante – Grafite.
    c. Calcite – Dolomite.
    d. Albite – Ortoclasio.

29. La scala di Mohs misura:
    a. la tendenza di un minerale a rompersi per urto.
    b. la tendenza di un minerale a emettere particelle che impressionano pellicole fotografiche.
    c. la resistenza di un minerale alla scalfittura.
    d. la resistenza allo sfregamento ottenuta con una porcellana ruvida non vetrificata.

30. Per la classificazione dei minerali normalmente viene impiegato il seguente criterio:
    a. si considera l'anione che caratterizza il minerale.
    b. si considera il catione presente con carica maggiore.
    c. si considera il nome commerciale.
    d. si considera la sua appartenenza o meno al gruppo dei silicati.

31. Identifica il minerale allocromatico:
    a. pirite.
    b. zolfo.
    c. malachite.
    d. berillo.

32. Il gesso viene classificato come:
    a. ossido.
    b. solfato.
    c. carbonato.
    d. solfuro.

33. Gli anfiboli sono silicati:
    a. a catena doppia.
    b. a tetraedri isolati.
    c. a piani paralleli.
    d. a catena singola.

34. Nei tettosilicati il rapporto Si/O è di:
    a. 1/4
    b. 1/3
    c. 1/2
    d. 1/6

35. Uno dei principali minerali da cui si ricava il ferro è:
    a. magnetite.
    b. cinabro.
    c. pirite.
    d. calcopirite.

36. L'acquamarina è una varietà di un minerale abbastanza comune:
    a. quarzo.
    b. ortoclasio.
    c. berillo.
    d. muscovite.

verifiche

COMPETENZE

37 Per prepararti a un'interrogazione, rispondi a voce alta alle seguenti domande.
a. Qual è la differenza tra mineralogia e petrografia?
b. Spiega cos'è il polimorfismo.
c. Dai una definizione di minerale.
d. Come si formano i minerali?
e. Come si possono riconoscere i minerali?
f. Che cosa sono i silicati?

Leggi e interpreta

38 **Cristalli al museo**
Nel Museo di Scienze naturali di Kensington, a Londra, il piccolo Oliver Sacks era impressionato dalla presenza di una grande massa di galena costituita da cristalli a forma cubica, lucenti, di colore grigio scuro, nei quali spesso erano inclusi cubi più piccoli. Con la lente di ingrandimento osservò come questi cristalli, a loro volta, contenevano cubi ancora più piccoli, che pareva si sviluppassero dai più grandi. Lo zio Dave, lo "zio tungsteno", soprannominato così perché produceva lampadine, spiegò a Oliver che la galena aveva una struttura cubica a diversi livelli e se si fosse potuto osservare la sua struttura intima ingrandita milioni di volte, si sarebbero viste ancora strutture di quel tipo. La forma dei cubi di galena, così come quella, in generale, di tutti i cristalli è quindi una conseguenza della disposizione spaziale degli atomi costituenti. Questo accade perché i legami elettrostatici tra gli atomi e la posizione degli atomi in un reticolo cristallino, riflettono la disposizione nel minor spazio possibile considerando l'insieme delle forze attrattive e repulsive tra gli atomi. "Il fatto che un cristallo fosse costituito dalla ripetizione di innumerevoli reticoli identici – che fosse, a tutti gli effetti, un singolo gigantesco reticolo autoreplicante – mi sembrava meraviglioso". Da questo punto di vista i cristalli possono essere considerati come dei giganteschi microscopi che consentono di osservare la disposizione dei singoli atomi. "Potevo quasi vedere, con l'occhio della mente, gli atomi di piombo e quelli di zolfo che componevano la galena – li immaginavo vibrare leggermente per effetto dell'energia elettrica, ma per il resto fermamente stabili nella loro posizione, uniti gli uni agli altri e coordinati in un reticolo cubico infinito".

Liberamente tratto da
Oliver Sacks, Zio Tungsteno, *Adelphi, 2002*

a. Individua nel brano i termini che hai incontrato nello studio di questa Unità.

b. Come si presentano i cristalli di galena del museo agli occhi di Oliver Sacks?

39 **Le miniere chiudono i battenti**
Il numero delle miniere in Piemonte è in costante diminuzione. I dati del ministero dell'Ambiente sono chiari: oggi sono censiti solo 30 siti minerari a fronte degli 80 di inizio '900 e dei 55 degli anni '90. Oggi tutte le attività estrattive in Italia sono in difficoltà rispetto a quelle della concorrenza estera. In Italia infatti vi è la necessità di rispettare la legge 626 sulla sicurezza, bisogna effettuare le valutazioni di impatto ambientale e firmare dei contratti di lavoro nazionali, cose che all'estero, soprattutto nei paesi in via di sviluppo, non vengono fatte. Un altro problema è quello delle concessioni che, dal 1998, sono concesse dalle regioni e durano 5 anni (rinnovabili poi per altri 5 anni), mentre in precedenza duravano anche 25–30 anni. Per tutti questi motivi risulta economicamente molto impegnativo avviare un'attività di questo tipo; la breve durata della concessione inoltre non è una garanzia sufficiente per procedere con un investimento importante. Sempre in Piemonte il tipo di materiali estratti è via via cambiato nel tempo: si estraggono più minerali per uso industriale piuttosto che metalli. Attività che reggono ancora il ritmo del mercato sono: l'estrazione del talco a Prali, nel Torinese, e dell'olivina a Vidracco, nel Canavese; è invece in difficoltà l'estrazione di feldspati della zona del Verbano per la produzione di ceramiche, in quanto si risente della concorrenza della Turchia. Anche i costi per il trasporto di queste materie prime sono molto alti e il loro valore è strettamente legato alle dinamiche dei mercati internazionali. A questo proposito, visto che le quotazioni dei minerali metalliferi sono aumentate notevolmente, si pensa di riprendere l'attività estrattiva per questi tipi di materiali. In particolare società straniere come la canadese Solid Resources sono alla ricerca di nichel in Val Sessera, Val Sesia e Val d'Ossola. La società canadese inoltre non esclude a priori nemmeno la possibilità di sfruttare la presenza di oro, visto che il suo prezzo sul mercato è aumentato e che soprattutto esistevano in Piemonte ben 43 giacimenti del prezioso metallo.

Liberamente tratto da
Stefano Parola, "La Repubblica", 12 febbraio 2008

a. Quanti sono i siti minerari oggi in Piemonte?
b. Perché in Italia le attività estrattive sono in difficoltà?
c. Per che cosa vengono utilizzati i feldspati?
d. Perché si pensa a un ritorno ai minerali metalliferi?

40 Fai una ricerca sull'attività di estrazione di minerali in Sardegna, evidenziando: il luogo di estrazione, i minerali estratti, l'utilizzo dei minerali, i problemi ambientali relativi allo sfruttamento, l'attività estrattiva oggi.

Fai un'indagine

41 Fai una ricerca sull'attività estrattiva nella tua regione evidenziando:
a. storia dell'attività estrattiva e ubicazione delle miniere;
b. tipo di minerale estratto;
c. tipo di materiale ricavato dalla lavorazione del minerale;
d. come viene utilizzato il materiale ricavato;
e. stato dell'attività lavorativa ad oggi;
f. problemi ambientali relativi.

42 Cerca in Internet informazioni sull'attività estrattiva in Italia.

Osserva e rispondi

43 Individua la caratteristica fisica che viene messa in evidenza nella foto e spiega brevemente in che cosa consiste.

Formula un'ipotesi

44 Alcuni minerali hanno un abito prismatico-bipiramidale e presentano colori diversi a seconda della località di provenienza: verdi (Grecia), violetti (Sardegna), neri (Val d'Ossola), trasparenti (nei dintorni del Monte Bianco). Tutti vengono ugualmente scalfiti da un filo d'acciaio. Di che minerale si tratta? Motiva la tua risposta.

45 Lo ione potassio (K$^+$) e lo ione magnesio (Mg^{2+}), se opportunamente cambiati con un anione poliatomico (per esempio SO$_4^{2-}$), potrebbero dare luogo a una serie isomorfa? Motiva la tua risposta.

In English

46 Match terms and definitions.

a. vicariance .... 1. minerals with the same chemical composition, but with different crystal habit
b. polymorphism .... 2. solid solution of two minerals
c. isomorphism .... 3. replacement of ions within the elementary cell
d. isomorphous series .... 4. different minerals with similar crystal structure

47 Match terms and definitions.

a. density .... 1. emission of light by a mineral if stressed with UV
b. luster .... 2. mass per unit volume
c. cleavage .... 3. tendency to break, by impact, in flat and regular surfaces
d. luminescence .... 4. measuring the reflection of light from a crystal

48 Explain why the classification of silicates is not chemical but structural.

Organizza i concetti

49 Completa la mappa.

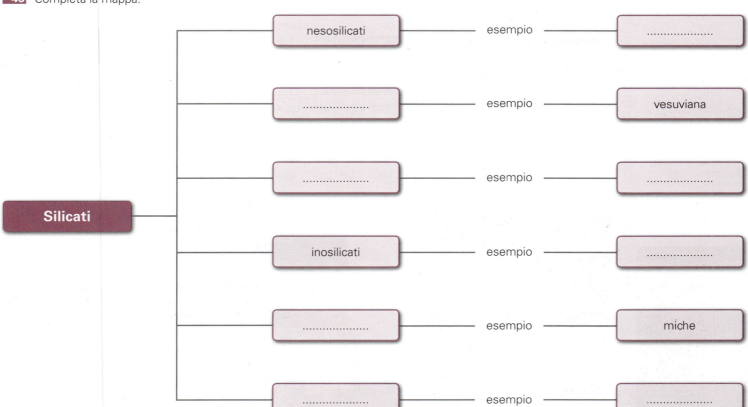

50 Costruisci uno schema sulla classificazione dei minerali non silicati indicando per ogni gruppo l'anione corrispondente e almeno un esempio.

Le rocce ignee o magmatiche

unità 2

scienze della Terra

Quali sono i processi di formazione delle rocce e quali sono i criteri con i quali si classificano le rocce ignee?

1 Le rocce

Le **rocce** sono aggregati naturali di uno o più minerali, talora anche di sostanze non cristalline, che costituiscono masse geologicamente indipendenti, ben individuabili, in genere originate da un particolare processo genetico. Esse possono essere composte da un insieme di minerali di un solo tipo, oppure possono essere un **miscuglio** (▶1) eterogeneo di minerali diversi. In natura è raro imbattersi in rocce omogenee se non a piccola scala, in quanto contengono sempre delle impurezze, tracce o masserelle di altri minerali.

Le rocce non hanno una composizione chimica definita, poiché i minerali che le compongono possono mescolarsi tra loro in qualsiasi rapporto quantitativo: questo spiega la notevole varietà di caratteristiche che esse presentano.

Si possono seguire diversi criteri per classificare le rocce, ma quello fondamentale è basato sui processi di formazione (**processi litogenetici**), che sono di tre tipi.

Figura 1 Una delle rocce ignee più diffuse, il granito, è formata da un miscuglio di quattro minerali essenziali.

Oligoclasio (bianco latte)

Biotite (nero)

Quarzo (grigio)

Ortoclasio (rosa)

Le rocce ignee o magmatiche Unità 2

Figura 2 Nello Yosemite National Park (USA) affiorano grandi masse di rocce ignee che si sono formate da 100 a 80 milioni di anni fa nelle profondità della crosta terrestre. Esse presentano aspetto massiccio e forma arrotondata dovuta all'azione di agenti erosivi che hanno asportato la copertura di rocce sedimentarie e metamorfiche. Nella foto, il famoso Half Dome.

→ **Processo magmatico**: consiste nella solidificazione di una massa fusa, detta *magma*, che si è formata all'interno della crosta terrestre. Il fenomeno può avvenire in superficie o in profondità e porta alla formazione di rocce magmatiche (o ignee) (▶2).

→ **Processo sedimentario** (Unità 4): avviene in superficie, in condizioni di bassa pressione e bassa temperatura, e produce rocce sedimentarie attraverso tre distinti meccanismi:
1) deposito e accumulo di particelle e detriti trasportati da acqua, vento o ghiaccio che formano rocce detritiche;
2) deposito e accumulo di prodotti dell'attività di organismi viventi (come gusci o scheletri) che formano rocce organogene;
3) fenomeni chimici di precipitazione che avvengono in acque dolci o marine che formano rocce di origine chimica (▶3).

→ **Processo metamorfico** (Unità 5): consistente nella trasformazione, più o meno accentuata, di rocce preesistenti (ignee, sedimentarie o metamorfiche) in seguito alla modificazione di parametri fisici come la pressione o la temperatura. Avviene in profondità e produce modificazioni nella struttura e nella composizione della roccia direttamente allo stato solido, cioè senza passare attraverso una fusione e una successiva solidificazione, come invece accade per le rocce ignee (▶4).

Per il riconoscimento e la classificazione di una roccia si dovrà inoltre tenere conto della sua *struttura*, cioè delle dimensioni (grana), della forma e della disposizione spaziale dei cristalli che la compongono, e della *composizione mineralogica* (o chimica, vedi oltre): il settore della geologia che studia le rocce e le loro caratteristiche prende il nome di **petrografia** (SCHEDA 1).

Facciamo il punto

1. Descrivi i diversi processi litogenetici.
2. Quali parametri si prendono in considerazione per classificare una roccia?

webdoc
Le rocce ignee

Figura 3 A causa della modalità di deposizione, le rocce sedimentarie (nella foto, le Dolomiti) si presentano in strati paralleli sovrapposti. I movimenti della crosta terrestre possono deformare gli strati formando pieghe.

Figura 4 Le rocce metamorfiche possono presentare fitte pieghe come questi gneiss della Val Sesia. Sono abbondanti sulle catene montuose perché hanno subìto deformazioni dovute a pressioni e a temperature molto elevate.

QUALCOSA IN PIÙ

Scheda 1 — Lo studio delle rocce

Le rocce possono essere studiate direttamente sul terreno, nei luoghi dove affiorano sulla superficie terrestre, oppure in laboratorio con semplici osservazioni al microscopio o prove più approfondite.

- **Lo studio sul terreno**: il geologo effettua osservazioni sull'aspetto generale degli ammassi rocciosi. Su una cartina topografica, poi, viene riportato il punto preciso in cui la roccia affiora e il punto in cui eventualmente si ritiene di prelevare un campione. Si osserva per esempio se è presente una stratificazione e si cerca di descrivere i rapporti con le rocce adiacenti. Più in particolare si annota su un quaderno ciò che è visibile: eventuali minerali riconoscibili dal colore, dall'abito cristallino o dalla durezza (per esempio utilizzando un temperino); si osserva la "grana", cioè le dimensioni dei cristalli costituenti la roccia (la grana può essere fine, media, grossolana), e la sua omogeneità, se necessario anche con una lente di ingrandimento. Questo tipo di lavoro porta alla definizione di dati per lo più di tipo qualitativo, e per questo ha bisogno di essere completato da analisi di tipo quantitativo che vengono effettuate in laboratorio: spesso è necessario conoscere, oltre al tipo di minerali presenti, anche la loro abbondanza.

Figura 1 I geologi rilevatori devono a volte raggiungere aree molto impervie e trasportare con sé oggetti molto pesanti che consentono loro di effettuare una fitta e accurata campionatura degli ammassi rocciosi.

Figura 2 Il martello da geologo è uno degli oggetti più fotografati poiché serve per definire la scala delle strutture della roccia che si vogliono mettere in evidenza.

- **Lo studio in laboratorio**: utilizzando una sega circolare diamantata, si ricava una sezione sottile della roccia (30 μm) che viene poi incollata su un vetrino portaoggetti e osservata con un microscopio da mineralogia, che consente di individuare e riconoscere con maggiore precisione i minerali presenti e stimare i rapporti quantitativi tra essi. Poiché la sezione è talmente sottile da risultare trasparente, è possibile fare osservazioni in luce naturale e in luce polarizzata, che è costituita da radiazioni luminose che vibrano nello stesso piano. Con un esame in luce polarizzata si riescono a notare i diversi comportamenti ottici caratteristici dei singoli minerali in quanto la luce subisce fenomeni di rifrazione, riflessione e interferenza che variano in relazione al minerale attraversato. Per la determinazione della composizione chimica si deve sottoporre la roccia a un trattamento speciale: il campione viene infatti inizialmente ripulito da eventuali patine di alterazione superficiale, poi frantumato con una pressa idraulica fino a ottenere una graniglia con frammenti di dimensioni inferiori al centimetro; successivamente, il prodotto così ottenuto viene polverizzato mediante apposita apparecchiatura.

Su questo materiale, che può essere trattato con acidi e facilmente sciolto in soluzione acquosa, si possono effettuare analisi chimiche molto semplici, come normali titolazioni, o più complesse, per le quali si utilizzano strumenti particolari come gli spettrofotometri che "leggono" le varie frequenze delle onde elettromagnetiche. Questi strumenti identificano gli ossidi e gli elementi in traccia presenti nella roccia. Inserendo i dati in un computer e confrontandoli con dati standard relativi a rocce di composizione nota, si riescono a quantificare in percentuale i minerali presenti e quindi a classificare la roccia.

2 Il processo magmatico: dal magma alla roccia

Le **rocce ignee** (dal latino *ignis*, che significa "fuoco") sono le più diffuse nella crosta terrestre e derivano dalla solidificazione di un **magma**, che può essere definito come un materiale naturale ad alta temperatura, estremamente mobile e chimicamente complesso, nel quale prevale una fase liquida di composizione silicatica (comunemente chiamata **fuso**), in cui sono presenti anche gas disciolti e cristalli in sospensione. La presenza di gas e vapor d'acqua (*agenti mineralizzatori*) favorisce il movimento di ioni e molecole presenti nel magma, facilitando la formazione dei reticoli cristallini dei diversi minerali.

Nelle prime fasi successive alla sua formazione, circa 4,5 miliardi di anni fa, la Terra era allo stato fuso. A causa della gravità, i materiali più densi si accumularono nelle zone più interne del nostro pianeta, mentre i materiali più leggeri andarono a concentrarsi in prossimità della superficie. Al diminuire della temperatura i materiali cominciarono a solidificare a partire dalle zone più superficiali: si formarono così diversi tipi di rocce costituite da minerali con temperatura di fusione simile (i primi minerali a solidificare da una massa fusa sono quelli che hanno punto di fusione più elevato).

Nel corso del tempo geologico, gran parte del materiale costituente la crosta terrestre ha subìto più volte processi di fusione (in profondità) e di successiva solidificazione.

✓ Facciamo il punto

3 Come si definisce il magma?

4 Perché è importante la presenza di gas e vapor d'acqua all'interno del magma?

3 La classificazione delle rocce magmatiche

Le rocce ignee si classificano in base a tre criteri generali:

→ le **condizioni di solidificazione**;
→ il **contenuto in silice** (SiO_2);
→ la **composizione mineralogica e chimica**.

3.1 Una prima classificazione in base alle condizioni di solidificazione

Per la classificazione delle rocce ignee è molto importante ricostruire le caratteristiche del processo di solidificazione del magma, riconoscendo per esempio la struttura del prodotto finale del processo litogenetico: la roccia.

Il processo di raffreddamento ha caratteristiche diverse a seconda che la massa fusa si solidifichi *in superficie* o *in profondità* all'interno della crosta terrestre.

Di norma si distinguono tre tipi di **rocce ignee**: **intrusive**, che derivano da magmi che solidificano lentamente, in profondità, producendo ammassi rocciosi detti plutoni, o più in generale "corpi ignei"; **effusive**, che derivano da magmi che solidificano, più rapidamente, in superficie; **ipoabissali** (o filoniane), che si formano in condizioni intermedie, a profondità non elevate.

Le rocce intrusive

Se il raffreddamento si verifica all'interno della crosta terrestre, avverrà in un tempo molto lungo, anche in milioni di anni, in quanto le rocce solide che circondano la massa di materiale fuso fungono da isolante termico. In una massa silicatica fusa, gli atomi che andranno a formare il reticolo cristallino dei minerali sono disposti in modo caotico. Durante il lungo processo di raffreddamento le particelle avranno il tempo necessario per costituire reticoli cristallini regolari e ordinati che possono avere varie dimensioni; normalmente si formano cristalli tutti

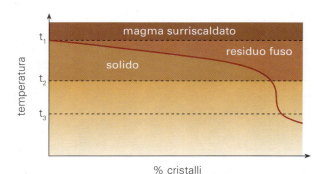

Figura 5 Nel grafico si osserva la variazione della percentuale in volume dei cristalli in un magma al variare della temperatura.

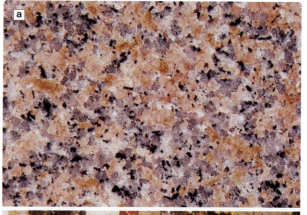

Figura 6 Nel campione di granito (**a**) si nota la struttura cristallina granulare. Nella sezione sottile (**b**) osservata in luce polarizzata si osservano cristalli bianchi e neri di forma irregolare (quarzo), cristalli grigi di forma più regolare (feldspati) e pochi cristalli colorati (miche).

visibili a occhio nudo. Una **struttura** di questo tipo viene chiamata **cristallina** o **granulare** dal nome della roccia più rappresentativa, il *granito*.

I minerali cristallizzano seguendo un ordine che dipende dal loro punto di fusione. Man mano che la temperatura diminuisce, nel magma cresce la percentuale in volume dei cristalli (solidi) a scapito del residuo fuso (▶5). Per esempio, i cristalli di olivina (che sono i primi a solidificare) crescono all'interno di una grande quantità di fuso e la loro forma finale corrisponderà all'abito cristallino, saranno cioè *cristalli idiomorfi*. Gli ultimi minerali che cristallizzano, come il quarzo, andranno a occupare gli spazi vuoti lasciati dai minerali che sono solidificati precedentemente; per questo motivo, questi cristalli saranno ostacolati nella crescita e avranno una forma irregolare, saranno cioè *cristalli allotriomorfi*. Quello che noi vediamo osservando una roccia che si è formata in questo modo è un'associazione di minerali idiomorfi e allotriomorfi (▶6).

Le rocce effusive

Le rocce effusive, a seconda della velocità con cui avviene il raffreddamento del magma, possono presentare diversi tipi di struttura che hanno, però, un'unica caratteristica comune: l'apparente assenza di struttura cristallina.

Il processo può avvenire in modo molto rapido quando il magma, a causa di un'eruzione vulcanica, arriva in superficie a contatto con l'atmosfera pren-

Lo sapevi che...

Niente pomici nel sito dell'Unesco!
Le Isole Eolie hanno rischiato per ben due volte in pochi anni di essere cancellate dalla lista Unesco dei Siti Patrimonio dell'Umanità nella quale erano state inserite nel 2000.
Una prima volta a causa dell'attività estrattiva delle cave di pomice a Lipari: in passato, da circa duecento anni, l'attività estrattiva di questa roccia è stata la maggiore attività economica per la popolazione. Dopo pressioni della stessa Unesco e di Legambiente, il 31 agosto 2007 le cave sono state chiuse. Una seconda volta per un progetto di un megaporto a Lipari la cui costruzione non è stata possibile per l'istituzione, nel 2008, del Parco delle Eolie, tutelato da rigorosi vincoli ambientali.

dendo il nome di **lava**. In questo caso gli atomi non hanno il tempo per organizzarsi in una struttura regolare e quindi restano, anche allo stato solido, disposti in modo caotico, formando dei solidi amorfi come il vetro. È come se gli atomi venissero "congelati" nella posizione che occupavano allo stato fuso. La roccia in questo caso assumerà una **struttura vetrosa**.

Osservando una roccia con struttura vetrosa non si riesce a distinguere alcun componente cristallino, nemmeno con l'analisi microscopica; queste rocce presentano frequentemente superfici di rottura concave (*fratture concoidi*) che generano frammenti estremamente taglienti. Un tipico esempio di roccia con queste caratteristiche è l'*ossidiana*, il cui colore scuro, generalmente nero, è dovuto alla presenza di ossidi di Fe; essa si può ritrovare indifferentemente come risultato di diversi tipi di attività vulcanica (▶7).

Rocce particolari con struttura vetrosa ma molto porose e ricche di cavità dovute a un'alta presenza di gas all'interno della lava in via di solidificazione sono le **pomici**, tanto leggere da galleggiare sull'acqua (▶8).

Un altro tipo di struttura che può comparire anche in associazione con quella vetrosa è la **microcristallina**, in cui i cristalli hanno dimensioni molto piccole, visibili solo se osservati al microscopio.

La struttura però più frequente nelle rocce effusive è quella **porfirica**, che è caratterizzata dalla presenza di cristalli di varia dimensione, spesso visibili a occhio nudo, chiamati **fenocristalli**, immersi in una *massa di fondo microcristallina* e/o *vetrosa*. I fenocristalli si trovano già cristallizzati all'interno della massa fusa, oppure solidificano durante la sua risalita, prima della fuoriuscita sulla superficie terrestre: si tratta dei minerali con punto di fusione più alto rispetto alla temperatura del magma, che coesistono a lungo con la fase liquida in cui sono immersi (▶9).

Le rocce ipoabissali o filoniane

Le rocce ipoabissali si formano in prossimità della superficie terrestre nella fase finale di un processo intrusivo di solidificazione, quando gli ultimi residui di magma non ancora solidificati, sebbene molto viscosi e con composizione chimica diversa dal magma originario, vengono trascinati verso l'alto

Figura 7 L'ossidiana è una roccia che presenta una struttura vetrosa.

Figura 8 La pomice è una roccia con struttura vetrosa molto porosa, tanto da galleggiare sull'acqua.

Figura 9 Le sezioni sottili ben evidenziano la struttura porfirica: **a)** riolite (acida); **b)** basalto (basica).

dai gas presenti e vanno a riempire fratture e spaccature. Si formano così dei *filoni*, corpi magmatici di ridotte dimensioni in cui la solidificazione avviene più rapidamente rispetto a quanto avviene per le rocce intrusive.

La struttura caratteristica di queste rocce è quella **porfirica**, e infatti il nome della struttura deriva proprio dal nome delle rocce ipoabissali più rappresentative, i *porfidi*.

Non sempre però le rocce ipoabissali hanno struttura porfirica: in alcuni casi la struttura è **aplitica**, granulare ma con cristalli tutti di piccole dimensioni. Più raramente, quando il magma è in gran parte solidificato, nel fuso residuo si possono concentrare grandi quantità di gas e di elementi chimici che di norma non entrano nella composizione dei minerali (*elementi incompatibili*): in queste condizioni le rocce possono acquisire una struttura **pegmatitica** (▶10), caratterizzata dalla presenza di grandi cristalli di muscovite, feldspato e quarzo, e di minerali rari come il topazio, il berillo e lo zircone.

3.2 Un secondo criterio di classificazione: il contenuto in silice

I magmi possono avere composizione chimica estremamente varia e quindi il processo magmatico può portare alla formazione di una grande varietà di minerali costituenti le rocce (▶11 e **TABELLA 1**).

Abbiamo già visto che i minerali possono essere suddivisi in sialici e femici. Anche per le rocce può essere utilizzata questa distinzione in relazione alla presenza di minerali dei due diversi tipi e in relazione al contenuto in silice. Si intende per "silice" sia quella libera, presente sotto forma di quarzo, sia quella vincolata, intrappolata nella struttura tetraedrica dei silicati. La silice vincolata si può considerare come una quantità di silice "virtuale", che si ricava dall'analisi chimica dei minerali silicatici presenti nella roccia e che viene calcolata in base alla quantità di Si e O presenti nella loro struttura tetraedrica. Ne consegue che, in molti casi, la roccia

Figura 10 La struttura pegmatitica è caratterizzata da cristalli di notevoli dimensioni.

TABELLA 1 Composizione mineralogica delle rocce intrusive ed effusive più comuni

Rocce	Roccia intrusiva	Roccia effusiva	Composizione mineralogica
Acide (Sialiche) $SiO_2 > 65\%$	granito granodiorite	riolite dacite	quarzo, K-feldspato, pochi minerali femici
Neutre $52\% < SiO_2 < 65\%$	diorite	andesite	quarzo assente, ortoclasio, plagioclasio, minerali femici
Basiche (Femiche) $45\% < SiO_2 < 52\%$	gabbro	basalto	quarzo assente, plagioclasio, molti minerali femici
Ultrabasiche (Ultrafemiche) $SiO_2 < 45\%$	peridotite	picrite (rara)	minerali sialici assenti, solo minerali femici

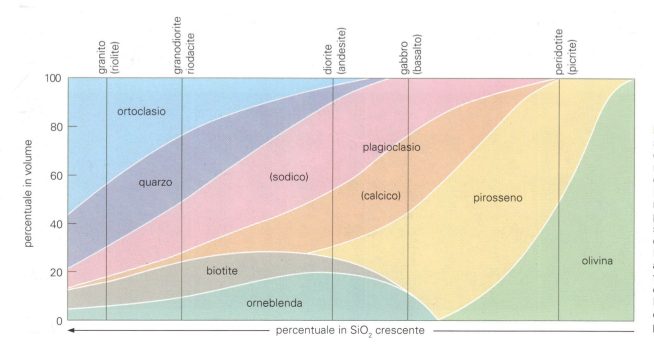

Figura 11 Il diagramma serve per la classificazione delle rocce magmatiche più diffuse.
Le composizioni mineralogiche in percentuale volumetrica si ottengono tracciando delle linee verticali.
Il nome da assegnare alla roccia dipende dal fatto che sia intrusiva o effusiva.
Il nome della roccia effusiva è indicato tra parentesi.

potrebbe contenere silice, ma non necessariamente il minerale quarzo.

Se la roccia contiene solo silice vincolata viene detta **sottosatura**, mentre se la quantità di silice è in eccesso e permette la cristallizzazione del minerale quarzo viene detta **sovrasatura**.

I **magmi** con alto contenuto in silice vengono definiti **acidi**, mentre quelli con basso contenuto in silice vengono definiti **basici**. Questa terminologia è da sempre stata utilizzata in petrografia poiché è noto che la silice, quando reagisce con l'acqua, forma un acido debole (ortosilicico, H_4SiO_4), a differenza degli ossidi metallici, che invece formano basi (idrossidi).

A seconda della percentuale in peso di silice presente nella roccia vengono riconosciuti quattro tipi di rocce ignee, nell'ambito di una famiglia molto diffusa di rocce che viene definita *calcalcalina*, o *serie calcalcalina* (**SCHEDA 4**).

Rocce acide

Derivano dalla solidificazione di magmi ricchi in elementi come Si e Al e per questo motivo vengono chiamate anche rocce *sialiche*. La quantità di silice presente è maggiore del 65% in peso e perciò hanno una densità piuttosto bassa, attorno ai 2,7 g/cm³.

I minerali presenti sono il quarzo, pochi silicati e grande quantità di alluminosilicati che conferiscono alla roccia un colore generalmente chiaro.

Esempio di roccia intrusiva acida è il **granito**, ricco in quarzo e plagioclasi, principale costituente di grossi corpi intrusivi chiamati *batoliti* che si originano in profondità nella crosta terrestre. La roccia effusiva che corrisponde al granito è la **riolite**, che può assumere nomi specifici diversi a seconda della località in cui si ritrova (liparite, pantellerite) o della struttura prevalente (ossidiana, porfido) (▶12).

Rocce neutre

Derivano dalla solidificazione di magmi a composizione intermedia con percentuale in peso di silice compresa tra il 52% e il 65%. La densità di queste rocce è intermedia, il rapporto tra silicati e alluminosilicati è prossimo a 1; aumenta, rispetto alle rocce acide, la quantità di minerali femici. Le **andesiti** sono le rocce effusive e prendono il nome da una catena montuosa formata da un allineamento di vulcani, le Ande in Sud America. Le rocce intrusive sono chiamate **dioriti**. Sono caratterizzate dalla presenza in egual misura di minerali sialici (plagioclasi) e minerali femici (anfiboli e pirosseni) (▶12).

Figura 12 Nonostante la composizione chimica sia identica per le rocce acide, neutre e basiche, le rocce effusive e intrusive di ogni gruppo presentano un aspetto molto diverso.

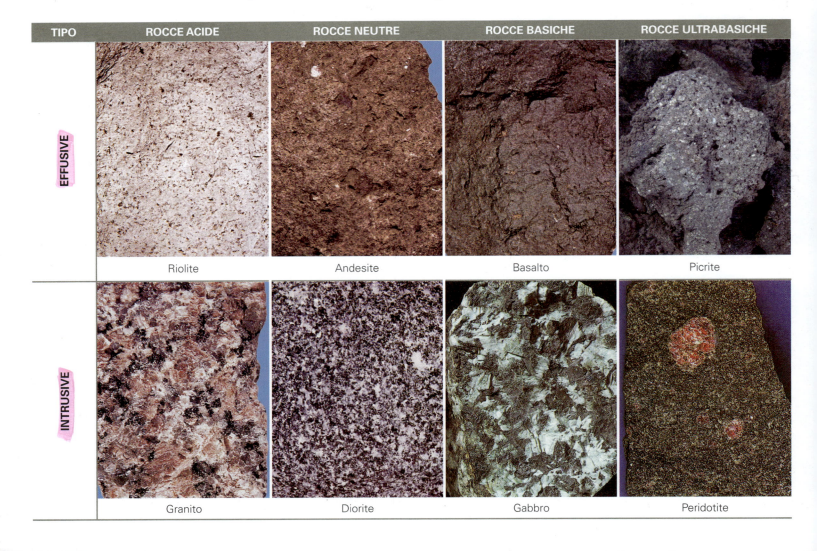

Rocce basiche

I magmi che danno origine alle rocce basiche contengono una quantità di silice compresa tra il 45% e il 52%. Sono ricchi in silicati di Fe e Mg (le rocce originatesi da questi tipi di magmi vengono chiamate anche rocce *femiche*) variamente colorati in verde, grigio, nero; essi conferiscono alla roccia una colorazione generalmente scura. La densità è più elevata (circa 3 g/cm^3) e si riscontra l'assenza di quarzo.

La roccia effusiva, il **basalto**, è di gran lunga la più diffusa in quanto è il costituente principale dei fondali oceanici; è costituito da plagioclasi ricchi di Ca con anfiboli, pirosseni e olivina. La roccia intrusiva prende il nome di **gabbro** (▶12).

Rocce ultrabasiche

Vengono chiamate in questo modo quelle rocce con colorazione molto scura, a causa della presenza in grande quantità di minerali femici, caratterizzate da alta densità (>3 g/cm^3) e da bassa percentuale in peso di silice (< 45%). La **peridotite** è una roccia intrusiva che raramente affiora in superficie: è composta da olivina e pirosseni (▶12). A volte sono presenti minerali come cromo e platino in quantità sfruttabili. La corrispondente roccia effusiva è rarissima e prende il nome di **picrite**.

3.3 La composizione mineralogica e chimica

Esistono sicuramente delle connessioni tra la composizione mineralogica e quella chimica delle rocce: sappiamo, infatti, che ai singoli minerali corrispondono determinate composizioni chimiche. Tuttavia, siccome numerosi minerali componenti le rocce sono delle miscele isomorfe complesse (Unità 1), sarebbe più opportuno ricorrere al criterio di classificazione chimica in quanto univoco (mentre non è altrettanto univoco il significato chimico di termini mineralogici come olivine, anfiboli, pirosseni, minerali sialici).

Nonostante ciò, la maggior parte dei petrografi preferisce utilizzare il criterio mineralogico (**analisi modale**) in quanto più pratico e semplice da utilizzare. Questo criterio è facilmente applicabile alle rocce intrusive, poiché dall'accurata osservazione e descrizione della roccia in sezione sottile si riesce a ricavare la percentuale in volume dei minerali presenti (*moda*) che consente di classificare la roccia.

Il metodo più utilizzato per ottenere questo dato è quello di applicare al microscopio un accessorio, chiamato "tavolino integratore", che consente di spostare la sezione lungo direzioni ortogonali, secondo intervalli prefissati; si ottiene così una griglia in cui ogni punto corrisponde a una precisa fase mineralogica. Il numero totale di punti conteggiato per ogni fase viene considerato con buona approssimazione proporzionale alla sua abbondanza relativa.

▶ Lo sapevi che...

La roccia che prende il nome da un paese
Il gabbro, roccia intrusiva basica formata essenzialmente da plagioclasi e pirosseni, deriva il suo nome dalla omonima località toscana in provincia di Livorno, nel comune di Rosignano. Il nome fu attribuito da Christian Leopold von Buch (1774-1853), geologo e paleontologo tedesco che studiò l'area nella prima metà dell'800.
Nei dintorni del piccolo paese infatti affiorano gabbri in associazione con numerosi altri tipi di rocce di origine oceanica, portate alla luce da movimenti della crosta, chiamate ofioliti. Il nome deriva dal latino "glabrum" che stava a indicare l'aridità del luogo.

Non sempre però è possibile effettuare questo tipo di analisi: infatti, le rocce effusive (che hanno una struttura vetrosa o microcristallina) non presentano cristalli distinguibili al microscopio. Si ricorre allora all'**analisi normativa**, per mezzo della quale è possibile ricavare, dalla composizione chimica della roccia, la percentuale teorica in peso dei vari minerali presenti (non direttamente visibili). È possibile poi utilizzare questo dato mineralogico per la classificazione modale (**SCHEDA 2**).

✓ Facciamo il punto

5 Qual è la differenza tra le rocce intrusive ed effusive?

6 Quali sono le strutture che permettono di riconoscere una roccia intrusiva o una effusiva?

7 Quali sono le caratteristiche delle rocce ipoabissali?

8 Qual è la differenza tra rocce sottosature e rocce sovrasature?

9 Che significato hanno i termini "acido" e "basico" nella classificazione delle rocce?

10 In quali casi si ricorre all'analisi normativa?

QUALCOSA IN PIÙ

Scheda 2 — Classificazione modale: il diagramma di Streckeisen

Esiste un metodo molto semplice per classificare le rocce partendo dall'analisi modale. Si utilizzano a questo scopo diagrammi triangolari come quello rappresentato nella ▶1.

Il diagramma di Streckeisen (il doppio triangolo) ▶2 utilizza un ulteriore parametro: la percentuale di feldspatoidi (F), cioè minerali sottosaturi in silice (con minor numero di atomi di silicio rispetto ai cationi K^+, Na^+, Ca^{2+}) come la leucite, la nefelina e la sodalite. Le rocce che si trovano nel triangolo QAP sono quindi sovrasature (ossia ricche in silice), mentre quelle che si trovano nel triangolo APF sono sottosature. Quarzo e feldspatoidi sono incompatibili: la presenza dell'uno esclude quella dell'altro. Un quinto parametro modale (M – minerali femici) viene utilizzato per le rocce ultrafemiche (M > 90); si utilizzano in questo caso altri diagrammi triangolari ai cui vertici vengono rappresentati i minerali olivina (ol), pirosseni (px) e orneblende (hbl) (campo 16 in ▶2).

Rocce plutoniche

1) quarzolite
2) granito a feldspati alcalini
3) granito
4) granodiorite
5) tonalite
6) sienite a feldspati alcalini
7) sienite
8) monzonite
9) monzodiorite, monzogabbro
10) diorite, gabbro, anortosite
11) sienite a feldspatoidi
12) monzonite a feldspatoidi
13) essexite
14) teralite
15) foidite
16) ultramafite

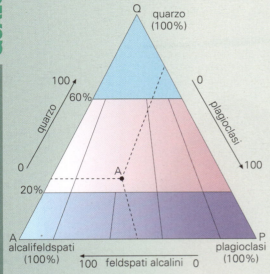

Figura 1 Diagrammi triangolari sono alla base della classificazione modale delle rocce ignee di Streckeisen.

Per entrare in questi diagrammi basta ottenere la percentuale in volume di soli tre parametri principali: la percentuale di quarzo (Q), quella di plagioclasi (P) e quella di alcalifeldspati (A). A ogni vertice corrisponde il 100% di presenza di quel minerale, lungo i lati la sua percentuale diminuisce man mano che si procede in direzione di un altro vertice, fino ad annullarsi. Il punto A all'interno del triangolo in ▶1 rappresenta una roccia costituita da una bassa percentuale di quarzo e plagioclasi (siamo infatti piuttosto lontani dai vertici Q e P) e media di alcalifeldspati (A) (il punto si trova relativamente vicino al vertice A).

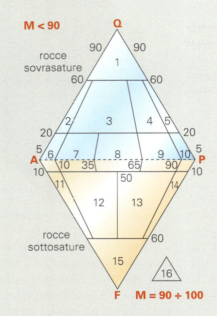

Figura 2 Il diagramma di Streckeisen è suddiviso in 15 campi: ognuno di essi rappresenta una famiglia di rocce.

Rocce vulcaniche

2) riolite a feldspati alcalini
3) riolite
4) dacite
5) plagidacite
6) trachite a feldspati alcalini
7) trachite
8) latite
9) latiandesite, mugearite
10) andesite, basalto
11) fonolite
12) fonolite tefritica
13) tefrite fonolitica
14) tefrite, basanite
15) foidite, nefelinite, leucitite
16) ultramafite, picrite

Figura 3 Una roccia sovrasatura, la diorite (**a**) e una roccia sottosatura, la tefrite (**b**).

4 La genesi dei magmi

Le masse magmatiche si originano in profondità dalla fusione di materiale componente la crosta terrestre o la parte superiore del mantello. La fusione delle rocce in profondità dipende da diversi fattori: la pressione litostatica, la temperatura e la presenza di acqua.

Pressione litostatica

All'interno della Terra i materiali rocciosi sono sottoposti a una pressione litostatica (da *lithos*, che in greco significa "pietra"), esercitata uniformemente da tutte le direzioni dello spazio.

La pressione litostatica, che cresce all'aumentare della profondità in quanto dipende dal peso dei materiali sovrastanti, influenza lo stato fisico dei minerali: la loro temperatura di fusione, infatti, aumenta con la profondità; di conseguenza, una roccia che in superficie, a una determinata temperatura, sarebbe totalmente fusa, in profondità potrebbe trovarsi (alla stessa temperatura) ancora allo stato solido, o solo parzialmente fusa.

Se però, in una zona situata a grande profondità, la pressione litostatica diminuisce, a causa della formazione di fratture, la roccia potrebbe fondere originando così una massa magmatica che, risalendo all'interno della crosta, continuerebbe a mantenersi fluida poiché sottoposta a pressioni via via minori (▶13): si spiegherebbe così la genesi dei magmi più profondi.

Temperatura

Un fattore molto importante per la genesi dei magmi è l'aumento di temperatura che si può verificare localmente all'interno della crosta terrestre.

La roccia sottoposta a un aumento di temperatura comincia a fondere a partire dai minerali con più basso punto di fusione: uno dei minerali con minore punto di fusione è il quarzo.

Il primo fuso che si forma avrà quindi certamente una composizione acida o sialica; se il processo continua fino alla fusione di tutta la massa rocciosa, il fuso finale avrà la stessa composizione chimica della roccia di partenza. Le temperature variano da circa 700 °C per i magmi acidi a circa 1400 °C per quelli basici.

Le masse magmatiche tendono a risalire verso la superficie, poiché sono caratterizzate da densità minore rispetto alle rocce circostanti.

Presenza di acqua

In profondità è spesso presente dell'acqua che penetra dalla superficie terrestre attraverso le fratture e le fessure delle rocce.

La presenza di acqua in profondità abbassa notevolmente la temperatura di fusione di tutte le rocce favorendo la formazione di magmi (▶14).

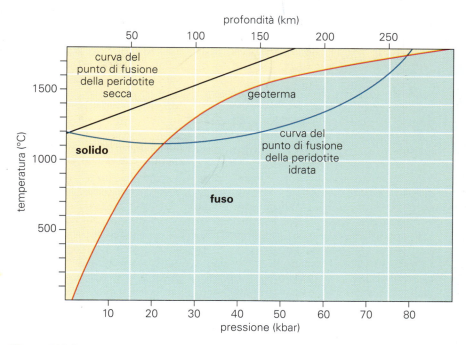

Figura 14 Influenza dell'acqua sulla temperatura di fusione dei materiali rocciosi. La peridotite secca e quella idrata sono rappresentate da due curve rispettivamente sopra (la peridotite rimane allo stato solido) e sotto (la peridotite si trova allo stato fuso) una terza curva chiamata geoterma. La geoterma indica la variazione di temperatura all'interno della Terra in funzione della pressione e quindi della profondità. A pressioni di 20-80 kbar (80-260 km di profondità) la presenza di acqua fa fondere la peridotite, che invece permane allo stato solido se l'acqua non è presente.

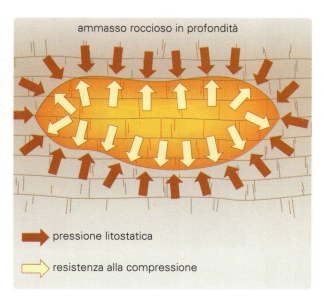

Figura 13 La pressione litostatica aumenta con la profondità e agisce sulle rocce da tutte le direzioni dello spazio.

✔ Facciamo il punto

11 In che modo la pressione litostatica e la temperatura contribuiscono alla genesi delle masse magmatiche?

12 Come viene condizionata dalla presenza d'acqua la genesi dei magmi in profondità?

IN ITALIA

Scheda 3 Usi delle rocce ignee

I colori che si possono osservare su una superficie piana di una roccia di solito sono piuttosto opachi e insignificanti; la roccia lavorata in lastre assume una variegata colorazione che ne determina il valore estetico solo quando la superficie è bagnata o lucidata. Vista la loro facilità a essere lavorate, la loro resistenza alla compressione e soprattutto all'usura, che ne determina la durevolezza, le rocce ignee sono ampiamente impiegate in edilizia. Un tempo venivano utilizzate per la costruzione di colonne, volte, muri e strutture portanti di edifici; questi materiali sono stati oggi sostituiti dal cemento armato che è più leggero ed economico.

Oggi il loro valore è dovuto in primo luogo alla colorazione, che ne determina il pregio estetico, in quanto vengono impiegate come rivestimenti esterni o interni di edifici, oppure come pavimentazioni. Vengono soprattutto utilizzate negli edifici pubblici.

La nomenclatura commerciale delle rocce non sempre corrisponde alla nomenclatura petrografica: per esempio, con il termine generico di "graniti" vengono indicate tutte le rocce intrusive. I "graniti" sono molto usati, tra l'altro, anche nell'arte funeraria: in un cimitero solitamente si può osservare un buon campionario delle rocce ignee più pregiate che si trovano in commercio. Inoltre ci sono utilizzi per i quali non c'è bisogno della lucidatura: ad esempio il porfido, usato per le pavimentazioni stradali tipo pavé, è molto diffuso nel Nord Italia, in particolare in Alto Adige, dove ricopre più di 3000 km² di territorio. Altre rocce effusive, diffuse soprattutto nell'Italia centro-meridionale, che vengono utilizzate per le pavimentazioni stradali, sono il **basalto** e la **leucitite**, già conosciuti ai tempi dei Romani (▶1). Tutte queste rocce possono essere usate anche come pietre da costruzione, come pietrisco per massicciate ferroviarie, come pietre da macina, come ghiaie e in blocchi per scogliere frangiflutti. Le varietà con struttura vetrosa, come le ossidiane o certi tipi di basalti, sono utilizzate per la produzione di "lana di roccia" e "lana di vetro", materiali fibrosi usati come isolanti termici e acustici in sostituzione dell'ormai obsoleto e pericoloso amianto.

Un'altra roccia molto resistente all'usura è il **porfido rosso antico**, un'andesite di colore rossastro per la presenza di ematite (un ossido di ferro). Il porfido rosso antico fu la pietra romana per eccellenza, usato nelle tombe imperiali e nei palazzi (pannelli murari e colonne): lo importavano dall'Egitto e dall'Arabia. Fu impiegato anche nel Medioevo e nel Rinascimento (di solito recuperandolo da edifici dell'epoca romana), soprattutto nelle chiese (▶2). È ampiamente utilizzato anche oggi.

Figura 1 La leucitite è una roccia basica effusiva sottosatura con struttura porfirica, comunissima nella zona dei vulcani laziali; è formata da leucite, augite, olivina. Era usata dagli antichi Romani per la costruzione delle strade, come la Via Appia.

Figura 2 I tetrarchi sono una scultura in porfido saccheggiata a Bisanzio nel 1204 e poi collocata nella Basilica di San Marco a Venezia (**a**). In porfido rosso è anche la statua della Giustizia, in cima all'omonima colonna, a Firenze, ultimata nel 1528 (**b**)..

5 Il dualismo dei magmi

Per molto tempo i geologi hanno cercato di rispondere a una domanda che, a questo punto, dovrebbe sorgere spontanea: esistono diversi tipi di magma che solidificandosi hanno dato origine ai diversi tipi di rocce ignee, oppure tutte le rocce hanno avuto origine da pochi tipi di magma che in seguito hanno subìto delle trasformazioni, diversificandosi? Il problema è di non poco conto se si considera che non è affatto semplice studiare sistemi chimico-fisici così complessi e per giunta non direttamente visibili e poco facilmente raggiungibili.

Come sempre dobbiamo fare affidamento in primo luogo sull'osservazione: possiamo orientare la nostra ricerca su magmi già solidificati che affiorano in superficie, oppure su studi di laboratorio che permettono di ricostruire la storia della cristallizzazione di una massa silicatica fusa in determinate condizioni ambientali.

Gli studi sulle rocce costituenti la superficie terrestre hanno permesso di constatare che la crosta continentale è formata essenzialmente da rocce acide, e la crosta oceanica da rocce basiche. In particolare la maggior parte delle rocce intrusive (circa il 95%) ha composizione granitica o granodioritica, mentre la maggior parte delle rocce effusive (circa il 98%) è di composizione basaltica. Questo dato induce a ipotizzare che in natura la maggior parte dei magmi sia riconducibile a due tipi principali (▶ 15): magmi primari, basici, e magmi secondari, acidi.

Il **magma primario** è di origine profonda: deriva infatti dalla fusione parziale delle rocce ultrabasiche del mantello, ricche di minerali femici, ha temperature iniziali elevate (circa 1400 °C) e risale lentamente attraverso la crosta terrestre.

La temperatura di fusione dei minerali che lo compongono diminuisce al diminuire della pressione esterna e quindi è molto probabile che durante la risalita, nonostante siano in atto processi di raffreddamento, esso si mantenga allo stato fuso e che rimanga tale fino alla sua fuoriuscita in superficie che avviene sotto forma di colate laviche.

Il **magma secondario** ha temperature iniziali più basse (circa 700 °C) e deriva dalla fusione parziale di rocce poco profonde della crosta: quando la temperatura si avvicina a 600-700 °C (a circa 30-40 km di profondità), le rocce cominciano a fondere liberando i loro componenti sialici che hanno punto di fusione più basso.

Questo processo viene chiamato **anatessi** e i fusi acidi così prodotti vengono chiamati anche *magmi anatettici*.

Sono magmi molto viscosi, poco mobili in quanto coesistono con materiali ancora solidi, e quindi tendono a solidificare in situ, originando in profondità corpi granitici molto estesi chiamati *plutoni*.

È estremamente raro che questi magmi arrivino in superficie: essi solidificano all'interno della crosta poiché la loro temperatura di fusione,

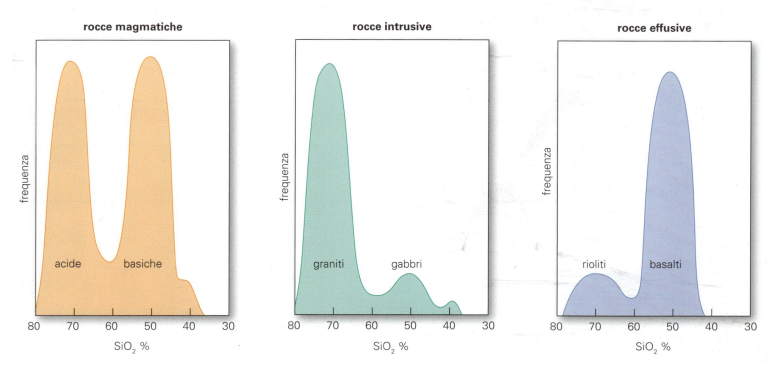

Figura 15 I magmi presenti in natura sono in prevalenza acidi o basici. Sono molto scarsi i magmi di composizione intermedia. Tra le rocce acide prevalgono i graniti (intrusivi), tra quelle basiche prevalgono i basalti (effusivi).

al contrario di quella dei magmi con genesi profonda, aumenta al diminuire della pressione esterna (▶16).

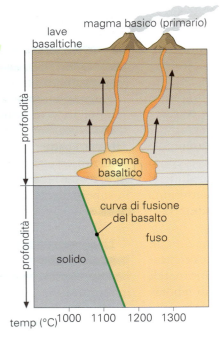
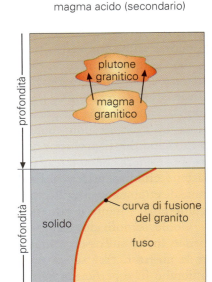

Figura 16 Effetti della diminuzione di pressione su magmi acidi e basici in risalita all'interno della crosta terrestre. Nei magmi acidi al diminuire della pressione (profondità) aumenta la temperatura necessaria per mantenere allo stato fuso il materiale: questo tipo di magma tende a solidificare all'interno della crosta terrestre. Nei magmi basici accade il contrario e quindi essi hanno maggiore possibilità di arrivare in superficie sotto forma di colate basaltiche.

Facciamo il punto

13 Qual è la differenza tra magma primario e magma secondario?

14 In che cosa consiste il fenomeno di anatessi?

6 Cristallizzazione frazionata e differenziazione magmatica

È possibile spiegare ragionevolmente la genesi di un'enorme varietà di rocce con composizione chimica (*chimismo*) differente grazie al magma primario. Infatti nei processi anatettici, a causa della bassa temperatura iniziale di formazione, i magmi secondari danno sempre origine a rocce sialiche, qualunque sia la composizione della roccia di partenza. Numerosi studi di laboratorio hanno permesso di ricostruire con precisione le modalità di cristallizzazione di miscele silicatiche fuse con temperature iniziali elevate. L'interpretazione della cristallizzazione frazionata richiede numerose semplificazioni in quanto, come si è già detto, il magma è un sistema complesso, in continuo movimento rispetto alle rocce circostanti, ed è caratterizzato dalla compresenza di molte variabili chimico-fisiche e da frequenti movimenti differenziali tra le sue varie fasi.

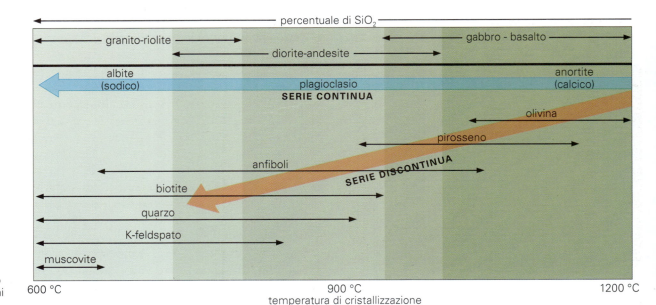

Figura 17 Le serie di Bowen: in relazione alla diminuzione della temperatura si formano minerali via via più ricchi in silice.

Inoltre, la sua composizione e quella dei gas in esso disciolti, che influenzano notevolmente la cristallizzazione (e per questo vengono chiamati agenti mineralizzatori), è piuttosto variabile.

Nel 1928 il petrografo statunitense Norman L. Bowen stabilì le leggi che regolano la cristallizzazione dei minerali durante il raffreddamento di un magma basaltico. Egli individuò due serie distinte di cristallizzazione, note come **serie di Bowen**: una serie discontinua e una serie continua (▶ 17).

→ La **serie discontinua** riguarda le trasformazioni relative ai minerali femici e prevede che si formino, durante il raffreddamento, specie mineralogiche diverse che a turno reagiscono con il fuso. Con la progressiva diminuzione della temperatura, il fuso viene privato dei minerali femici (che passano allo stato solido) e quindi si arricchisce sempre più nella sua componente sialica, diventando più acido. In questa serie, l'olivina è il primo minerale che cristallizza; essa rimane in equilibrio con il fuso fino a una data temperatura, poi reagisce con esso per formare pirosseni. Con un processo analogo, a temperature più basse, i pirosseni reagiscono formando anfiboli che, a loro volta, origineranno biotite. I minerali che cristallizzano hanno una struttura via via più complessa: da nesosilicati si passa infatti a inosilicati per arrivare a fillosilicati e tettosilicati.

→ La **serie continua** descrive le trasformazioni che avvengono nella serie isomorfa dei plagioclasi: si formano quindi minerali che, durante il raffreddamento, mantengono la stessa struttura, ma modificano la loro composizione. Il primo minerale a cristallizzare (contemporaneamente all'olivina della serie discontinua) è l'anortite (plagioclasio ricco in Ca); le reazioni con il fuso permettono la cristallizzazione di plagioclasi progressivamente più ricchi in Na e più poveri in Ca, fino all'albite (plagioclasio ricco in Na, ▶ 18).

Queste reazioni non sempre avvengono in modo completo: può accadere infatti che interessino solo la parte più esterna del cristallo. In questo caso il risultato è il ritrovamento, all'interno della roccia ormai solidificata, di plagioclasi "zonati", cioè di cristalli in cui la composizione chimica varia in modo concentrico dalla parte più interna ricca in Ca alla parte più esterna ricca in Na. Potremmo in questo caso trovare cristalli con un nucleo anortitico ma con un rivestimento esterno albitico. Tuttavia la composizione finale del plagioclasio dipende dalla composizione del fuso iniziale: più questo è ricco in silice e più il plagioclasio finale sarà ricco in Na.

La cristallizzazione procede parallelamente nelle due serie, quindi se in una roccia troviamo olivina o pirosseni, il plagioclasio presente sarà un termine calcico della miscela isomorfa. Se la composizione iniziale del magma è tale da permettere la cristallizzazione degli ultimi minerali delle serie (biotite e plagioclasio sodico) e la produzione di una certa quantità di ulteriore fuso residuo, da questo cristallizzeranno direttamente feldspato potassico, muscovite e quarzo, senza interferire con le due serie.

Questa descrizione dell'ordine di cristallizzazione è puramente teorica e riguarda un sistema isolato: il prodotto finale di questo processo sarà una roccia con composizione identica a quella del fuso iniziale. In questo modo però si arriverebbe alla conclusione, poco plausibile, che da un magma primario basico si possano formare solo rocce femiche. Come spiegare dunque la grandissima varietà di rocce ignee che ritroviamo in natura? Dato che il magma non può essere considerato un sistema isolato, a causa del continuo movimento della sua componente fluida e della continua interazione con le rocce già solidificate della crosta terrestre, Bowen ipotizzò che in uno o in più momenti della cristallizzazione si potesse verificare una separazione della porzione fusa da quella già solidificata. Il fuso residuale, privato dei minerali già cristallizzati, sarà così sempre più differenziato in senso acido rispetto alla composizione iniziale, poiché i minerali che si separano per primi sono quelli femici; inoltre diventerà esso stesso un "fuso iniziale" che potrà cominciare una nuova cristallizzazione a partire da minerali (della serie di Bowen) stabili a temperature inferiori. Durante la loro risalita, questi fusi possono essere iniettati, attraverso fratture della crosta terrestre, in zone diverse da quella di origine: in questo modo essi vengono allontanati definitivamente dalla componente femica (già cristallizzata e quindi non più trasformabile nei minerali successivi delle serie), e potranno solidificare, formando rocce con chimi-

Figura 18 La labradorite è un minerale della famiglia dei feldspati plagioclasi; spesso è fortemente iridescente..

smo da intermedio fino ad acido, se il processo avviene più volte.

La cristallizzazione dei minerali da un magma, descritta dalle serie di Bowen, è un processo continuo che prende il nome di **cristallizzazione frazionata**; la trasformazione in senso acido della composizione del magma di partenza, dovuta alla progressiva separazione dei minerali femici, viene detta **differenziazione magmatica**.

La quantità di rocce granitiche, quindi acide, che però si genera con la cristallizzazione frazionata e con la differenziazione magmatica ammonta al 10% circa del volume del magma iniziale: questa quantità, estremamente limitata, da sola non riesce a giustificare l'abbondanza dei corpi intrusivi di quella composizione, la cui genesi quindi si deve ricondurre prevalentemente a magmi anatettici.

Facciamo il punto

15 Quali sono le differenze tra le due serie di Bowen?

16 In che cosa consiste il fenomeno di differenziazione magmatica?

QUALCOSA IN PIÙ

Scheda 4 Le serie magmatiche

I geologi da tempo hanno messo in evidenza l'esistenza di associazioni di rocce ignee affini dal punto di vista chimico e petrografico che vengono chiamate "**serie magmatiche**". Le rocce appartenenti a una serie, sebbene molto diverse per genesi (intrusive o effusive) o per il diverso contenuto in silice (acide o basiche), rivelano uno stretto grado di parentela definito dall'abbondanza relativa di alcuni elementi (per esempio, Na, K, ma anche Ca, Al, Ti) (▶1).

All'inizio del secolo scorso Daly e Bowen fecero l'ipotesi che le rocce appartenenti a una stessa serie fossero originate per differenziazione da uno stesso magma basico di partenza. Esistono quindi diversi tipi di magmi basici che, solidificando, daranno origine a rocce appartenenti a serie diverse.

Riconoscere la serie magmatica di cui una roccia ignea fa parte (con un'analisi chimica accurata) può essere molto importante ai fini dell'individuazione del tipo di ambiente geodinamico in cui la roccia si è venuta a formare. Le rocce descritte nel testo costituiscono una famiglia di rocce definita *serie calcalcalina subalcalina*.

Le **serie calcalcaline** comprendono generalmente rocce subalcaline (con basso tenore di elementi alcalini), per lo più sovrasature, ricche in alluminio e povere in titanio. Sono associazioni che si ritrovano per esempio in prossimità di catene montuose in formazione.

Esistono però altre serie.

Le **serie tholeiitiche** sono costituite da rocce subalcaline per lo più sovrasature in cui prevalgono rocce effusive. Si ritrovano più o meno le stesse rocce della serie calcalcalina, ma particolarmente povere in potassio (<1%), ricche in calcio e con quantità variabile di titanio. Esse caratterizzano per esempio i fondali oceanici e parti emerse di questi (Islanda).

Le **serie alcaline** sono le più diffuse e comprendono rocce da neutre a sottosature, prive quindi di silice libera (quarzo); sono particolarmente ricche di elementi alcalini, cioè Na e K, e di minerali chiamati *feldspatoidi* (nefelina e leucite).

Tra le rocce neutre intrusive della serie alcalina ricordiamo le **sieniti**, di aspetto simile al granito, caratterizzate da una colorazione violetta di K-feldspato (▶2), e le corrispondenti effusive **trachiti**, molto diffuse sui Colli Euganei, in Veneto. Tra le rocce che derivano da magmi alcalini basici ricordiamo le **leucititi** effusive, molto diffuse nell'Italia centrale, specie nel Lazio; le rocce intrusive sono molto rare.

Le **serie shoshonitiche** hanno caratteristiche intermedie tra le serie alcaline e calcalcaline. Sono caratterizzate da un rapporto K/Na circa uguale a 1. Esse sono presenti in prossimità di catene montuose già formate.

Figura 2 Sienite.

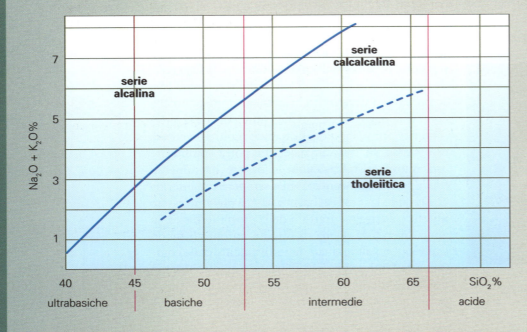

Figura 1 In base al contenuto in elementi alcalini si possono distinguere diverse serie magmatiche.

Le rocce ignee o magmatiche **Unità 2**   43

Ripassa con le flashcard ed esercitati con i test interattivi sul Me•book.

CONOSCENZE

Con un testo articolato tratta i seguenti argomenti

1 Descrivi e commenta i criteri di classificazione delle rocce ignee.

2 Descrivi le caratteristiche (struttura, composizione) delle più importanti rocce magmatiche distinguendo tra intrusive ed effusive.

3 Descrivi le serie di Bowen spiegando il loro significato in relazione al processo di cristallizzazione frazionata.

4 Spiega come viene condotto sul terreno e in laboratorio lo studio di una roccia (Scheda 1).

5 Spiega com'è strutturato e a che cosa serve il diagramma di Streckeisen (Scheda 2).

Con un testo sintetico rispondi alle seguenti domande

6 Come si origina una roccia ignea?

7 Che cosa si intende per struttura porfirica e di quali tipi di rocce è caratteristica?

8 Quale tipo di struttura possono avere le rocce ipoabissali?

9 Perché è importante conoscere il contenuto in silice di una roccia?

10 Quali sono i fattori che possono provocare la formazione del magma?

11 Come influisce la presenza di acqua sulla temperatura di fusione delle rocce?

12 Che cosa si intende per pressione litostatica?

13 Che differenza c'è tra magma primario e secondario?

14 Che cosa si intende per cristallizzazione frazionata?

15 Qual è la differenza principale tra serie continua e discontinua di Bowen?

16 Se l'ordine di cristallizzazione procede senza interferenze dell'ambiente esterno, quale sarà la composizione della roccia solidificata?

17 In che modo si possono formare magmi acidi a partire da un magma basico?

18 Da quale tipo di magma si formano prevalentemente i graniti?

19 Che cos'è l'anatessi?

20 A che cosa servono i diagrammi triangolari? (Scheda 2)

21 Che cosa si intende per serie magmatica? (Scheda 4)

22 Da che cosa sono caratterizzate le rocce della serie calcalcalina? (Scheda 4)

Quesiti

23 Abbina la struttura alla roccia.

1. ossidiana	....	a. porfirica
2. andesite	....	b. granulare
3. gabbro	....	c. vetrosa
4. riolite	....	d. microcristallina

24 La struttura porfirica è caratterizzata da:

a assenza di cristalli visibili, anche al microscopio.

b fitta aggregazione di cristalli molto piccoli.

c presenza di cristalli di grosse dimensioni.

d cristalli immersi in una massa di fondo vetrosa o microcristallina.

25 Vero o falso?

I fenocristalli:

a. sono tipici di una struttura microcristallina   V F

b. si trovano in rocce con struttura vetrosa comel'ossidiana   V F

c. sono già cristallizzati all'interno del magma prima della sua fuoriuscita sulla superficie terrestre   V F

d. si trovano in abbondanza nelle rocce ipoabissali   V F

26 Le rocce basiche hanno una percentuale di silice in peso:

a > 65%

b tra 52 e 65%

c tra 45 e 52%

d < 45%

27 I magmi anatettici:

a sono mobili e fluidi.

b tendono a solidificare nel luogo di formazione.

c hanno temperature iniziali elevate.

d possono dare luogo a colate laviche molto estese.

28 I magmi primari si formano:

a dalla fusione di rocce superficiali.

b dalla fusione di rocce all'interno della crosta terrestre a profondità di una decina di km.

c dalla fusione di rocce all'interno della crosta terrestre in prossimità del mantello.

d dalla fusione di rocce del mantello superiore.

29 Quale tra queste variabili non ha nessuna influenza sulla formazione dei magmi?

a La pressione litostatica.

b La temperatura.

c La presenza di acqua.

d La percentuale di silice.

30 Quali tra queste coppie di minerali possono essere presenti contemporaneamente in una roccia ignea secondo Bowen?

a Anortite – albite.

b Olivina – biotite.

c Olivina – anortite.

d Olivina – albite.

31 Nei diagrammi triangolari si indicano per i parametri indicati (Scheda 2):

a le quantità assolute.

b la percentuale in peso.

c le proporzioni relative.

d la percentuale in volume.

32 In una serie magmatica possono essere presenti (Scheda 4):

a solo rocce acide.

b solo rocce basiche.

c sia rocce acide sia rocce basiche.

d rocce basiche, neutre e acide.

Sezione C — Le rocce e i processi litogenetici

COMPETENZE

Leggi e interpreta

33 **I complessi basici stratificati**

Durante il raffreddamento di una massa magmatica in profondità si possono avere fenomeni di differenziazione magmatica per gravità.

Se il magma di partenza ha un'origine profonda e ha composizione basica, i primi minerali che cristallizzano, come l'olivina, i pirosseni, la cromite e la magnetite, precipitano verso il basso accumulandosi alla base della camera magmatica; il processo è favorito dall'estrema fluidità dei magmi basici. Il frazionamento del fuso avviene in questo caso per gravità, con formazione di strati di minerali femici che cominceranno a stratificarsi.

Mentre i minerali direttamente a contatto con il fuso potranno dare luogo alle reazioni previste dalle serie di Bowen, quelli sottostanti si manterranno tali, e di fatto saranno esclusi da reazioni che possano cambiare la loro composizione chimica. Se immaginiamo che lo stesso processo interessi il fuso residuo, possiamo ipotizzare che gli strati di minerali che si formeranno successivamente avranno una composizione un po' più acida.

Si formano in questo modo i cosiddetti "complessi basici stratificati": se si analizza la stratificazione procedendo verso l'alto, seguendo cioè l'ordine di cristallizzazione, ogni strato risulterà via via più differenziato in senso acido rispetto a quello sottostante. I complessi basici stratificati di solito non sono molto estesi, ma sono molto importanti in termini economici: al loro interno, infatti, si possono trovare concentrazioni apprezzabili di minerali di nichel, cobalto, platino e cromo.

Il più importante da questo punto di vista si è rivelato il complesso stratificato del Bushveld in Sudafrica la cui formazione risale a circa 2 miliardi di anni fa e costituisce il maggiore giacimento di platino del mondo.

a. Quali sono i primi minerali che cristallizzano da un magma basico?
b. Come avviene il processo di differenziazione magmatica?
c. Quali caratteristiche hanno gli strati del complesso basico?
d. Perché i complessi basici stratificati sono importanti?

Risolvi il problema

34 Il diagramma serve per classificare le rocce magmatiche più diffuse. A seconda del contenuto in silice e dei minerali presenti (percentuale in volume) si ottiene il nome della roccia. Tra parentesi vengono indicate le rocce effusive.

Rispondi alle seguenti domande:

a. Una roccia composta prevalentemente di quarzo e ortoclasio è acida o basica?
b. Calcola la composizione percentuale in volume dei minerali che formano un basalto.
c. Traccia una linea che identifica una roccia con la seguente composizione: anfiboli 11,95%, biotite 14,92%, plagioclasi 32,84%, quarzo 22,38%, ortoclasio 17,91%.

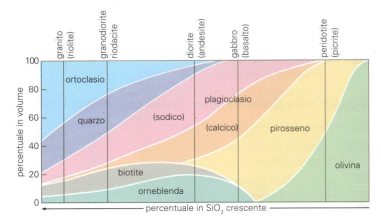

Osserva e rispondi

35 Individua la struttura delle rocce nelle seguenti figure:

Le rocce ignee o magmatiche Unità 2

36 Individua nelle seguenti immagini al microscopio se si tratta di una roccia magmatica intrusiva o effusiva indicando il tipo di struttura osservata.

Fai un'indagine

37 Fai una ricerca sulle rocce che vengono estratte nella tua regione, mettendo in evidenza:
a. l'ubicazione dell'attività estrattiva;
b. il tipo di rocce che vengono estratte;
c. quale tipo di lavorazione subiscono prima di essere messe sul mercato;
d. per quali usi vengono utilizzate.

38 Individua il tipo di roccia che è stata utilizzata per la costruzione o il rivestimento dei principali monumenti ed edifici della tua città, nonché la sua provenienza.

In English

39 The structure of intrusive rocks is:
a granular.
b glassy.
c porphyritic.
d microcrystalline.

40 What are the factors that influence the melting of rocks in depth?

Organizza i concetti

41 Completa la mappa.

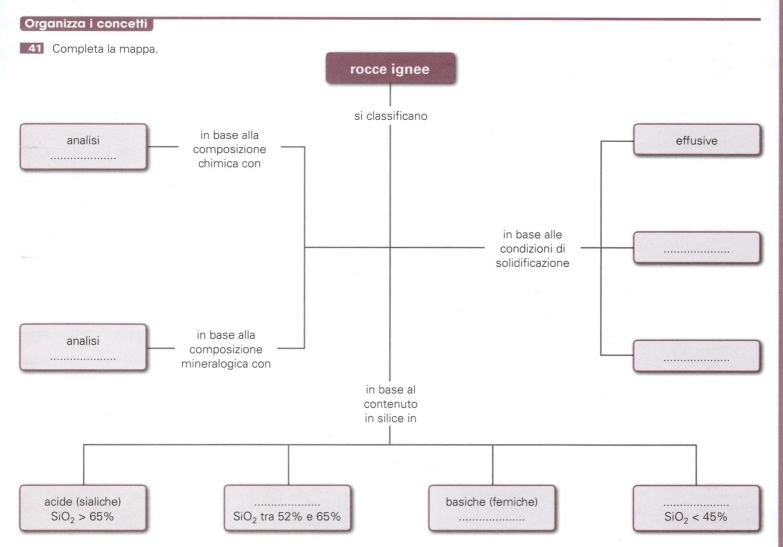

42 Costruisci una mappa che indichi le diverse strutture delle rocce effusive, intrusive e ipoabissali.

scienze della Terra

Plutoni e vulcani

unità 3

Quali sono le diverse forme che può assumere un edificio vulcanico? E da che cosa dipende principalmente la sua forma?

1 Plutoni

Il magma, come abbiamo visto nell'Unità precedente, è destinato a solidificarsi con modalità differenti a seconda che il processo di raffreddamento avvenga lentamente all'interno della crosta terrestre, oppure rapidamente in superficie. Il fenomeno più impressionante è l'eruzione vulcanica, che è un evento direttamente osservabile e spesso molto spettacolare. Un singolo episodio nasce e si esaurisce in tempi brevi (giorni, settimane), ma soprattutto nell'immaginario collettivo è sinonimo di catastrofe, morte e distruzione; gli eventi vulcanici vengono spesso amplificati dai media e accompagnati da un certo fatalismo e da molti luoghi comuni.

La **solidificazione del magma in profondità**, al contrario, è un fenomeno decisamente molto più lento e meno spettacolare, ma non per questo meno importante nello studio delle vicende del nostro pianeta. Possiamo avere un riscontro diretto di questi eventi profondi, ma solamente molto tempo dopo che le rocce stesse si sono solidificate, quando finalmente esse vedono la luce a causa dell'erosione degli strati rocciosi sovrastanti.

Questa copertura, che ci impedirebbe di vedere le rocce in profondità, viene normalmente asportata dai fenomeni erosivi che si verificano nelle zone in cui avviene un sollevamento della crosta terrestre in relazione alla formazione di catene montuose (▶1).

Figura 1 I plutoni si intrudono in rocce preesistenti (**a**), ripiegandole e sollevandole (**b**). Successivamente, fenomeni erosivi asportano le rocce sovrastanti scoprendo le rocce del plutone sottostante (**c**).

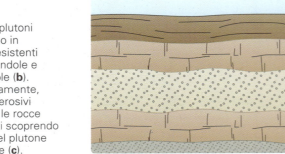

a Successione stratigrafica originaria.

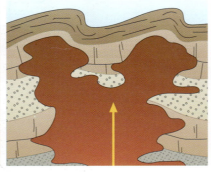

b L'intrusione di un plutone piega e solleva le rocce preesistenti.

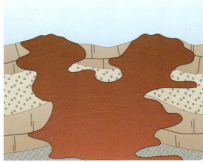

c I fenomeni erosivi mettono in luce la presenza del plutone.

Plutoni e vulcani **Unità 3** 47

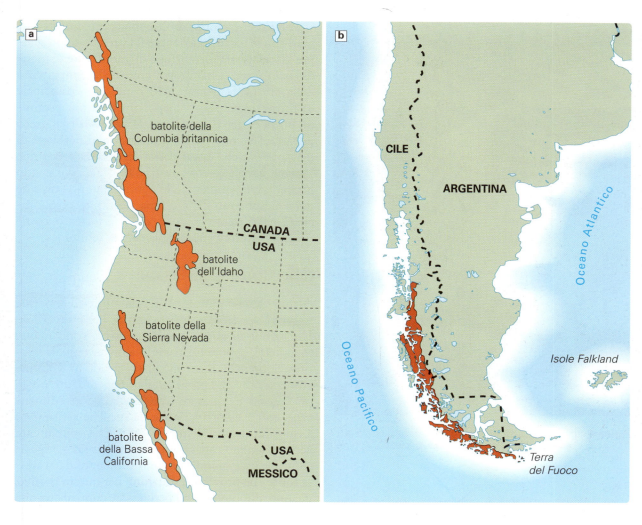

Figura 2 Lungo la zona occidentale del Nord America (**a**) e lungo la costa pacifica della Patagonia (**b**) affiorano enormi batoliti granitici che costituiscono una sorta di "spina dorsale" delle catene montuose parallele alla costa.

All'interno della crosta terrestre, per lo meno a profondità maggiori di 8-10 km, non sono presenti cavità: il magma in risalita deve farsi spazio sfruttando la presenza di fratture, allargandole, inglobando blocchi di roccia sovrastante e fondendo le rocce incassanti.

Vengono chiamati **plutoni** i corpi magmatici consolidati che si sono insediati all'interno della crosta. Essi possono avere dimensioni e forme molto varie, e rapporti variabili con le rocce incassanti: in alcuni casi si identificano dei contatti netti, in altri i contatti sono più sfumati così da rendere difficile definirne i limiti. I plutoni di maggiore dimensione vengono chiamati **batoliti**; essi hanno composizione prevalentemente acida e possono avere dimensioni gigantesche, fino ad occupare aree di centinaia di km² sulla superficie terrestre. Frequentemente i batoliti formano il nucleo di catene montuose: costituiscono per esempio la "spina dorsale" delle cordigliere occidentali del Nord America e del Sud America, in Patagonia (▶2). In Italia, un esteso batolite costituisce l'asse portante del massiccio cristallino sardo-corso.

I batoliti (▶3) sono costituiti da rocce granitiche la cui genesi, in così grande quantità, non può essere giustificata solamente ammettendo un processo di differenziazione di un magma primario basico in risalita all'interno della crosta: infatti, la quantità di fuso residuo di quella composizione che si origina mediante cristallizzazione frazionata è molto modesta, e perciò bisognerebbe ammettere il coinvolgimento di ingenti quantità di magmi basici che dovremmo ritrovare nella crosta come enormi masse gabbriche, di cui però non abbiamo alcun riscontro.

Figura 3 Il Cerro Torre, una delle vette più spettacolari e inaccessibili della Patagonia, è un enorme batolite granitico.

Figura 4 Questo filone-strato (strato più scuro) si dispone tra i piani di stratificazione dell'ammasso roccioso. Assume l'aspetto di un normale strato sedimentario ma è più resistente all'erosione.

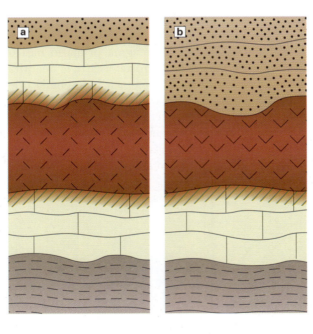

 filone-strato

 colata lavica

 effetto termico sulle rocce incassanti

Figura 5 Fenomeni di alterazione e cottura delle rocce nel caso di un filone-strato (**a**) e di una colata lavica (**b**).

Il fatto che molti batoliti abbiano contorni sfumati con le rocce incassanti e il fatto che siano sempre associati alla formazione di grandi catene montuose, là dove si ha un aumento della temperatura nella crosta, fa pensare che il processo principale di formazione, per lo meno di quelli più profondi, possa essere il fenomeno di **anatessi** (dal greco *anátexis*, "fusione") con successiva solidificazione di masse granitiche. La viscosità del magma anatettico non ne permetterebbe la risalita e perciò, quando le condizioni ambientali lo permetteranno (alla fine del sollevamento della catena stessa), esso solidificherà nello stesso luogo in cui si è formato, costituendo l'ossatura stessa della catena montuosa.

1.1 Corpi ipoabissali

Alcuni corpi plutonici di dimensioni modeste possono solidificare in prossimità della superficie. L'iniezione di questi corpi può essere concordante (parallela), oppure no, rispetto a una eventuale stratificazione delle rocce in cui si intrudono. I **filoni-strato** o *sills* sono corpi tabulari concordanti, per lo più inseriti tra strato e strato nelle rocce sedimentarie, con spessore variabile da qualche centimetro a qualche decina di metri (▶4). Essi solitamente accompagnano l'attività vulcanica, hanno composizione basica e quindi vengono alimentati dalla stessa fonte che provoca le eruzioni; per questo motivo, quando affiorano potrebbero essere confusi con una normale colata lavica.

Ciò che ne permette la distinzione è la maggiore dimensione dei cristalli presenti (dovuta a un raffreddamento più lento) e gli effetti termici che provocano fenomeni di "cottura" sulle rocce incassanti. Una normale colata lavica provocherebbe infatti fenomeni di alterazione solo sugli strati alla base della colata (▶5).

I **laccoliti** sono simili ai filoni-strato, ma hanno forma convessa verso l'alto poiché inarcano gli strati sovrastanti e assumono una tipica forma "a fungo" (▶6a).

I filoni o **dicchi** (▶6b) sono invece corpi discordanti, che tagliano trasversalmente gli strati della roccia incassante, utilizzando come via di fuga preferenziale le numerose fratture che accompagnano la risalita del magma (▶7). Infine, i **neck** sono corpi che assumono forma a torre con fianchi molto ripidi (vedi § 5).

Facciamo il punto

1 Come si formano i batoliti?

2 Quali sono le caratteristiche dei corpi ipoabissali?

Plutoni e vulcani **Unità 3**   49

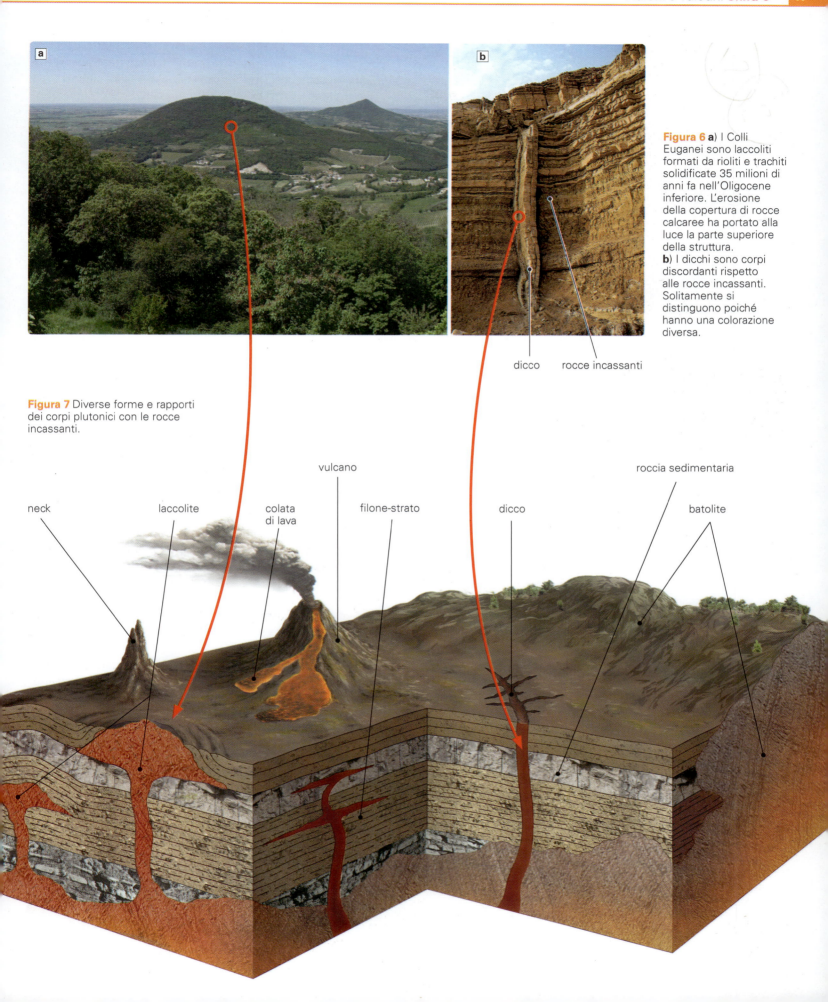

Figura 6 a) I Colli Euganei sono laccoliti formati da rioliti e trachiti solidificate 35 milioni di anni fa nell'Oligocene inferiore. L'erosione della copertura di rocce calcaree ha portato alla luce la parte superiore della struttura.
b) I dicchi sono corpi discordanti rispetto alle rocce incassanti. Solitamente si distinguono poiché hanno una colorazione diversa.

Figura 7 Diverse forme e rapporti dei corpi plutonici con le rocce incassanti.

Sezione C — Le rocce e i processi litogenetici

Scheda 1 — I plutoni italiani

Esistono in Italia molti plutoni riferibili a età diverse, ma sempre associati alla formazione di catene montuose. I plutoni più antichi si sono formati durante fenomeni che hanno prodotto catene montuose nel corso dell'orogenesi ercinica tra il tardo Carbonifero e il Permiano inferiore, alla fine dell'era Paleozoica: le catene montuose che si sono formate in Italia in questo periodo, tra i 300 e i 260 milioni di anni fa, sono state completamente smantellate dai fenomeni erosivi e sepolte sotto rocce più giovani; in Europa questi sollevamenti sono invece testimoniati dalla presenza di catene montuose non molto elevate come i Vosgi in Francia, la Foresta Nera in Germania, e la Selva Boema.

Tra i plutoni italiani riferiti a quest'epoca ricordiamo il batolite sardo, composto prevalentemente da graniti; assieme alle rocce granitiche della Corsica costituisce un unico blocco, il massiccio cristallino sardo-corso che affiora per 400 km in direzione Nord-Sud e per circa 100 km in direzione Est-Ovest (▶1). Queste rocce non hanno subìto sostanziali modificazioni nel corso del tempo.

Altri plutoni, della stessa età di quelli sardi, sono costituiti da rocce che sono state soggette a forti trasformazioni (a causa di fenomeni metamorfici) in quanto sono stati coinvolti nei movimenti compressivi che hanno generato la catena alpina milioni di anni dopo la loro formazione. Questi plutoni formano le più alte montagne delle Alpi: il Monte Bianco, il Monte Rosa e il Gran Paradiso nelle Alpi occidentali; il plutone di Cima d'Asta in Trentino nella zona orientale, datato a 276 milioni di anni fa.

La catena alpina è inoltre costellata dalla presenza di numerosi altri plutoni più recenti e collegati alla formazione della catena alpina (riferibili ai periodi Eocene e Oligocene nell'era Cenozoica, tra i 60 e i 20 milioni di anni fa): il più esteso è il batolite dell'Adamello composto prevalentemente da tonaliti (▶2) e granodioriti, al confine tra Lombardia e Trentino. Un altro esempio è il plutone della Val Masino-Val Bregaglia in Lombardia (▶3), che si sviluppa a Nord dell'Adda, nell'alta Valtellina, dal quale si cava una roccia particolare chiamata "ghiandone" (granodiorite con grossi cristalli di K-feldspato), molto usato in edilizia.

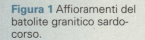

Figura 1 Affioramenti del batolite granitico sardo-corso.

Nelle Alpi occidentali vale la pena citare un piccolo plutone, il plutone di Biella nella valle del torrente Cervo, la cui età è di 30 milioni di anni, composto, oltre che da graniti e monzoniti, anche da sieniti. La sienite della valle del Cervo è nota anche come sienite della Balma, dal nome del centro abitato dove era ubicata la principale cava di estrazione. È una pietra famosa in tutto il mondo per la sua colorazione scura tendente al violetto, ma anche per la sua radioattività superiore alla media; è stata impiegata come pietra da costruzione prevalentemente nelle pavimentazioni di vie e piazze e nei rivestimenti di edifici a Torino e Milano.

Un altro plutone legato a fenomeni più recenti ha portato alla formazione di parte dell'isola d'Elba e dell'arcipelago toscano. L'isola d'Elba, in particolare, è formata da

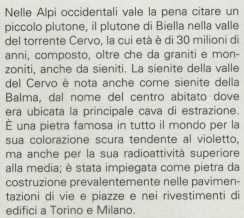

Figura 2 Tonalite dell'Adamello.

due plutoni costituiti da granodiorite: uno (età 7 milioni di anni) forma nella parte occidentale il massiccio del Monte Capanne, l'altro si trova nella parte orientale dell'isola (età 5 milioni di anni), è ricoperto da rocce calcaree e metamorfiche ed è stato determinante per la formazione dei giacimenti di ematite, magnetite e pirite di questa parte dell'isola (▶4).

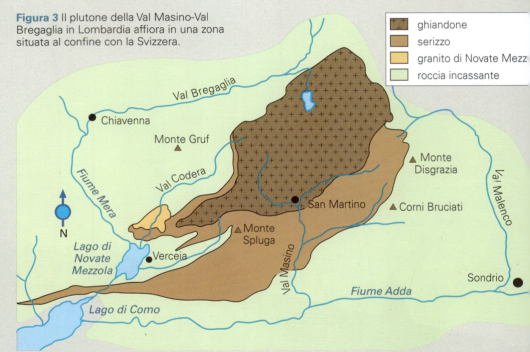

Figura 3 Il plutone della Val Masino-Val Bregaglia in Lombardia affiora in una zona situata al confine con la Svizzera.

Figura 4 L'Isola d'Elba è costituita da due granodioriti: quello occidentale e più antico, che risale a 7 milioni di anni fa, ha dato origine al Monte Capanne.

2 I vulcani: meccanismo eruttivo

Il magma in risalita all'interno della crosta forma delle strutture caratteristiche simili a grosse "gocce", con la radice rivolta verso il basso, che prendono il nome di **diapiri** (▶8). I diapiri si intrudono sfruttando fratture già esistenti o deformando, fratturando e inglobando i blocchi rocciosi sovrastanti. Essi provocano una caratteristica attività sismica: i terremoti associati al movimento dei magmi all'interno della crosta vengono chiamati *tremori*. I diapiri possono venire a contatto tra loro e mescolarsi a dare strutture più grandi che, una volta arrivate in prossimità della superficie, possono ristagnare occupando uno spazio più o meno ampio, denominato **camera magmatica**. La profondità di questa struttura può variare dai 2 ai 10 km.

Nelle zone geologicamente attive, la camera, o serbatoio magmatico, viene continuamente alimentata da zone profonde ed è collegata alla superficie terrestre da un **camino** o **condotto vulcanico**, che rappresenta una via di fuga del magma stesso quando la pressione dei gas presenti aumenta rompendo l'equilibrio e provocando l'**eruzione vulcanica**.

Il magma arriva in superficie fuoriuscendo da fratture oppure da una struttura localizzata, generalmente subcircolare, generata dall'intersezione del camino vulcanico con la superficie: il **cratere** (▶9).

Il magma che fluisce sulla superficie durante l'eruzione vulcanica prende il nome di **lava**. I gas disciolti nel magma hanno una funzione importante nel meccanismo eruttivo; frequentemente sono presenti biossido di carbonio (CO_2), ossido di carbonio (CO), acido cloridrico (HCl), acido solfidrico (H_2S), anidride solforosa (SO_2), anidride solforica (SO_3), metano (CH_4), ammoniaca (NH_3). La sostanza aeriforme presente in misura maggiore nel magma è il vapor d'acqua, la cui quantità può aumentare se l'acqua (di falda o superficiale) che penetra nel sottosuolo raggiunge la camera magmatica. I gas disciolti tendono a liberarsi se la pressione litostatica diminuisce; essi si concentrano così nella parte superiore della camera magmatica.

Le rocce consolidate di precedenti eruzioni che si trovano all'interno del camino vulcanico formano una specie di "*tappo*" che impedisce l'uscita dei gas. Se la pressione dei gas supera la pressione esercitata dalle rocce sovrastanti, esse vengono frantumate e questo provoca un'ulteriore diminuzione della pressione che grava sulla massa magmatica. Questo processo facilita l'ulteriore liberazione di gas e la loro rapida espansione. Nel magma si formano grosse bolle che facilitano la risalita del materiale lungo il camino vulcanico fino alla superficie.

I vulcani rimangono attivi per molto tempo, fino a quando la camera magmatica continua a essere

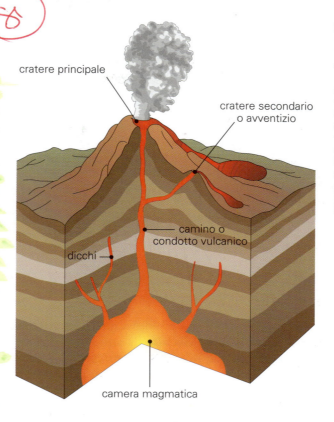

Figura 8 Sezione di un apparato vulcanico. Il magma in risalita attraverso il condotto magmatico principale può fuoriuscire dal cratere centrale oppure da crateri avventizi situati sui fianchi del vulcano collegati a condotti secondari. Il magma inoltre può solidificare in profondità generando corpi ipoabissali come dicchi e laccoliti.

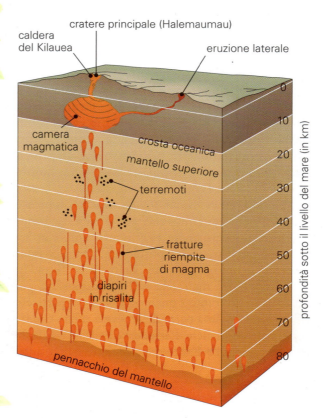

Figura 9 Meccanismo di risalita del magma basaltico del vulcano Kilauea (Hawaii): i diapiri si originano nel mantello superiore e migrano verso l'alto sfruttando le fratture all'interno delle rocce generando movimenti sismici caratteristici chiamati "tremori". Nella crosta il materiale si può unire formando dei ristagni relativamente superficiali (camera magmatica) dai quali il magma può giungere in superficie provocando eruzioni periodiche.

alimentata dal basso: per questo motivo le eruzioni sono fenomeni ciclici. Una volta esaurita la potenza dei gas che hanno provocato l'eruzione, il materiale che ancora si trova nel condotto non ha più la forza necessaria per fuoriuscire e quindi consolida al suo interno. A questo punto il meccanismo è soggetto a una specie di "ricarica", e genererà un'altra eruzione quando altri gas provenienti dal profondo, assieme a sufficienti quantità di magma, aumenteranno la pressione fino alla nuova rottura dell'equilibrio.

Le modalità di eruzione possono essere molto diverse e dipendono essenzialmente dalla composizione chimica del magma, in particolare dalla percentuale di silice presente (che ne determina la viscosità) e dalla quantità di gas presenti (che può generare un'attività più o meno esplosiva). Da questi fattori dipenderà anche la forma che assumerà l'edificio vulcanico in superficie.

Facciamo il punto

3 Descrivi la struttura di un vulcano.

4 Descrivi il meccanismo che genera un'eruzione vulcanica.

3 Attività vulcanica esplosiva

Viene definita attività esplosiva quella caratterizzata da un **magma viscoso**, da andesitico a riolitico, accompagnato da violente esplosioni dovute alla fuoriuscita violenta delle bolle di gas presenti nel magma. Essa può coinvolgere anche parti più o meno vaste dell'edificio vulcanico che frantumandosi ne modificano la morfologia; la lava viene ridotta in brandelli di varia dimensione che si mescolano con i frammenti delle rocce preesistenti. Questi frammenti o **clasti**, generati dalla eruzione vulcanica, vengono chiamati **piroclasti** e le rocce a cui danno origine sono denominate **piroclastiti**. Queste rocce sono considerate rocce sedimentarie e come tali sono classificate in base alle dimensioni dei clasti: si va dai frammenti più fini che possono essere trasportati molto lontano dal vento, le **ceneri** (▶10a), ai frammenti più grossolani, i **lapilli**, ai frammenti decisamente più grandi come le **bombe** o **blocchi** (▶10b) (TABELLA 1).

I blocchi più grossi tendono a ricadere in prossimità del punto di emissione, per gravità. Le ceneri fini possono permanere per molto tempo in sospensione nell'aria e, trasportate dai venti, possono disperdersi omogeneamente su tutta la Terra. La sospensione del materiale nell'alta atmosfera può durare anni, durante i quali ogni singola particella riflette una minima parte dell'energia solare che investe il nostro pianeta. L'insieme di queste particelle ha la capacità di schermare parte dell'energia solare che, non raggiungendo la Terra, provocherà abbassamenti globali della temperatura media dell'ordine di qualche decimo di grado. Sebbene l'abbassamento possa sembrare irrisorio, in realtà può provocare localmente imponenti sconvolgimenti climatici.

Ad esempio, l'eruzione del 1991 del vulcano Pinatubo (Filippine) ha eiettato una nube di ceneri

Figura 10 a) Ceneri eruttate dal vulcano Stromboli, in Sicilia; **b)** bomba vulcanica nell'isola di Vulcano (Sicilia).

TABELLA 1	Classificazione di Fischer e Wenthworth		
Granulometria (mm)		Sedimento incoerente	Rocca coerente
Fisher	Wenthworth		
Ø < 1/4	Ø < 1/16	cenere fine	cinerite
1/4 < Ø < 4	1/16 < Ø < 2	cenere grossolana	tufo cineritico
4 < Ø < 32	2 < Ø < 64	lapilli	tufo a lapilli
Ø > 32	Ø > 64	bombe, blocchi	breccia vulcanica

fino a un'altezza di 30 km che ha fatto più volte il giro del mondo, condizionando il clima degli anni successivi: già due settimane dopo l'eruzione, infatti, le ceneri si erano diffuse su tutta la Terra, e per il 1992 è stato calcolato un abbassamento della temperatura media del pianeta di 0,5 °C.
I piroclasti in tempi più o meno lunghi precipiteranno al suolo per gravità e si depositeranno formando depositi di materiale derivanti da tre tipi di meccanismi prevalenti (▶11):
1) **caduta gravitativa**;
2) **flusso piroclastico**;
3) **ondata basale**.

3.1 Il meccanismo di caduta gravitativa

Si tratta del meccanismo più comune di deposito dei piroclasti. Questi vengono lanciati in aria dalla forza dell'esplosione e ricadono al suolo seguendo delle traiettorie balistiche, paraboliche, più o meno ampie a seconda delle loro dimensioni: i frammenti più grandi tenderanno a ricadere in prossimità del luogo di emissione, mentre i frammenti più piccoli potranno raggiungere luoghi più lontani. La ricaduta al suolo può avvenire anche dopo anni, se si tratta di ceneri fini che vengono eiettate ad altezze molto elevate; avviene invece in tempi brevissimi se si tratta di blocchi o bombe. I depositi che si formano ricoprono le asperità del terreno con uno spessore costante, come se si trattasse di una nevicata; di solito presentano una marcata stratificazione e, su scala regionale, si riscontra la diminuzione dello spessore del deposito all'aumentare della distanza dal centro di emissione.

I piroclasti si consolideranno a dare, in relazione alle loro dimensioni crescenti, **cineriti**, **tufi** e **brecce vulcaniche**. Se i frammenti raggiungono il mare, essi possono mescolarsi ai sedimenti di altra origine che già si trovano accumulati sul fondo del bacino, formando rocce chiamate **tufiti**.

3.2 Il meccanismo di flusso piroclastico

I flussi piroclastici sono caratterizzati dal movimento verso valle di materiale piroclastico tenuto in sospensione da gas ad alta temperatura che agisce da lubrificante. Tipici flussi piroclastici sono rappresentati dalle **nubi ardenti** (▶12).

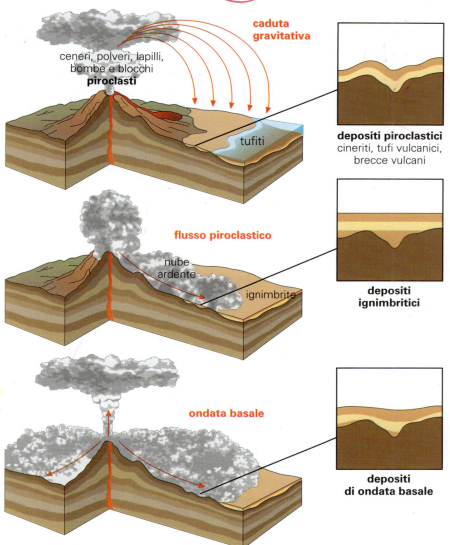

Figura 11 I diversi meccanismi di deposizione dei piroclasti e i tipi di deposito a cui danno origine (nel riquadro).

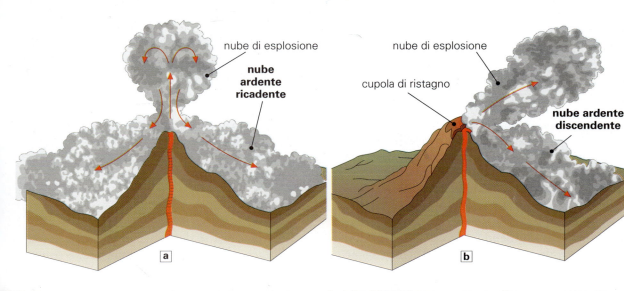

Figura 12 Diversi meccanismi di formazione di nubi ardenti. Nel primo caso deriva dal collasso gravitativo della colonna eruttiva sui fianchi del vulcano (**a**). Nel secondo caso la lava più viscosa ostruisce il cratere creando un ristagno; la nube fuoriesce direttamente dal cratere sfruttando una via di fuga laterale (**b**).

54 Sezione C Le rocce e i processi litogenetici

Figura 13 Questa nube ardente è stata emessa dal Monte St. Helens (USA) nel maggio 1980.

I depositi di flusso piroclastico sono generati dallo scorrimento di nubi con temperatura e densità relativamente alte e con elevati rapporti piroclasti/gas. La nube ardente è in grado di percorrere lunghe distanze permettendo ai piroclasti di mantenere una temperatura elevata.

Le nubi ardenti sono delle vere e proprie valanghe di materiale solido e gas ad alta temperatura che possono purtroppo seminare morte e distruzione in tempi rapidi (la loro velocità varia da 20 a 300 m/s) (▶13). Quando il fenomeno si esaurisce, i frammenti si saldano a caldo e si compattano con una matrice vetrosa per dare origine a rocce chiamate **ignimbriti**. I volumi di magma coinvolti sono molto grandi e i depositi tendono a colmare le depressioni del terreno formando vaste superfici piatte o debolmente inclinate.

Molti vulcani possono essere interessati dalla presenza di coperture di ghiaccio sommitale, oppure possono presentare laghi di riempimento craterico; se essi sono interessati da episodi di flusso piroclastico, si genereranno delle colate di fango, formate da flussi d'acqua carichi di materiale solido di origine vulcanica o preso in carico durante il percorso, che i vulcanologi chiamano con il termine indonesiano di **lahar**.

3.3 Il meccanismo di ondata basale

Le **ondate basali** sono flussi di gas e materiale piroclastico con densità relativamente bassa, cioè con basso rapporto piroclasti/gas. Sono caratterizzate da alta velocità e da flusso turbolento; sono state osservate per la prima volta nel 1946, durante l'esplosione nucleare di Bikini: si tratta di una corrente che si muove radialmente, ad anello, rasoterra, rispetto a una colonna esplosiva determinata da qualsiasi evento, anche vulcanico. Il peso della colonna esplosiva è tale da schiacciare verso il basso il nuovo materiale che si sta producendo. Fenomeni di ondata basale si generano quando acqua circolante nel sottosuolo e magma vengono a contatto: l'acqua vaporizza istantaneamente, provocando un improvviso aumento di pressione che può avere esiti catastrofici quando determina un'eruzione violenta, chiamata **freato-magmatica**, che può distruggere anche il vulcano stesso.

Un'eruzione di questo tipo fu quella famosa del Vesuvio nel 79 d.C., che distrusse Ercolano e Pompei e durante la quale però Plinio il Vecchio (**SCHEDA 6**). I depositi di ondata basale si distinguono dai precedenti in quanto sono ben stratificati e si ispessiscono in corrispondenza delle depressioni topografiche.

Facciamo il punto

5 Quali sono i prodotti dell'attività vulcanica esplosiva?

6 Quali sono i principali meccanismi di deposito del materiale piroclastico?

7 Illustra il meccanismo di caduta gravitativa. Che tipi di rocce si formano dal consolidamento dei piroclasti?

8 Che cosa sono le nubi ardenti?

9 In quali casi si può generare un lahar?

10 Qual è la differenza tra ondata basale e flusso piroclastico?

11 Come si generano le eruzioni freato-magmatiche?

video

I vulcani
Il vulcanismo modella la Terra

4 Attività vulcanica effusiva

Quando i fenomeni esplosivi sono molto scarsi, il magma può fuoriuscire dal condotto senza subire frammentazioni: l'attività vulcanica si definisce effusiva. Non avremo la produzione di piroclasti ma solo la fuoriuscita di lava (**colata lavica**).

Se si tratta di lave basaltiche molto fluide (è il caso più frequente), esse vengono emesse ad alte temperature (1000-1200 °C) e scorrono tranquillamente verso valle, formando dei veri e propri fiumi di lava che possono raggiungere una distanza anche di 50-60 km dal centro di emissione e poi ristagnare negli avvallamenti del terreno (▶14).

Le lave più acide, di composizione riolitica, a causa della maggiore viscosità e della minore temperatura (800-900 °C) tendono invece a consolidare in prossimità del centro di emissione, formando frequentemente dei ristagni a forma di cupola.

4.1 I diversi tipi di colate laviche

L'attività vulcanica si distingue in **subaerea**, se la lava solidifica a contatto con l'atmosfera, e sotto-

Figura 14 Fiume di lava che scorre sulle pendici dell'Etna.

Figura 15 Le lave pahoehoe sono caratterizzate da superfici di solidificazione lisce.

Figura 16 Lave a corda: la superficie presenta tipici corrugamenti.

Figura 17 Le lave aa presentano una superficie di solidificazione irregolare.

Figura 18 Queste lave a cuscino prodotte dal vulcano Laki durante l'eruzione del 1783 ricoprono una vasta zona a sud dell'Islanda.

marina o **subacquea**, se la lava solidifica a contatto con l'acqua. La classificazione delle lave subaeree si basa sull'aspetto della superficie di raffreddamento, mentre la distinzione tra lave subaeree e subacquee avviene in base alla loro struttura.

→ **Lave subaeree**: quando le superfici delle colate sono lisce, si parla di **lave pahoehoe** (▶15), termine hawaiiano che significa "che ci si può camminare sopra a piedi nudi". Una variante è la **lava a corda** (▶16), determinata da una riduzione della velocità di flusso provocata da asperità topografiche: essa è caratterizzata da un tipico corrugamento della superficie di raffreddamento. Le superfici delle colate possono essere scoriacee, irregolari, in alcuni punti particolarmente vetrose e spinose: sono le **lave aa** (▶17), altro termine hawaiiano che significa "che non ci si può camminare sopra a piedi nudi", in quanto la superficie è tagliente. Localmente, per un'accelerazione del flusso, le lave pahoehoe possono trasformarsi in aa.

Quando la velocità del flusso provoca la rottura della superficie delle lave aa in frammenti irregolari poliedrici, si parla di **lave a blocchi**. La parte superficiale di una colata può solidificare per un certo spessore e agire da isolante nei confronti della lava sottostante ancora fluida, che può continuare a scorrere anche quando cessa l'alimentazione: si forma così una struttura tubolare sotterranea che può svuotarsi completamente formando i **tunnel di lava**.

→ **Lave subacquee**: se le lave fluide entrano in contatto con acqua, come accade in ambiente sottomarino, si possono formare strutture particolari dette a cuscino (▶18). La **lava a cuscino** (o *a pillow*) fuoriesce formando delle strutture a goccia o a tubo (come il dentifricio che fuoriesce dal tubetto), delimitate da una crosta solida vetrosa, che poi si staccano dal centro di emissione e possono rotolare verso il basso accumulandosi in zone depresse.

Facciamo il punto

12 Quali strutture possono formare le lave molto acide?

13 Secondo quale criterio si classificano le lave subaeree?

Sezione C Le rocce e i processi litogenetici

animazione

I vulcani
Tipologie di edifici vulcanici

5 Eruzioni centrali ed edifici vulcanici

Si parla di eruzione centrale quando la colata lavica fuoriesce da una sorgente localizzata, un cratere collegato a un condotto vulcanico. Gli edifici che si formano in questo caso sono i vulcani a forma di cono che tutti conosciamo. La forma dell'edificio vulcanico dipende dalla viscosità della lava e, quindi, dal tipo di attività che lo ha formato (▶19).

I **vulcani a scudo** hanno dimensioni estese e fianchi non molto ripidi, con una forma che presenta una convessità verso l'alto (come un antico scudo greco appoggiato al suolo) e un cratere sulla sommità. Sono generati da lave basaltiche molto fluide che possono arrivare a enorme distanza dal centro di emissione. Le loro eruzioni sono molto frequenti e un singolo evento può durare anche per mesi. Ne sono un tipico esempio i vulcani hawaiiani: l'arcipelago delle isole Hawaii è di origine vulcanica, ma solo l'isola di Hawaii (quella più estesa) possiede vulcani ancora attivi, il *Mauna Loa* e il *Kilauea*. In particolare il Mauna Loa emerge dalle acque dell'oceano per oltre 4000 m e la sua struttura a forma di cono poggia sul fondale oceanico profondo più di 5000 m. Se non si considerassero le acque oceaniche, il Mauna Loa sarebbe la più alta montagna della Terra (▶20).

AUMENTO DELLA VISCOSITÀ DELLA LAVA

- **vulcano a scudo**
  - antica colata lavica
  - lava recente
  - condotto
  - strati di basalto

- **stratovulcano**
  - cratere parzialmente tappato con frammenti di lava
  - strati alternati di lava e piroclasti

- **cono di scorie**
  - strati di piroclasti

- **protrusione solida**

Figura 19 Principali edifici vulcanici formati da un'eruzione centrale e correlati a un aumento della viscosità della lava.

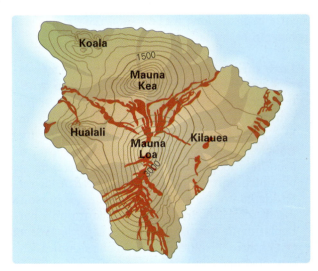

Figura 20 Cartina dell'isola di Hawaii, formata da cinque vulcani a scudo di cui due ancora attivi: il Mauna Loa e il Kilauea. Le colate più recenti sono segnate in rosso: esse possono arrivare fino al mare accrescendo in questo modo la superficie dell'isola.

Lo sapevi che...

Miti e vulcani

La mitologia hawaiiana attribuisce l'attività vulcanica a una dea (Péle), la cui dimora sarebbe stata il vasto cratere del Kilauea; il nome del vulcano in lingua hawaiiana significa "nuvola di fumo che sale". Il nome del cratere (Halemaumau) testimonia che l'attività del vulcano è persistente, in quanto significa "casa del fuoco inestinguibile". Halemaumau è attivo almeno dagli anni venti del secolo scorso, epoca a cui risalgono le prime relazioni scritte sulla sua attività vulcanica.

Figura 21 Esempi di stratovulcani: il Cotopaxi, in Ecuador (**a**), Il Fuji Yama, in Giappone (**b**), e il vulcano Osorno, in Cile (**c**).

Gli **stratovulcani** o **vulcani compositi** hanno la tipica forma a cono simmetrico prodotta da un'attività mista, alternativamente esplosiva ed effusiva. Per questo motivo una sezione dei fianchi del vulcano mette in evidenza strati di piroclasti alternati a colate laviche solidificate. Molte delle più belle montagne del mondo sono vulcani compositi (▶21): il Fuji Yama in Giappone, il Monte St. Helens negli Stati Uniti, il Monte Cotopaxi in Ecuador, e i maggiori vulcani italiani (Etna, Vesuvio e Stromboli). Alla sommità dell'edificio vulcanico c'è un cratere che contiene uno o più condotti vulcanici. La lava può fuoriuscire anche da fessure dai fianchi del vulcano formando dei **crateri avventizi** o addirittura nuovi edifici vulcanici (da cui il nome di vulcani compositi). Quando solidifica forma dei dicchi che creano una specie di intelaiatura rigida che rafforza la struttura del cono.

I **coni di scorie** sono edifici vulcanici caratterizzati da pendii molto ripidi (> 30°) e da un'altezza ridotta (200-300 m), come il Parícutin in Messico. Derivano da un'attività di tipo esplosivo e si formano per accumulo di piroclasti incoerenti: per questo motivo possono essere erosi molto facilmente (▶22). Il vulcanismo esplosivo di una certa entità, come quello provocato da eruzioni freato-magmatiche, potrebbe anche non produrre un edificio a cono: il risultato può essere semplicemente un cratere di esplosione chiamato **maar**.

L'attività eruttiva, oltre agli edifici vulcanici, può dare origine a strutture particolari formate da lava solidificata.

Se la lava è molto acida (riolitica), a causa della grande viscosità non riesce a tracimare dal cratere. In questo caso non avremo la formazione di colate laviche ma di strutture di forma più o meno conica, dette **duomi di lava** (o **cupole di ristagno**), al di sopra del punto di emissione (▶23). I duomi di lava si possono formare nelle fasi finali dell'attività di un vulcano di tipo esplosivo, quando la forza dei gas che frantumano la lava viscosa è ormai esaurita: ha questa origine, per esempio, il duomo che si formò all'interno del vulcano St. Helens dopo la violenta eruzione del 1980. Se questi accumuli di lava solidificata sono alti e sottili si parla di **protrusioni solide** (oppure di **guglie** o **spine**): una guglia che raggiunse l'altezza di 350 m si elevò dal cratere del vulcano La Pelée nel 1903.

Se la lava è basaltica, raffreddandosi bruscamente si contrae e può dare origine a **strutture a fessurazione colonnare**, costituite da "colonne" di basalto a base esagonale; queste creano un magnifico effetto

Figura 23 Duomo di lava molto viscosa che ristagna all'interno del vulcano St. Helens negli Stati Uniti dopo la famosa eruzione del 1980.

Figura 22 Il cono di scorie è costituito da materiale piroclastico. Nella foto, il cono di scorie Formica Leo sulle pendici del Piton de la Fournaise, uno dei vulcani più attivi al mondo, sull'isola della Réunion.

anello di materiali piroclastici

duomo vulcanico formatosi all'interno del cratere

Sezione C Le rocce e i processi litogenetici

Figura 24 I basalti a fessurazione colonnare sono prodotti dalla contrazione della massa rocciosa dovuta al raffreddamento. Nella foto, le suggestive *Organ Pipes* (canne d'organo), in Namibia.

visivo a seconda della direzione prevalente lungo la quale ha agito l'erosione: se la colata lavica viene tagliata perpendicolarmente si può avere un effetto tipo "canne d'organo" (▶24). Fessurazioni colonnari a scala ridotta si formano anche all'interno delle lave a cuscini: esse si distribuiscono radialmente a partire dal centro di ogni singolo cuscino.

A volte l'erosione mette alla luce la parte interna di antichi condotti vulcanici riempiti di magma solidificato o di piroclastiti, relitti di un edificio vulcanico smantellato: sono i **neck** (o **plug**). Normalmente queste strutture si formano quando la lava che riempie il condotto è più resistente all'erosione

QUALCOSA IN PIÙ

Scheda 2 I camini kimberlitici: resti di antichi apparati vulcanici

Il **camino kimberlitico** o **diatrema** è una formazione rocciosa di forma grosso modo conica (in sezione ricorda la forma di una carota), che in superficie si presenta come un camino verticale a pareti molto ripide con un diametro che varia da poche centinaia di metri fino a un massimo di due chilometri (▶1). L'interno del camino kimberlitico è costituito da rocce magmatiche ultrabasiche provenienti dal mantello chiamate kimberliti dal nome della città di Kimberley nella Repubblica Sudafricana, dove sono state identificate per la prima volta: sarebbero forse passate inosservate se non si fosse scoperto che queste rocce contengono diamanti. Altre kimberliti sono successivamente state scoperte in Lesotho, Namibia, Botswana, Siberia (Yakuzia), Canada, USA, Brasile.

I camini kimberlitici sono ciò che resta di antichi condotti vulcanici probabilmente completati in superficie da un cratere e da un piccolo cono di materiale piroclastico. Nella maggior parte dei casi la parte superiore del camino è mancante, in quanto è stata asportata dagli agenti erosivi (▶2). La maggior parte delle kimberliti si sono formate durante il periodo Cretaceo, da 130 a 70 milioni di anni fa, ma si conoscono anche kimberliti più vecchie di un miliardo di anni. Nella matrice kimberlitica si ritrovano noduli dalla caratteristica forma arrotondata, costituiti da rocce ultrabasiche provenienti dal mantello (peridotiti), e da xenoliti, inclusi provenienti dalla roccia frantumata e sminuzzata che circonda il condotto.

Questi apparati vulcanici si sono originati a causa di particolari eruzioni esplosive, quando il magma, a causa delle enormi pressioni esercitate dai gas, risale a grande velocità direttamente dalla zona di formazione, collocata tra i 100 e i 300 km di profondità all'interno del mantello, senza stazionare in camere magmatiche intermedie. La risalita del magma ad alta temperatura e molto fluido può essere molto veloce (ore o giorni), ad una velocità che può raggiungere i 600 m/s.
I diamanti inclusi nelle kimberliti si formano a grande profondità nel mantello, in condizione di temperatura e pressione molto elevate, e poi vengono trascinati verso la superficie dall'eruzione.
Quando il magma arriva in superficie si espande lateralmente in modo esplosivo formando un cratere molto ampio; l'esplosività e la velocità dell'evento, associate al rapido raffreddamento del magma, impediscono al carbonio dei diamanti di trasformarsi in grafite.

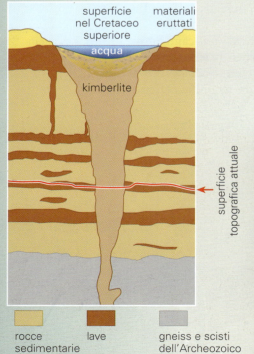

Figura 2 Modello di camino kimberlitico. La parte superiore è stata asportata dall'erosione avvenuta tra il Cretacico superiore (quando si formò il camino) e l'epoca attuale.

Figura 1 Questo camino kimberlitico, profondamente scavato da una miniera di diamanti a cielo aperto, si trova nella Repubblica Sudafricana.

della roccia incassante, andando così a costituire rilievi isolati con morfologia a torre (▶25). Un'altra struttura che si forma nei camini vulcanici è il **camino kimberlitico** (o **diatrema**) (SCHEDA 2).

5.1 Caldere

Nell'area sommitale di tutti i vulcani che sono caratterizzati da eruzioni centrali si possono riscontrare delle strutture depresse di forma subcircolare o ovale che vengono chiamate **caldere**. Numerose caldere vengono occupate da laghi, ma esistono caldere riempite di lave o sedimenti, o addirittura sepolte.

Ne esistono due tipi. Le **caldere di sprofondamento** si formano quando l'entità dei prodotti espulsi è talmente elevata da provocare un collasso della parte sommitale dell'edificio vulcanico verso il basso, cioè verso zone in cui lo spazio che si è formato nel sottosuolo a causa dello svuotamento della camera magmatica non è ancora stato riempito da nuovo materiale. In molti casi la depressione può essere riempita dall'acqua: si forma allora un lago vulcanico. Esempi sono i laghi di Bolsena, Vico, Bracciano e altri laghi del Lazio in Italia, il Crater Lake nell'Oregon (▶26).

Anche i vulcani con attività effusiva come il Kilauea sono caratterizzati da questi tipi di strutture, sebbene la loro attività sia meno esplosiva. Il cratere si trova al centro della caldera; la lava in questo caso, prima di scendere verso valle, riempie la caldera per poi tracimare dal suo bordo provocando la colata vera e propria. Nel cratere (detto *cratere a pozzo* a causa delle sue pareti subverticali) spesso si osserva la formazione di **laghi di lava** permanenti, il cui livello sale e scende a seconda delle fasi di attività più o meno intensa del vulcano. Nei periodi in cui l'attività è meno intensa si può formare una crosta solida in superficie, sotto la quale la lava resta allo stato fuso per molti anni.

Le **caldere di esplosione**, invece, sono depressioni a imbuto che vengono generate dalla particolare violenza dell'esplosione che distrugge tutta la sommità del cono.

Figura 25 Lo scoglio di Strombolicchio è un esempio di neck: si trova appena a Nord-Est dell'isola di Stromboli nell'arcipelago delle Isole Eolie.

Facciamo il punto

14 Da che tipi di eruzioni sono generati i vulcani a scudo?
15 Quali sono le principali strutture formate da lave molto acide emesse da un condotto centrale?
16 Che cosa sono le caldere?
17 Qual è la differenza tra caldere di sprofondamento e caldere di esplosione?

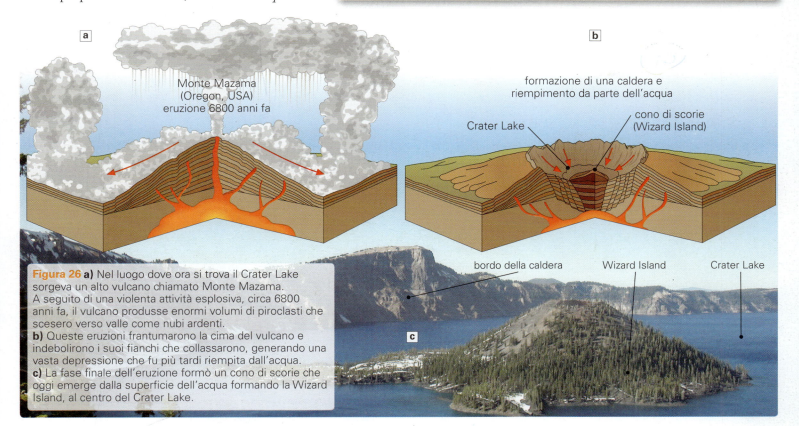

Figura 26 a) Nel luogo dove ora si trova il Crater Lake sorgeva un alto vulcano chiamato Monte Mazama. A seguito di una violenta attività esplosiva, circa 6800 anni fa, il vulcano produsse enormi volumi di piroclasti che scesero verso valle come nubi ardenti.
b) Queste eruzioni frantumarono la cima del vulcano e indebolirono i suoi fianchi che collassarono, generando una vasta depressione che fu più tardi riempita dall'acqua.
c) La fase finale dell'eruzione formò un cono di scorie che oggi emerge dalla superficie dell'acqua formando la Wizard Island, al centro del Crater Lake.

STORIE DI IERI

Scheda 3 — Le più spaventose eruzioni vulcaniche della storia recente

Le più distruttive eruzioni di tipo esplosivo verificatesi in epoca recente sono state, in ordine cronologico: Tambora, Krakatoa, Pelée e St. Helens.

Tambora
L'eruzione del vulcano **Tambora** (in Indonesia, nel 1815) liberò nell'atmosfera circa 2 milioni di tonnellate di piroclasti, mietendo numerose vittime (circa 10 000); l'anno seguente, il 1816, è noto nelle cronache dell'epoca come "anno senza estate", in quanto vi fu un irrigidimento del clima (ci furono addirittura nevicate estive nel Nord America), a cui seguirono periodi di carestia dovuti ai mancati raccolti. I Paesi più colpiti furono gli Stati Uniti e la Francia.

Krakatoa
Il **Krakatoa** è un vulcano dell'isola indonesiana di Rakata, nello Stretto della Sonda. È conosciuto per le sue eruzioni molto violente, soprattutto quella che si verificò il 27 agosto 1883 (▶ 1). In quell'anno le eruzioni erano cominciate all'inizio di agosto, intensificandosi giorno dopo giorno, fino a che l'ultima di queste aprì delle fessure nell'edificio vulcanico attraverso le quali l'acqua del mare si riversò nella camera magmatica. L'esplosione che ne seguì distrusse i due terzi del territorio dell'isola proiettando nell'atmosfera più di 20 chilometri cubi di roccia, ceneri e polveri che raggiunsero un'altezza di 11 km. Il rumore dell'esplosione, uno dei più assordanti mai uditi sulla Terra, fu avvertito in Australia, lontana 3500 km, e nell'isola di Rodriguez vicino a Mauritius, lontana 4800 km. L'eruzione produsse inoltre un'onda di tsunami alta 40 metri che distrusse 165 villaggi nell'arcipelago di Giava e Sumatra e uccise 36 000 persone. Le onde d'aria generate dall'esplosione "viaggiarono" sette volte intorno al mondo, e il cielo si scurì per i giorni successivi. Successive eruzioni del vulcano, dal 1927, hanno fatto emergere una nuova isola, detta *Anak Krakatau* (figlio di Krakatoa).

Il Monte Pelée
Il **Monte Pelée**, o La Pelée, un vulcano della Martinica, è famoso per la sua eruzione dell'8 maggio 1902, che distrusse la città di Saint-Pierre. Dal mese di aprile erano cominciate emissioni quasi continue di ceneri, dapprima deboli, poi sempre più abbondanti, accompagnate da piccole scosse di terremoto. Da allora, l'eruzione fu in continuo crescendo, con fitte piogge di ceneri e forte odore di zolfo, causando panico tra gli abitanti che cominciarono ad abbandonare la città. Le autorità sottovalutarono il pericolo e invitarono gli abitanti a tornare sull'isola: lo stesso governatore si recò a Saint-Pierre la sera del 7 maggio, e rimase vittima dell'eruzione, che avvenne il mattino successivo, alle 7.50: una tremenda esplosione fece andare in pezzi la montagna, sprigionando una caldissima nube ardente (800 °C) che precipitò verso il mare alla velocità di 160 km/h, mantenendo il contatto col suolo. Nel giro di due minuti travolse Saint-Pierre, distruggendola completamente. L'intera popolazione di 30 000 abitanti fu carbonizzata dalla nube. Ci fu un solo sopravvissuto, un prigioniero che si salvò, seppur gravemente ustionato, perché era incarcerato in una cella sotterranea. Dopo l'eruzione dell'8 maggio, il Monte Pelée continuò l'attività, emettendo altre nubi ardenti, fino agli inizi del 1904. Nel corso del 1903 si formò nel cratere del vulcano una protrusione solida a guglia (▶ 2), detta *Spina di Pelée*, che in poco tempo crebbe fino a toccare i 350 m d'altezza. Sarà poi distrutta da esplosioni successive nel dicembre dello stesso anno. Grazie agli studi che seguirono il disastro si scoprì che la causa della violenta eruzione era stata la cupola di ristagno che occludeva il cratere: essendo troppo resistente alla pressione dei gas, questi ultimi si aprirono una via laterale sui fianchi del monte, causando la nube ardente che distrusse Saint-Pierre. Attualmente il Monte Pelée, sebbene sia in fase di semi-quiescenza, è

Figura 2 La guglia di lava emersa dal Monte Pelée.

 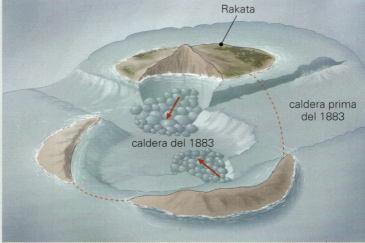

Figura 1 La potenza distruttiva delle eruzioni freato-magmatiche è testimoniata da questa ricostruzione in cui viene rappresentata l'isola di Krakatoa, nello stretto della Sonda, in Indonesia, prima e dopo la famosa eruzione del 1883. Come si può vedere, l'isola era costituita da tre coni vulcanici (Rakata, Danan, Perbuwatan) che sono stati letteralmente frantumati.

tenuto sotto continua osservazione.

Il Monte St. Helens

Il **Monte St. Helens** è uno stratovulcano della Catena delle Cascate (Stato di Washington, USA). Il 18 maggio del 1980, dopo 123 anni di inattività, riprese la sua attività con violenza inaudita: l'evento fu preceduto da una serie di microsismi, dall'apertura di nuove fenditure, da emissione di gas e ceneri provocati dai movimenti del magma sottostante. L'intrusione del magma aveva prodotto sul fianco settentrionale della montagna un rigonfiamento di circa 60 m. Il 18 maggio, in seguito a una scossa sismica di magnitudo 5,1 localizzata a circa 1,5 km all'interno del vulcano, la parete Nord e la cima della montagna si staccarono verso valle generando una grande frana con spessore fino a 180 m che scese a 125 km/h per più di 27 km. Inoltre, la frana scoperchiò il magma sottostante con abbassamento repentino della pressione e trasformando l'acqua freatica in vapore.

L'effetto fu come stappare una bottiglia di spumante: oltre alla frana, il vulcano produsse nubi ardenti (con temperature fino a 300 °C che scesero verso valle a una velocità variabile da 100 a 400 km/h), lahar e una colonna di ceneri che raggiunse un'altezza di 20 km in meno di 15 minuti; in tre giorni si distribuì sopra gli Stati Uniti, in 15 giorni fece il giro della Terra. Le ceneri per caduta gravitativa coprirono gran parte del territorio circostante, danneggiando coltivazioni anche a 2500 km di distanza.

Il Dipartimento di caccia e pesca dello Stato di Washington stimò una perdita di circa 7000 unità tra alci, cervi e orsi, così come tutti gli uccelli e molti piccoli mammiferi; 12 milioni di salmoni furono uccisi quando i vivai vennero distrutti. Andarono distrutte inoltre le foreste circostanti entro un raggio di 28 km con un danno economico all'industria del legname superiore al miliardo di dollari. Risultarono morte o disperse 62 persone, ma il danno fu soprattutto psicologico in quanto i vulcani delle Cascate, che prima erano considerati innocui, ora rappresentano per la popolazione una minaccia latente. Alla fine dell'eruzione l'altezza della montagna si era ridotta di 350 m: là dove c'era la cima della montagna si era creato un enorme anfiteatro roccioso rivolto verso Nord con diametro di 2 km, al cui centro si formò successivamente, in corrispondenza del condotto vulcanico, un duomo di lava con diametro di 300 m e altezza di 65 m. Il duomo di lava che si formò tra il 13 e il 20 giugno crebbe in altezza con una velocità di circa 6 m al giorno e fu poi successivamente distrutto da una nuova eruzione il 22 luglio. Altre eruzioni con formazione di duomi di lava si succedettero fino al 19 ottobre (▶ 3).

12 aprile 1980

30 giugno 1980

Figura 3 Il Monte Saint-Helens prima e dopo la spaventosa eruzione del 1980. La cima si trovava a 2950 m di altezza. Dopo l'esplosione si formò una caldera con un diametro di 2 km, il cui bordo superiore raggiungeva un'altezza di 2500 m, mentre la base si trovava a un'altezza tra i 1800 e i 1900 m. Nella foto più grande si notano abbondanti colate piroclastiche.

6 Eruzioni lineari o fissurali

Durante questi tipi di eruzioni il magma fuoriesce in grande quantità da fratture più o meno allungate e strette; il materiale espulso non andrà a formare il classico edificio a cono tipico di un'emissione puntiforme, ma si distribuirà omogeneamente ai due lati della frattura formando, a grande scala, espandimenti di lava pianeggianti chiamati **plateaux** (▶27).

Si distinguono plateaux basaltici e plateaux ignimbritici a seconda che il magma sia di composizione basica o acida.

Vasti plateaux basaltici si trovano in Islanda: l'isola è attraversata da un sistema di fratture attive da cui fuoriescono enormi quantità di lava.

Il vulcano Laki, in Islanda, nel 1783 produsse una colata di lava del tipo aa, che uscì da una fessura lunga 25 km, e che ricoprì un'area di 560 km^2.

A 15-20 milioni di anni fa risale invece la formazione del plateau basaltico del Columbia River (USA), distribuito tra Washington, Oregon e Idaho, che arrivò a misurare fino a 2,5 km di spessore con una estensione di 520 000 km^2.

Altri esempi sono l'altopiano del Deccan in India e quello del fiume Paraná in Brasile e Paraguay. Più rari sono gli espandimenti riolitici: un esempio è quello dei porfidi quarziferi che costituiscono la "piattaforma porfirica atesina", in Alto Adige, ignimbrite la cui formazione risale a circa 250 milioni di anni fa. Colate di porfidi si alternano a ignimbriti con la stessa composizione e molto simili nell'aspetto, con spessore complessivo da 400 a 1500 m ed estensione areale di circa 3000 km^2.

Facciamo il punto
18 Che cosa sono i plateaux?

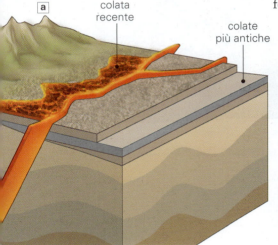

Figura 27 a) Nelle eruzioni lineari la lava fuoriesce in grande quantità dando origine a giganteschi espandimenti lavici pianeggianti chiamati plateaux.
b) Nella foto, l'imponente plateaux basaltico della Groenlandia.

a — colata recente — colate più antiche

7 Vulcanismo secondario

Figura 28 Solfatara di Pozzuoli.

In stretta associazione con l'attività vulcanica si riscontrano spesso una serie di fenomeni, detti di vulcanismo secondario, che possono caratterizzare i momenti di stasi nell'attività oppure le ultime fasi della vita di un vulcano. Senza che necessariamente il vulcano produca piroclasti o lave, si può assistere all'emissione di gas o vapor d'acqua: essi provengono dal magma stesso in raffreddamento nel sottosuolo e dal riscaldamento dell'acqua della falda freatica.

La vaporizzazione dell'acqua di falda è provocata dalla temperatura ancora elevata del serbatoio magmatico, che tuttavia non è più sufficiente per alimentare nuove eruzioni: i gas e i vapori sfruttano le fratture che di solito si trovano in gran quantità nelle zone vulcaniche e si dirigono verso la superficie dove verranno a contatto con l'atmosfera.

La più tipica manifestazione di vulcanismo secondario è quella delle **fumarole** in cui i gas più comuni che vengono emessi assieme al vapor d'acqua sono CO_2 e H_2S. Se il gas prevalente è l'acido solfidrico, esso reagisce con l'ossigeno presente nell'aria provocando la cristallizzazione di zolfo in prossimità del punto di emissione: questa attività viene detta **solfatara** (▶28) ed è molto frequente per esempio nei Campi Flegrei, dove l'ultima attività eruttiva di una certa entità si è avuta ormai 35 000 anni fa con la deposizione dell'ignimbrite campana. Può capitare che le emissioni siano particolarmente ricche di CO_2: in questo caso vengono chiamate **mofete**. Altre emissioni particolari sono i **soffioni boraciferi** a Larderello in Toscana, che vengono sfruttati per la produzione di energia elettrica (SCHEDA 5): si tratta di vapor d'acqua surriscaldato (fino a 230 °C) misto ad acido borico che fuoriesce con una certa pressione e in modo continuo.

Senza dubbio le manifestazioni più spettacolari del vulcanismo secondario sono i **geyser**, di cui i più famosi si trovano in Islanda e in America settentrionale (geyser *Old Faithful*, nel parco nazionale di Yellowstone nel Wyoming).

Sono delle emissioni a intervalli regolari di acqua bollente, che si accumula nel sottosuolo in un condotto verticale, formando una colonna che viene spinta a grandi altezze quando i gas sottostanti vincono la pressione idrostatica; la ricarica del meccanismo viene garantita dalle acque di falda che affluiscono continuamente nel condotto e dai gas che provengono dal basso (▶29).

Altri fenomeni sembrano far ribollire le acque fangose depositate in piccoli laghetti, generando a volte piccoli coni: si parla di **vulcanetti di fango** e di **salse** (come quelle presenti, per esempio, nel Modenese).

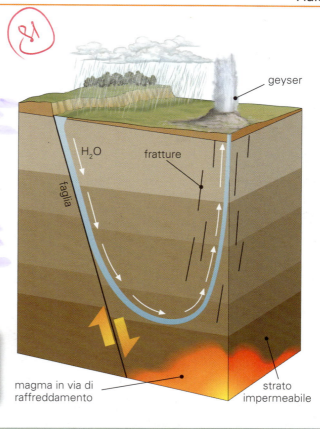

Figura 29 Schema di formazione e alimentazione di un geyser. I geyser possono accompagnare l'attività vulcanica in alcune zone.

Facciamo il punto

19 Che cosa si intende in generale quando si parla di vulcanismo secondario?

20 Che cosa sono i geyser?

Scheda 4 — Islanda: terra di vulcani e di ghiacciai

Un visitatore che attraversi quest'isola viene certamente affascinato ma nello stesso tempo annichilito dalla manifestazione di potenza della natura che qui sembra aver concentrato un campionario dei suoi fenomeni più grandiosi. I vulcani che costituiscono la spina dorsale dell'isola sono più di 200 e negli ultimi 500 anni hanno riversato circa un terzo di tutta la lava che è stata prodotta dalle eruzioni di tutto il mondo, formando vasti plateaux basaltici. Le eruzioni si verificano in media ogni 5 anni circa, ma l'energia del calore sottostante continua incessantemente a farsi strada lungo le fratture fino alla superficie dove forma sorgenti calde, geyser e polle di fango bollente. I vulcani sono ricoperti da spessi ghiacciai che riversano verso valle, quando i vulcani entrano in attività, oltre ai prodotti dell'eruzione, anche una grande quantità di acqua di fusione, che genera delle vere e proprie alluvioni sulle pianure sottostanti. Quando riescono a perforare la coltre di ghiaccio sovrastante, i vulcani subglaciali possono dare origine a eruzioni, ma producono solamente lapilli, bombe e ceneri: la lava basaltica, infatti, povera di gas e di fluidi, solidifica immediatamente a contatto con il ghiaccio.

Ma i vulcani islandesi non sono un problema solo per gli abitanti dell'isola. Il 20 marzo del 2010 è iniziata una consistente attività eruttiva del vulcano **Eyjafjöll** (ricoperto dal ghiacciaio **Eyjafjallajökull**) (▶1), che si trova nel Sud dell'Islanda; l'ultima eruzione iniziò nel 1821 e durò circa 2 anni, fino al 1823. Ha un'altezza di 1666 metri ed è considerato dai geologi islandesi uno dei vulcani meno attivi e pericolosi dell'isola! La nube di ceneri prodotta prevalentemente dalla fase freato-magmatica dell'eruzione ha sorvolato l'Europa provocando enormi disagi nel traffico aereo: sono stati cancellati 100 000 voli e lasciati a terra 1 300 000 passeggeri, con un danno complessivo per le compagnie aeree di 1,5 miliardi di euro. Si temono anche effetti sul clima: dipenderà sia dalla durata dell'eruzione sia dalla quantità di gas e cenere prodotti. Ma anche altri vulcani islandesi sono a forte rischio di imminente ripresa di attività: desta particolare preoccupazione il vulcano **Katla**, che si trova a soli 20 km a est dell'Eyjafjöll. Infatti alle ultime due eruzioni dell'Eyjafjöll (nel 1612 e nel 1821) ha sempre fatto seguito il risveglio di questo vulcano, di gran lunga più pericoloso, anch'esso ricoperto da un esteso ghiacciaio: il Myrdalsjökull. Ha dato segni di risveglio anche il vulcano **Grìmsvötn**, che sorge sotto il più grande ghiacciaio d'Europa, il **Vatnajokull** (8300 km^2 di estensione e uno spessore di 900 m). A rischio è anche l'**Hekla**, il vulcano più temuto d'Islanda, che dal 1979 è entrato in fase eruttiva più o meno ogni 10 anni, l'ultima proprio nel 2000. L'attività dei vulcani islandesi non mette in pericolo solo il trasporto aereo: nel 1783, l'eruzione del vulcano **Laki** produsse una nube tossica di anidride solforosa e acido solforico che uccise, in Gran Bretagna, 23 000 persone. Convivere con i vulcani certo non è facile per gli islandesi, ma non mancano i vantaggi. L'energia geotermica, sommata a quella idroelettrica prodotta grazie ai fiumi, soddisfa il 96% del fabbisogno elettrico dell'isola.

QUALCOSA IN PIÙ

Figura 1 La spettacolare eruzione dell'Eyjafjöll del 2010.

Scheda 5 Energia geotermica in Italia

Il calore interno della Terra può essere utilizzato per la produzione di energia elettrica, ma per poterlo sfruttare occorre un intermediario: l'acqua. Le aree più favorevoli per lo sfruttamento di questo tipo di energia sono quelle vulcaniche o comunque quelle in cui nel sottosuolo sono presenti magmi in via di raffreddamento in prossimità della superficie; i magmi riscaldano le acque circolanti nel sottosuolo che, in determinate condizioni di temperatura e pressione, possono passare allo stato di vapore.

L'energia geotermica utilizza risorse praticamente inesauribili: il calore terrestre e l'acqua, sotto forma di vapore, che fuoriesce dalle fratture in superficie. Si tratta di un tipo di energia "pulita", in quanto non crea grossi problemi di inquinamento ambientale.

A **Larderello**, in Toscana, il vapore fuoriesce naturalmente dalla superficie terrestre in getti chiamati **soffioni**: nel 1904 furono effettuati i primi tentativi di produrre energia elettrica tentando di far ruotare turbine con il vapore, nel 1914 fu costruita la prima centrale, negli anni '30 la produzione di energia cominciò ad acquisire una certa importanza (▶1). In Europa, fu questo il primo tentativo di sfruttamento dell'energia geotermica.

Non è un'energia sfruttabile da tutti i Paesi: essa può essere utilizzata prevalentemente dove sussistono opportune condizioni geologiche, cioè soprattutto in aree vulcaniche. Inoltre le acque nel sottosuolo devono poter circolare in strutture formate da rocce porose e permeabili che fungono da serbatoio, chiamate **acquiferi** (nel caso di Larderello le rocce costituenti l'acquifero sono evaporiti: calcari e anidriti); al di sopra dell'acquifero, che viene continuamente ricaricato da acqua meteorica, devono trovarsi rocce impermeabili (nel caso di Larderello si tratta di rocce a forte componente argillosa) che impediscano ai fluidi di disperdersi in superficie e che li mantengano sotto pressione.

Una volta individuato l'acquifero in profondità, ad esempio con sondaggi elettrici, si può perforare la coltre impermeabile sovrastante e convogliare il vapore alla centrale con apposite tubazioni (▶2).

In genere il vapore che viene sfruttato per la produzione di energia elettrica deve avere una temperatura superiore a 140 °C (a Larderello ha una temperatura di 260 °C) e il rendimento è maggiore se si tratta di vapore "secco", cioè in assenza di acqua liquida; se vi è risalita di acqua oltre a vapore, la fase liquida deve essere separata in quanto solo il vapore può essere impiegato per mettere in movimento le turbine. Il vapore, una volta utilizzato, diventa acqua che può essere iniettata di nuovo nel sottosuolo per essere riscaldata ancora, chiudendo il ciclo. La reiniezione dei fluidi nel sottosuolo è necessaria non solo per garantire la giusta "ricarica" dell'acquifero che viene sfruttato, ma anche per problemi di inquinamento. Infatti le acque sono in genere ricche di boro, arsenico e fluoro che in determinate concentrazioni possono essere tossici: si preferisce non disperdere in superficie acque che possono essere inquinanti, iniettandole di nuovo nel sottosuolo per mezzo di pozzi che si trovano in zone vicine alla centrale.

Un altro problema ambientale che si può verificare in zone soggette a questo tipo di sfruttamento è la subsidenza, cioè il cedimento del suolo, con progressivo abbassamento, dovuto all'eccesso di fluidi estratti.

Le acque a temperatura non elevata possono essere impiegate anche per riscaldare direttamente case, serre, suoli agricoli, come avviene per esempio in Islanda (**SCHEDA 2**). Il problema che si può verificare in questo caso riguarda la resistenza delle tubature nelle quali viene convogliata l'acqua: quest'ultima infatti può contenere una percentuale più o meno elevata di sostanze corrosive.

Un altro impiego di una certa importanza è l'utilizzo delle acque calde ad uso terapeutico negli stabilimenti termali.

In Italia la produzione di energia elettrica di origine geotermica che viene immessa nella rete nazionale purtroppo incide ancora in misura minima sul totale prodotto (circa il 3%).

Figura 1 I principali campi geotermici in Italia.

Figura 2 La centrale geotermica di Larderello.

8 Distribuzione dei vulcani sulla Terra

I vulcani attivi presenti sulla Terra sono circa 500 (▶30): si trovano sia sui continenti sia sui fondali oceanici. Se riportiamo su un planisfero la loro ubicazione si nota subito una particolare distribuzione: il fatto che si raggruppino in zone e in fasce ben evidenti può far pensare che la loro ubicazione non sia casuale, e in effetti è così. Molti vulcani si trovano vicino ai bordi dei continenti (sul continente stesso oppure al largo della costa): basti osservare la densità di distribuzione di vulcani che circonda tutto l'Oceano Pacifico (*anello di fuoco circumpacifico*). Altri vulcani seguono allineamenti particolari ma nel mezzo degli oceani, altri ancora sembrano isolati, sia all'interno dei continenti, sia nel mezzo degli oceani. Vedremo in seguito di capire il perché di questa distribuzione che si inquadra in un'ottica globale più ampia, la quale non può essere compresa senza l'acquisizione di altre informazioni che verranno trattate nelle Unità seguenti.

Facciamo il punto
21 Descrivi la distribuzione dei vulcani sulla Terra osservando la fig. 30.

Figura 30 Distribuzione dei vulcani attivi sul nostro pianeta.

9 I vulcani italiani

L'Italia si trova in una zona geografica particolarmente instabile dal punto di vista geologico. Per questo motivo sono numerosi i vulcani attivi presenti nel nostro Paese: l'**Etna** nella Sicilia orientale, il **Vesuvio** nella zona di Napoli, **Stromboli** e **Vulcano** nelle Isole Eolie, l'**Isola di Ischia** e i **Campi Flegrei** in Campania; a questi si aggiungono i vulcani sottomarini presenti sul fondale del Mar Tirreno meridionale e del Canale di Sicilia.

Sul nostro territorio sono presenti, infine, vulcani ormai estinti: Monte Amiata, i monti del Lazio, Roccamonfina, Vulture, Isole Pontine e altri (▶31).

Etna. È il più alto vulcano d'Europa (3345 m) e uno dei più attivi del mondo: attualmente è caratterizzato da un'attività prevalentemente effusiva con emissione di lave basaltiche. A volte le eruzioni sono accompagnate da "piogge di ceneri" che, trasportate dai venti, possono ricadere anche a grande distanza dal cratere. L'ultima cospicua eruzione

Figura 31 Distribuzione delle aree vulcaniche in Italia.

Sezione C Le rocce e i processi litogenetici

Figura 32 Le luci di Catania brillano sullo sfondo di una spettacolare attività stromboliana (lanci intermittenti di materiale incandescente) prodotta dal cono di Pian del Lago dell'Etna.

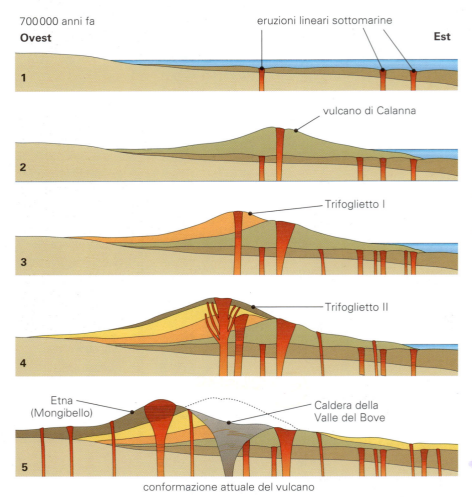

Figura 33 Evoluzione dell'Etna: il vulcano inizia la sua attività come vulcano sottomarino; nel corso del tempo l'attività magmatica si sposta verso Ovest consentendo la sovrapposizione di più edifici vulcanici poi parzialmente smantellati e sostituiti dall'edificio attuale, il Mongibello.

dell'Etna, terminata nei primi mesi del 2003, ha provocato una ricaduta di ceneri che si è protratta per lungo tempo e ha messo in ginocchio l'economia agricola e turistica delle province di Catania, Siracusa e Ragusa (▶32).

La sua attività è cominciata circa 700 000 anni fa, quando l'area si trovava al di sotto del livello del mare: l'Etna nasce infatti come vulcano sottomarino, con lave a cuscino che ora affiorano in prossimità della costa presso Aci Castello.

Successivamente l'attività diventa subaerea a causa del sollevamento dell'area, con formazione di un vulcano a scudo. Nel tempo la composizione del magma che alimenta il vulcano cambia, diventando più acida con emissione di lava più viscosa: l'attività di colate laviche alternate a emissione di piroclastiti trasformano infine l'Etna in un tipico stratovulcano.

Tutte le fasi evolutive del vulcano possono essere ricostruite dallo studio dell'attuale edificio: l'Etna (3345 m) è un cono che risulta dalla sovrapposizione e compenetrazione di antichi edifici, che si sono accresciuti a spese di quelli precedenti spostando la loro attività via via verso Ovest. Oltre al primitivo vulcano sottomarino, si individuano 4 distinti edifici: il vulcano di Calanna, il Trifoglietto I, il Trifoglietto II, parzialmente smantellati da esplosioni che hanno generato la caldera della Valle del Bove sul fianco Est del vulcano attuale, chiamato Mongibello.

Oggi l'Etna, oltre a un cratere centrale, possiede sui fianchi circa 200 coni avventizi e numerose fratture da cui fuoriesce lava basaltica simile a quella dei vulcani hawaiiani (▶33).

Stromboli. Sorge sull'isola omonima dell'arcipelago eoliano ed è un vulcano in continua eruzione da 2000 anni: per questo è chiamato "Faro del Mediterraneo" dai naviganti (▶34). Ha un'altezza complessiva di 3000 m, ma solo 927 m emergono al di sopra del livello del mare. Di norma la sua attività, di tipo esplosivo con lava andesitica, non è pericolosa per i due piccoli centri abitati dell'isola poiché si manifesta con esplosioni a bassa intensità ed emissioni di gas e piroclasti a intervalli regolari (in media una ogni 20 minuti).

Questo tipo di attività viene definita *eruzione di tipo stromboliano* proprio dal nome di questo vulcano.

Nel caso meno frequente di emissione di colate laviche, queste percorrono una zona disabitata chiamata "sciara del fuoco" che le indirizza verso il mare. Il 30 dicembre 2002 una cospicua eruzione ha fatto precipitare in mare due milioni di m³ di materiale lavico che ha prodotto un'onda anomala: questo piccolo maremoto ha sommerso le coste dell'isola provocando danni ingenti.

Vulcano. È un altro vulcano eoliano ma la sua attività, che produce minime quantità di lava riolitica e andesitica molto viscosa, è oggi molto ridotta ed è caratterizzata da emissione di gas con temperature che possono arrivare fino a 700 °C. Potenzialmente è un vulcano più pericoloso di Stromboli perché la sua attività è di tipo decisamente esplosivo e perché la fase di quiescenza dall'ultima eruzione (1894) ormai si protrae da più di un secolo: se si risvegliasse darebbe origine a una forte esplosione iniziale che libererebbe il camino dal tappo che lo ostruisce e produrrebbe ingenti quantità di materiali solidi, ceneri e gas: un'*eruzione di tipo vulcaniano*. Il cratere principale è chiamato "La Fossa" con un diametro di circa 500 metri a 391 m di altitudine. Per gli abitanti dell'isola esiste un piano di evacuazione in caso di ripresa dell'attività (▶35).

Vesuvio. Alto 1281 m, è il vulcano più pericoloso d'Europa (▶36). È attivo da almeno 25 000 anni, durante i quali ha alternato eruzioni di tipo effusivo a eruzioni di tipo esplosivo. Attualmente è caratterizzato da un'attività esplosiva intervallata da lunghi periodi di quiescenza. La prima eruzione accertata è stata quella del 79 d.C. descritta da Plinio il Giovane, che causò la distruzione di Pompei ed Ercolano (**SCHEDA 6**). In suo onore questo tipo di eruzione, che produce enormi nubi di ceneri a forma di fungo o pino marittimo, è detta di *tipo pliniano*.

Dopo la violenta eruzione del 1631, che provocò 4000 morti e la distruzione dei paesi circumvesuviani verso il mare, il Vesuvio ha prodotto eruzioni di scarsa intensità alternate a periodi di quiescenza.

L'ultima eruzione si è verificata nel 1944 (▶37).

Figura 34 Stromboli ha un'intensa attività esplosiva.

Figura 35 Il cratere di Vulcano (391 m).

Figura 36 Il cratere del Vesuvio. Sullo sfondo si vedono le pareti interne della caldera del 79 d.C.

I vulcani sottomarini

I **vulcani sottomarini** sono concentrati nel tratto di mare tra Napoli e le Isole Eolie e nel Canale di Sicilia. Attualmente sono quiescenti, ma un'eventuale ripresa della loro attività potrebbe dare origine a maremoti che si abbatterebbero sulle città costiere della Campania, della Calabria e della Sicilia. Nel Tirreno meridionale il più pericoloso è il **Marsili**, che si è formato 2 milioni di anni fa e si erge per oltre 3000 m dal fondale del Mar Tirreno

Figura 37 Nella foto, l'ultima attività del Vesuvio nel 1944.

Sezione C Le rocce e i processi litogenetici

STORIE DI IERI

Scheda 6 L'eruzione del Vesuvio del 79 d.C.

La storica eruzione freato-magmatica del 79 d.C. fu preceduta da innumerevoli scosse sismiche che si succedettero per oltre 15 anni; nessuno mise in relazione questa attività sismica con la ripresa dell'attività del vulcano (che allora non era considerato tale) in quanto mancava la memoria storica di eruzioni. Verso le ore 13 del 24 agosto il vulcano produsse una colonna di ceneri, gas e vapori che assunse la forma di pino marittimo. A tratti il materiale, non più sorretto dalla colonna, collassò lungo i fianchi del vulcano producendo nubi piroclastiche, mentre le ceneri e le pomici eiettate caddero sulle zone limitrofe e in mare. L'evento si protrasse per tutta la notte fino al mattino successivo quando, verso le 6, ci fu una drastica diminuzione dell'attività che consigliò agli abitanti di Pompei, che si erano rifugiati nottetempo sulle imbarcazioni e lungo la costa, di far ritorno nelle proprie case per recuperare i propri averi. L'eruzione aveva però vuotato parzialmente il serbatoio magmatico e ciò consentì l'afflusso di acqua di falda che vaporizzò istantaneamente aumentando enormemente la pressione: il risultato fu l'innalzamento e il rigonfiamento del vulcano con successiva eruzione freato-magmatica accompagnata da un terremoto e da fenomeni di ondata basale, flusso piroclastico e lahar, che produsse una nuvola di cenere nera che si depositò in una vasta area attorno al vulcano seppellendo Pompei e i suoi abitanti. Qualche giorno dopo Ercolano, che fu risparmiata dalla pioggia di ceneri poiché si trovava sottovento, fu sepolta da una colata di fango, spessa 20 m, provocata dalle piogge intense che rimobilizzarono le ceneri depositate in condizioni di equilibrio precario sui fianchi del vulcano.
L'eruzione cambiò la morfologia del vulcano, diventato una vasta caldera con la parete Nord più elevata. L'attuale edificio vulcanico si formò all'interno della caldera.

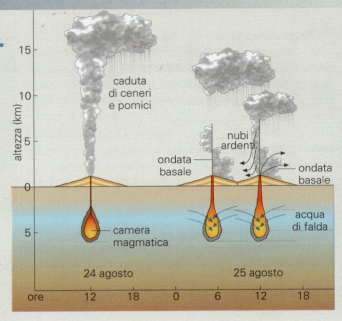

Figura 1 Schema dell'eruzione pliniana del Vesuvio (79 d.C.): il 24 agosto il vulcano espulse pomici a causa di afflusso di magma dal basso. La colonna di pomici nelle ore successive collassò generando nubi piroclastiche. Il mattino del 25 agosto l'acqua di falda invase la camera magmatica provocando eruzioni freato-magmatiche con fenomeni di flusso piroclastico, ondata basale, lahar.

---

meridionale arrivando fino a −500 m sotto il livello del mare (▶38). Sui suoi fianchi si ergono numerosi edifici vulcanici secondari di notevoli dimensioni. Il **Vavilov** e il **Magnaghi**, più antichi del Marsili, sono al centro del Tirreno: il primo ha un'altezza di circa 2500 m, il secondo di 2700 m.

L'**Isola Ferdinandea**. Il 13 luglio 1831 nel Canale di Sicilia, al largo di Sciacca, una potente eruzione esplosiva produsse fontane di lava e una colonna di fumo e ceneri alta centinaia di metri: si formò un'isola vulcanica che emerse dal mare raggiungendo un'estensione massima di 700 m di diametro e 5 km di perimetro per un'altezza di 70 m.
L'isola fu chiamata Ferdinandea dai siciliani, in onore del re Ferdinando II di Borbone. La proprietà dell'isola fu rivendicata però anche dagli inglesi, che la chiamarono Graham, e dai francesi, che la battezzarono Julie perché nata nel mese di luglio.
I contrasti diplomatici cessarono di esistere il 28 dicembre di quell'anno, poiché l'isola non resistette all'azione erosiva del moto ondoso e scomparve definitivamente al di sotto del livello del mare. I resti sottomarini dell'isola si trovano oggi a una decina di metri di profondità e sono noti ai naviganti come "banco di Graham".
Dalla fine del 2002 l'isola mostrò nuovi segnali di attività sottomarina attirando così la curiosità dei vulcanologi. Da recenti studi effettuati nel Canale di Sicilia, i cui risultati sono stati pubblicati nel 2009, sembra che il cono vulcanico di Ferdinandea non sia isolato, ma inserito in un sistema vulcanico che in un raggio di circa 5 km comprende almeno una decina di edifici di varie dimensioni, da una cinquantina di metri a circa 1,5 chilometri di diametro. Questi vulcani sottomarini sono allineati e seguono prevalentemente la direzione del Canale di Sicilia (NW-SE).

Figura 38 Il vulcano sottomarino Marsili.

Facciamo il punto

22 Descrivi l'evoluzione dell'Etna.

23 Perché il Vesuvio è considerato il vulcano più pericoloso d'Europa?

24 Dove si trovano i principali vulcani sottomarini italiani?

10 Il rischio vulcanico

Le pendici dei vulcani sono da tempo immemorabile costellate di insediamenti umani: il motivo principale di questo comportamento apparentemente insensato è la fertilità dei suoli vulcanici, causata dall'abbondanza di sali minerali (di potassio, ferro, calcio, magnesio ecc.) presenti nei materiali eruttati. A volte, invece, semplicemente ci si "dimentica" di avere un vulcano vicino a casa: i tempi dei vulcani sono diversi rispetto ai tempi umani, e può capitare che molte generazioni non vedano con i loro occhi il vulcano in azione.

Non essendo ipotizzabile l'eliminazione degli insediamenti umani, ormai millenari, presenti nei pressi dei vulcani, per poter garantire un accettabile livello di sicurezza è essenziale valutare la pericolosità della situazione. Per questo i vulcanologi hanno individuato un parametro di riferimento, il **rischio vulcanico**, che può essere definito come il *valore atteso di perdite* (morti, feriti, danni alle proprietà e alle attività economiche), in una particolare area e in un determinato periodo di tempo, conseguente a un'eruzione di una certa intensità.

Il valore di tale rischio si può calcolare con l'equazione:

$$R = P \cdot V \cdot E$$

dove:

R indica il **Rischio**, in questo caso vulcanico;

P è la **Pericolosità**, ossia la probabilità che un'eruzione di una determinata intensità si verifichi, in una data area, entro un certo periodo di tempo;

V è la **Vulnerabilità** di un elemento (persona, edificio, attività economica ecc.), ossia la propensione a subire danneggiamenti in conseguenza dell'eruzione (è sempre alta nel caso di eruzioni);

E è l'**Esposizione**, ossia il numero di individui e di strutture a rischio presenti in una data area. Quest'ultimo è un fattore di grande importanza: per fare un esempio, il rischio è molto minore per i vulcani dell'Alaska, che si trovano in zone a bassa densità di popolazione, piuttosto che per il Vesuvio, nei cui dintorni vivono circa 800 mila persone.

Oltre al rischio vulcanico, in questo modo può essere calcolato qualsiasi tipo di rischio riguardante il territorio (rischio di terremoto, di alluvione, di frana, di valanga, di incendio boschivo ecc.).

10.1 Il rischio vulcanico in Italia

In Italia l'uso del territorio adiacente ai vulcani non ha tenuto conto della loro pericolosità, cosicché ci troviamo a fronteggiare situazioni di alto rischio. Naturalmente non tutti i vulcani italiani presentano lo stesso livello di rischio che, come abbiamo detto, dipende da vari fattori. Sebbene alcuni studiosi ritengano che non si possa mai considerare del tutto estinto un vulcano, nel nostro Paese sono considerati *estinti* i vulcani la cui ultima eruzione risale a oltre 10 000 anni fa: Monte Amiata, Vulsini, Cimini, Vico, Sabatini, Isole Pontine, Roccamonfina, Vulture. Sono invece considerati *attivi* quei vulcani che hanno prodotto eruzioni negli ultimi 10 000 anni: Colli Albani, Campi Flegrei, Ischia, Vesuvio, Salina, Lipari, Vulcano, Stromboli, Etna, Isola Ferdinandea. Solo Stromboli ed Etna sono in *attività persistente*, cioè sono caratterizzati da eruzioni continue o intervallate da brevi periodi di riposo, dell'ordine di mesi o di pochissimi anni. Tutti questi vulcani attivi possono produrre eruzioni in tempi brevi o medi.

Il Dipartimento della Protezione Civile svolge attività volte a ridurre il rischio vulcanico sul territorio italiano, adottando le misure opportune per ridurre le perdite di vite umane e di beni in caso di eruzione.

Tali attività sono di tre tipi: **sorveglianza** dei vulcani e **previsione** delle eruzioni; **prevenzione** del rischio vulcanico; **difesa** dalle eruzioni e **gestione** delle emergenze.

→ **Sorveglianza** e **previsione**: la sorveglianza dei vulcani italiani è condotta e coordinata dall'**Istituto Nazionale di Geofisica e Vulcanologia (INGV)**, attraverso le proprie Sezioni preposte al monitoraggio vulcanico: Sezione di Napoli-Osservatorio Vesuviano, Sezione di Catania, Sezione di Palermo. In particolare l'Osservatorio Vesuviano, che si occupa di monitorare Vesuvio, Campi Flegrei, Ischia e Stromboli, è il più antico osservatorio vulcanologico del mondo, fondato nel 1841 da Ferdinando II di Borbone. La sorveglianza si effettua per mezzo di reti di monitoraggio che rilevano una serie di parametri fisico-chimici indicativi dello stato del vulcano e la loro variazione. Prevedere un'eruzione vulcanica significa indicare dove e quando avverrà e di che tipo sarà. Premesso che non è possibile sapere con certezza quando e in che modo avverrà un'eruzione, è comunque possibile effettuare previsioni a breve termine grazie al riconoscimento e alla misurazione degli eventi che accompagnano la risalita del magma verso la superficie, i **fenomeni precursori**: terremoti (anche di lieve entità), bradisismi, rigonfiamenti dei fianchi del vulcano (misurati con precisione dai satelliti), variazioni dei campi gravitazionale e magnetico nei pressi dell'edificio vulcanico, cambiamenti di composizione delle emanazioni gassose dai crateri e dal suolo, variazioni del livello e delle caratteristiche delle acque di falda. Un altro importante contributo è dato dagli studi geofisici volti a definire

Figura 39 Nel 1983 fu effettuato per la prima volta un intervento per cercare di deviare la lava che minacciava di distruggere i paesi di Nicolosi e Belpasso sulle pendici dell'Etna. Con tubi di metallo riempiti di esplosivo si tentò di abbattere l'argine del fiume di lava affinché la lava stessa potesse deviare in una valle laterale.

quale sia la struttura profonda del vulcano e il suo stato attuale.

→ **Prevenzione**: fra le attività di prevenzione rientrano gli *studi di pericolosità* (ricostruendo la storia eruttiva del vulcano è possibile fare previsioni sul tipo di eruzione più probabile), l'elaborazione di *mappe di pericolosità* relative al territorio, anche attraverso simulazioni al computer, la *pianificazione territoriale* per evitare nuove costruzioni nelle aree esposte, l'attività di *educazione e informazione* delle popolazioni esposte al rischio, la formulazione di *piani di emergenza*, che prevedono tutte le azioni da intraprendere in caso di crisi (in particolare l'evacuazione della popolazione, vedi **SCHEDA 8**).

→ **Difesa dalle eruzioni** e **gestione delle emergenze**: in caso di eruzione il Dipartimento della Protezione Civile interviene con propri uomini e mezzi sui territori interessati dai fenomeni vulcanici, per attuare i piani di emergenza e mitigare gli effetti dannosi, mettendo in atto iniziative di difesa *passiva* (evacuazione delle popolazioni, raccolta e smaltimento delle ceneri ecc.) o *attiva*, come quando si deviò il flusso di lava dell'Etna che minacciava gli abitati di Nicolosi e Belpasso (nel 1983) e di Zafferana Etnea (nel 1992): furono usati esplosivi per deviare la lava in valli laterali disabitate e blocchi di cemento per formare un argine che difendesse l'abitato (▶39).

Facciamo il punto
25 Che cosa si intende per "rischio vulcanico"?
26 A chi è affidata la sorveglianza dei vulcani italiani?
27 Che cosa sono i fenomeni precursori?

IN ITALIA

Scheda 7 I Campi Flegrei: una zona ad alto rischio

La città di Napoli si trova stretta nella morsa di due zone ad altissimo rischio vulcanico: a Est l'area in cui si erge il Vesuvio, a Ovest la zona dei Campi Flegrei, chiamata così dal greco *flègo* (brucio, ardo). Qui vivono circa 500 000 persone; il centro abitato più importante è Pozzuoli. Questa zona è interpretata dai geologi come parte di un'enorme caldera di forma grossolanamente circolare, in parte sommersa dal mare, che comprende anche le isole vulcaniche di Ischia e Procida. La grossa depressione raggiunge un'ampiezza massima di 15 km ed è stata modellata da due eventi eruttivi particolarmente violenti e distruttivi avvenuti 36 000 e 14 000 anni fa. Le rocce prodotte da queste eruzioni (tufi in particolare) formano il sottosuolo di Napoli e sono tuttora ampiamente utilizzate in edilizia. Negli ultimi 36 000 anni nell'area sono stati attivi più di 40 centri eruttivi diversi; l'ultima eruzione risale al 1538 quando, nel giro di qualche giorno, si formò un vulcano (chiamato poi Monte Nuovo) in un punto dove in precedenza non esisteva alcun centro eruttivo.

I fenomeni associati all'attività vulcanica che oggi possiamo osservare sono: le fumarole, che caratterizzano in particolare il vulcano della Solfatara, le sorgenti termali, sfruttate fin dai tempi dei Romani, e il **bradisismo** della zona di Pozzuoli. In particolare il fenomeno del bradisismo (abbassamenti e sollevamenti del suolo), provocato da movimenti del magma in profondità, viene interpretato come possibile segno premonitore di una prossima eruzione. Episodi di sollevamento del suolo a Pozzuoli, intervallati da episodi di abbassamento, si sono registrati nel 1971, tra il 1982 e il 1984, e nel 1989. Sulle colonne del Tempio di Serapide, a Pozzuoli, si riscontrano le prove del bradisismo in quanto si notano dei fori nel marmo, ora completamente all'asciutto, prodotti da organismi marini litodomi (molluschi che vivono in cavità che scavano loro stessi nelle rocce calcaree). Le tracce lasciate da questi organismi ci fanno capire che l'acqua in passato ha parzialmente sommerso il tempio a causa dell'abbassamento del suolo (▶1).

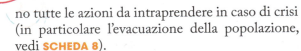

Figura 1 Sulle colonne del Tempio di Serapide a Pozzuoli (Napoli) si riscontrano le testimonianze di fenomeni di bradisismo che hanno interessato l'area. Fori di organismi litodomi marini (Gen. *Litophaga*) si ritrovano oggi a una certa altezza (zone più scure) sulle 3 colonne più grandi.

Scheda 8 Il piano di emergenza per il Vesuvio

In questo momento sul Vesuvio non si registra il benché minimo segno di ripresa dell'attività, pur trattandosi di un vulcano ancora attivo, complesso e tra i più pericolosi del mondo. Oggi il suo condotto è ostruito e il vulcano si trova in uno dei suoi maggiori periodi di quiescenza. Questo periodo di riposo verrà certamente interrotto da un'eruzione. Più la fase quiescente sarà lunga, più l'eruzione sarà violenta. Per questo motivo è necessario valutare con precisione il livello della sua pericolosità, in modo da essere pronti ad affrontare con criterio, senza facili fatalismi o rassegnazione, una ripresa dell'attività. Questo è l'obiettivo del piano di emergenza redatto da una commissione della Protezione Civile di cui ci occupiamo in questa Scheda.

Prima di elaborare un qualsiasi piano di emergenza bisogna conoscere la storia del vulcano, con particolare riferimento ai tipi di eruzioni da cui è stato caratterizzato e al loro grado di pericolosità.

Il Vesuvio, nel corso della sua evoluzione, ha alternato tranquilli episodi effusivi a catastrofici episodi esplosivi. I tipi di attività che si sono succeduti nel tempo si possono suddividere in tre tipologie a pericolosità crescente.

1) **Attività effusiva**, caratterizzata dall'emissione di piccole quantità di magma con colate di lava e da coni di scorie. Essa ha caratterizzato il periodo più recente dal 1631 al 1944.

2) **Attività media**, in cui prevalgono le fasi esplosive con emissione di pomici, piroclasti, nubi ardenti e colate di fango. Come esempio viene presa l'eruzione del 1631.

3) **Attività esclusivamente esplosiva**, con emissioni di pomici, nubi ardenti, ondate basali e colate di fango. Sono coinvolti grandi volumi di magma e i tempi di quiescenza sono molto lunghi e superiori ai 100 anni. Come esempio viene presa l'eruzione del 79 d.C.

Poiché è impensabile redigere un piano diverso per ogni tipo di eruzione, bisogna scegliere a quale tipologia adattare il piano. Realisticamente, considerando i tempi di ritorno delle eruzioni del passato, c'è buona probabilità di assistere nei prossimi 15-20 anni a un'eruzione simile a quella del 1631 che viene quindi presa come termine di riferimento.

L'inizio dell'attività di solito è preceduto da una serie di fenomeni precursori che nel 1631 si sono registrati ben 15 giorni prima dell'eruzione. Allora non erano a disposizione gli strumenti che possediamo oggi. È verosimile quindi ritenere che oggi questi fenomeni possano essere rilevati, studiati e interpretati precocemente. I fianchi del vulcano infatti sono costantemente

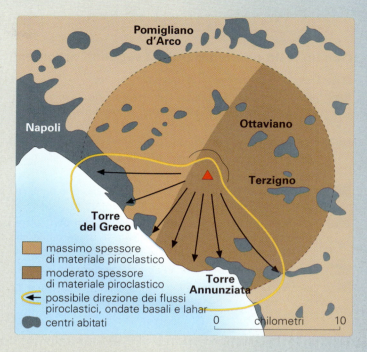

Figura 1 La carta indica le aree che potrebbero essere ricoperte da spessori maggiori di materiale piroclastico nel caso di una prossima eruzione del Vesuvio. Le frecce indicano le possibili direzioni di flussi piroclastici, ondate basali e lahar.

monitorati da sistemi di reti sismologiche e attraverso misure in situ e in laboratorio si rilevano dati sulla composizione e sulla temperatura dei gas emessi dalle fumarole. Gli studi, coordinati dall'Osservatorio Vesuviano, mirano a ricostruire la struttura interna del vulcano, la profondità del serbatoio magmatico (circa 10 km) e i movimenti del magma in profondità, possibilmente correlandoli con i fenomeni premonitori. Vengono inoltre effettuate delle simulazioni al computer che permettono di studiare i possibili percorsi delle nubi ardenti, le aree soggette a ricaduta di ceneri e lapilli a seconda della velocità e della direzione del vento, identificando quali sono i centri abitati più a rischio (▶1). Tuttavia l'unica vera difesa che permette di mettere in salvo la popolazione è l'evacuazione prima dell'inizio dell'eruzione.

Il **piano di emergenza del 2001** prevede due aree di intervento.
1) **Zona ad alto rischio**: riguarda 18 comuni dell'area circumvesuviana, tutti della provincia di Napoli. Per gli abitanti di questi centri si prevede l'evacuazione totale con alloggio al di fuori della regione Campania attraverso forme di gemellaggio con tutte le regioni italiane.
2) **Zona a rischio moderato**: questa zona sarà presumibilmente interessata dalla sola ricaduta di ceneri e comprende 59 comuni delle province di Napoli e Salerno. Si prevede l'evacuazione di parte della popolazione, da decidere al momento in funzione di parametri che non sono valutabili con precisione a priori, quali la direzione e la velocità del vento.

Con l'**aggiornamento del 13 febbraio 2014** si stabiliscono le seguenti modifiche rispetto al piano del 2001:
1) i comuni coinvolti passano da 18 a 25;
2) si delineano nuovi limiti della cosiddetta "area rossa", che corrisponde alla zona ad alto rischio sopra descritta. Al suo interno ora si distinguono 2 zone: un'area soggetta a flussi piroclastici (area rossa 1) e un'area soggetta a elevato rischio di crollo di tetti di edifici a causa dell'accumulo di materiali piroclastici (area rossa 2): ricordiamo che basta un accumulo di 50 cm di materiali piroclastici di varia dimensione per provocare il crollo della maggior parte degli edifici.
Queste modifiche sono state concordate, sulla base delle indicazioni della comunità scientifica, con la Regione Campania e i comuni interessati, che hanno potuto decidere di inglobare totalmente o parzialmente il territorio comunale anche in base a fattori sociali, economici e logistici, oltre che di organizzazione dell'evacuazione stessa.

Un punto fondamentale del piano di emergenza è che i cittadini siano a conoscenza del rischio che grava sul territorio in cui vivono e che vengano informati su come le istituzioni si sono preparate a gestire l'evento per salvaguardare la loro incolumità. Si prevede che anche nelle scuole e tramite i media si forniscano informazioni sul comportamento corretto che ognuno deve tenere, in caso di allerta, per non mettere a rischio la propria incolumità e quella degli altri.

Sezione C — Le rocce e i processi litogenetici

Ripassa con le flashcard ed esercitati con i test interattivi sul Me•book.

CONOSCENZE

Con un testo articolato tratta i seguenti argomenti

1. Descrivi il meccanismo eruttivo dei vulcani.
2. Spiega in che cosa consiste l'attività vulcanica esplosiva, quali sono i meccanismi di deposizione del materiale eruttato e le caratteristiche dei depositi.
3. Da cosa dipende l'attività vulcanica di tipo effusivo? Descrivi il tipo di prodotti a cui può dare origine e il tipo di edificio vulcanico, riferendoti a vulcani in attività.
4. Analizza le cause che portano alla differenziazione degli edifici vulcanici che si originano da eruzioni centrali.
5. Analizza il concetto di "rischio vulcanico", con particolare attenzione al rischio in Italia e all'attività di prevenzione che si potrebbe concretamente attuare sul territorio.
6. Spiega come viene sfruttata l'energia geotermica in Italia.
7. Descrivi l'evoluzione del Vesuvio: le eruzioni storiche e il piano di emergenza per eventuali nuove eruzioni (Schede 6, 7 e 8).

Con un testo sintetico rispondi alle seguenti domande

8. Come viene spiegata la genesi dei grandi batoliti di composizione granitica?
9. Qual è la tipologia dei corpi ipoabissali?
10. Qual è la struttura di uno stratovulcano?
11. Che cosa sono i vulcani a scudo?
12. Come vengono classificati i piroclasti?
13. Che cos'è una nube ardente?
14. Che cosa sono i duomi di lava?
15. Quali strutture si formano da eruzioni sottomarine?
16. Che cosa sono le caldere?
17. Da quali tipi di eruzioni si originano le strutture chiamate plateaux?
18. Quali sono le manifestazioni tipiche del vulcanismo secondario?
19. Che cosa si intende per "difesa attiva" nei confronti di un vulcano?
20. Che cosa si intende con il termine "bradisismo"?
21. Quali sono le principali fasi evolutive dell'Etna?
22. Quali sono i particolari tipi di eruzione dei grandi vulcani islandesi? (Scheda 4)
23. In che modo si sfrutta l'energia geotermica? (Scheda 5)
24. Come si origina un'eruzione freato-magmatica? (Scheda 6)
25. In che modo furono distrutte nel 79 d.C. Ercolano e Pompei? (Scheda 6)
26. Quali sono le caratteristiche dell'eruzione che è stata presa come riferimento per il piano di emergenza per il Vesuvio? (Scheda 8)

Quesiti

27. I batoliti sono:
    a. plutoni basici.
    b. plutoni di dimensioni gigantesche.
    c. corpi ipoabissali.
    d. piroclasti di grosse dimensioni.

28. Abbina ogni struttura alla sua descrizione.
    a. diapiri - b. dicchi - c. filoni-strato - d. laccoliti
    1. corpi ipoabissali concordanti tabulari ....
    2. corpi ipoabissali discordanti ....
    3. corpi ipoabissali che inarcano gli stati sovrastanti ....
    4. strutture magmatiche a forma di goccia in risalita all'interno della crosta ....

29. I lapilli sono piroclasti che, secondo Wenthworth, hanno dimensioni:
    a. minori di 2 mm.
    b. comprese tra 2 e 64 mm.
    c. tra 64 mm e 2 m.
    d. maggiori di 2 m.

30. La roccia coerente che deriva dalla cementazione delle ceneri grossolane prende il nome di:
    a. cinerite.
    b. tufo cineritico.
    c. tufo a lapilli.
    d. breccia vulcanica.

31. Le brecce vulcaniche derivano dalla cementazione di:
    a. lapilli.
    b. ceneri.
    c. ceneri fini.
    d. bombe o blocchi.

32. Vero o falso?
    a. L'ultima eruzione del Vesuvio risale al 1944. V F
    b. Il Vesuvio è l'unico pericolo di tipo vulcanico nell'area di Napoli. V F
    c. L'Etna si può considerare come costituito da una sovrapposizione di più edifici vulcanici. V F
    d. L'attività di Vulcano (Eolie) si manifesta con esplosioni di bassa intensità che emettono gas e piroclasti ad intervalli regolari. V F

33. Le tufiti sono rocce piroclastiche che:
    a. derivano dalla solidificazione del materiale trasportato da una nube ardente.
    b. si originano per caduta gravitativa dei frammenti su terraferma.
    c. si formano dal mescolamento di piroclasti e altri sedimenti sui fondali marini.
    d. si formano a partire dai depositi trasportati dai lahar.

34. Le lave subacquee:
    a. sono originate da lave fluide e formano strutture a cuscino.
    b. sono originate da lave acide e formano lave a cuscino.
    c. vengono frammentate a causa del rapido raffreddamento formando così lave a blocchi.
    d. sono interessate da fenomeni di fessurazione colonnare dovuti al rapido raffreddamento.

35. Il componente aeriforme principale all'interno del magma è:
    a. biossido di carbonio.
    b. anidride solforosa.
    c. anidride solforica.
    d. vapor d'acqua.

36 Le eruzioni freato-magmatiche:

a sono tranquille effusioni di lava fluida e interessano principalmente i vulcani hawaiiani.

b sono eruzioni disastrose che si innescano quando l'acqua di falda viene a contatto con il magma.

c sono violente eruzioni caratteristiche delle prime fasi dell'attività eruttiva del vulcano in quanto ne frantumano il tappo solido che ostruisce il condotto.

d sono eruzioni pericolose perché interessano vulcani la cui sommità è ricoperta da ghiaccio che fonde e forma assieme ai piroclasti colate di fango.

37 Una colata di fango formata da flussi d'acqua carichi di materiale vulcanico viene detta:

a ignimbrite.

b pahoehoe.

c lahar.

d maar.

38 I vulcani a scudo:

a presentano attività esplosiva con emissione di ceneri e lapilli.

b sono caratterizzati dall'emissione di lave acide molto viscose.

c presentano attività effusiva con emissione di nubi ardenti.

d sono caratterizzati dall'emissione di lave basiche molto fluide.

39 Le eruzioni lineari:

a sono caratteristiche di emissioni basiche e formano vasti plateaux.

b sono caratteristiche di emissioni sia acide sia basiche e formano vasti plateaux.

c formano edifici a cono molto estesi e asimmetrici.

d formano stratovulcani che possono raggiungere altezze molto elevate.

40 Completa.

La più tipica manifestazione del vulcanismo secondario è quella delle ...., in cui i gas presenti, oltre il vapor d'acqua, sono .... e ....
Se invece l'attività emette acido solfidrico, prende il nome di ....
Se le emissioni sono particolarmente ricche di CO_2, allora prendono il nome di ....

41 Per bradisismo si intende:

a tremori diffusi sui fianchi del vulcano prima di un'eruzione.

b movimenti del suolo dovuti alla risalita di magma nel condotto vulcanico.

c sollevamenti e abbassamenti del suolo dovuti al movimento del magma.

d abbassamenti del suolo dovuti a svuotamento della camera magmatica dopo un'eruzione.

42 Dalle sue fratture eruttive esce lava basaltica simile a quella dei vulcani hawaiiani:

a Vesuvio.

b Etna.

c Stromboli.

d Vulcano.

43 Nelle fasi finali della disastrosa eruzione del Monte Saint-Helens, in corrispondenza del condotto vulcanico si formò (Scheda 1):

a una guglia di lava.

b un neck.

c un duomo di lava.

d un lago vulcanico.

44 Le aree a maggiore rischio vulcanico in Italia sono:

a Vesuvio, area dell'Etna, Monte Amiata, Isole Eolie.

b Isole Eolie, area dell'Etna, Larderello, Vesuvio.

c Vesuvio, Isole Eolie, area dell'Etna, Campi Flegrei.

d Etna, Roccamonfina, Vesuvio, Campi Flegrei.

45 I maggiori danni dell'eruzione del 79 d.C. a Ercolano furono provocati da (Scheda 4):

a nube ardente.

b pioggia di lapilli incandescenti.

c colate di lava.

d lahar.

46 Per la stesura del piano di emergenza del Vesuvio si prende come riferimento (Scheda 6):

a la famosa eruzione del 79 d.C.

b l'eruzione del 1139.

c l'eruzione del 1631.

d l'ultima eruzione del 1944.

47 Le prime fasi di attività dell'Etna:

a sono sottomarine con emissione di lave a cuscino.

b sono subaeree con grande emissione di piroclasti.

c sono subaeree con emissione di lave fluide.

d sono sottomarine con emissione di lave fluide alternate a piroclasti.

48 Le rocce presenti in Sardegna indicano che il territorio:

a è stato interessato da un'intensa attività vulcanica di tipo fissurale che ha formato vasti plateaux.

b era formato da una catena montuosa di cui ora emergono le zone più profonde a causa dell'erosione.

c è ancora interessato da fenomeni di vulcanismo secondario, in particolare da solfatare.

d è formato da numerosi laccoliti che vengono interpretati come propaggini più elevate di un unico batolite.

49 Quali aree nei dintorni del Vesuvio sono maggiormente a rischio di nubi ardenti e ondate basali? (Scheda 8)

a Le zone interne verso l'Appennino Campano.

b Tutta la città di Napoli.

c La zona a Sud del cratere che comprende la città di Torre Annunziata.

d Le zone a Sud e a Est del cratere che comprendono le città di Torre Annunziata, Torre del Greco e parte della città di Napoli.

50 Scegli gli abbinamenti corretti.

a. pericolosità - b. vulnerabilità - c. esposizione

1. Individui e strutture a rischio presenti in una determinata area. ....

2. Probabilità che si verifichi un'eruzione. ....

3. Per una determinata area, è la sua propensione a subire danni. ....

COMPETENZE

Leggi e interpreta

51 **L'eruzione di Santorini**

L'isola di Santorini è stata interessata da una delle più violente eruzioni che si ricordino a memoria d'uomo. Si ritiene che questa catastrofica eruzione sia una delle cause, assieme al conseguente maremoto, che ha provocato la misteriosa scomparsa della fiorente civiltà minoica. Numerosi dati recentemente raccolti dai ricercatori dell'Università di Rhode Island e del centro ellenico di studi marini hanno accertato che l'eruzione di Thera, che ha devastato l'isola e che ne ha determinato la morfologia attuale, avvenne nel 1600 a.C.

I dati emersi da indagini che hanno coinvolto, oltre che la terraferma, anche i fondali marini, dimostrano che l'eruzione è stata molto più violenta di quanto ritenuto fino ad ora. Se ci si basa sui dati relativi ai depositi vulcanici di terraferma, come è stato fatto finora, si giunge a una stima di 39 km^3 di magmi, ceneri e rocce eiettati da un'eruzione fortemente esplosiva.

Dopo aver sondato i fondali marini e aver constatato che le pomici e le ceneri vulcaniche si estendono con uno spessore che varia tra i 10 e gli 80 metri coprendo una distanza di 20-30 km attorno a Santorini in tutte le direzioni, i ricercatori dovranno rivedere le loro stime sulla quantità di materiale emesso dal vulcano. Si calcola in questo modo che il materiale disperso dall'eruzione del Thera raggiunga la ragguardevole cifra di 60 milioni di metri cubi, seconda eruzione di tutti i tempi. Il primato è detenuto dal vulcano Tambora, che nel 1815 eruttò ben 100 milioni di metri cubi di materiale.

La forma attuale dell'isola è stata modellata nel corso di numerose eruzioni, tra cui 4 importanti, che si sono succedute nel corso degli ultimi 400 000 anni.

Liberamente tratto da "Le Scienze," 23 agosto 2006

a. Cerca sull'atlante la posizione dell'isola di Santorini.
b. Disegna su un foglio la forma dell'isola.
c. A che cosa è dovuta la forma particolare dell'isola?
d. Per quale motivo si ritiene che l'eruzione del vulcano Thera del 1600 a.C. sia stata più imponente di quanto ritenuto finora?
e. Calcola la distanza di Santorini dall'isola di Creta.
f. Quale si ritiene sia la causa della scomparsa della civiltà minoica?
g. Individua nel brano i termini che hai incontrato nello studio di questa Unità.

Osserva e rispondi

52 Dall'esame della foto:
a. riconosci il tipo di attività vulcanica.
b. riconosci il tipo di lava emessa.
c. ipotizza il tipo di edificio vulcanico che si forma nel caso in cui questo tipo di attività sia prevalente.

53 Osserva la foto e rispondi alle seguenti domande.
a. Che tipo di attività è caratteristica di questo vulcano?
b. Quale fenomeno viene rappresentato nella foto?

54 Individua nella figura i principali corpi ignei intrusivi.

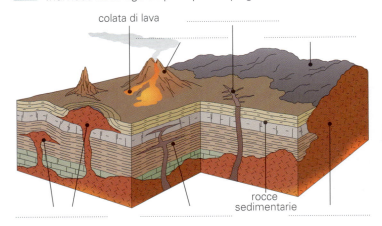

55 Riconosci il tipo di vulcano e collegalo al tipo di attività prevalente.

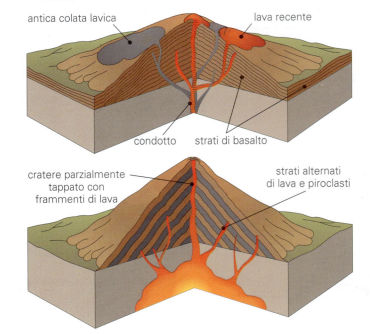

Fai un'indagine

56 Cerca in Internet informazioni sull'attività dei vulcani hawaiiani e descrivine un'eruzione tipica.

57 Cerca in Internet informazioni sull'eruzione del Monte St. Helens del 1980: descrivi nel dettaglio tutte le fasi dell'eruzione.

58 Fai una ricerca in Internet sul vulcano Ol Doinyo Lengai prestando particolare attenzione:
   a. alla sua ubicazione;
   b. al tipo di lava emessa;
   c. al tipo di eruzione a cui può dare luogo;
   d. alla sua ultima eruzione;
   e. cerca di mettere a fuoco il motivo per cui questo vulcano è considerato unico al mondo.

59 Fai una ricerca sul vulcano Lascar, considerato uno dei vulcani più attivi della catena andina. Nello svolgimento della tua ricerca:
   a. individua l'esatta zona in cui si trova;
   b. descrivi il tipo di attività del vulcano con un'indagine storica sulle sue principali eruzioni;
   c. descrivi la sua ultima eruzione;
   d. precisa se le eruzioni sono state o potrebbero essere pericolose per l'incolumità degli abitanti.

60 Nella tua regione esistono fenomeni di vulcanismo? Se sì, dove e di quale tipo? Informati e relaziona alla tua classe sul rischio vulcanico del tuo territorio e su eventuali piani di evacuazione esistenti.

Fai la tua scelta

61 Se ti offrissero un lavoro ben retribuito, accetteresti di trasferirti a vivere in una città situata in un'area ad alto rischio di eruzione vulcanica? Spiega i motivi della tua scelta.

Formula un'ipotesi

62 Uno strato di tufo nelle vicinanze del vulcano ha un certo spessore e una certa granulometria. Che cosa ti aspetti di osservare se ti allontani dal vulcano?
   a Non mi aspetto una variazione né nello spessore né nella granulometria.
   b Lo spessore e la granulometria aumentano.
   c Lo spessore diminuisce e la granulometria aumenta.
   d Lo spessore e la granulometria diminuiscono.

In English

63 Which of these volcanoes have recently had an effusive activity?
   a Vesuvio
   b St Helens
   c Nevado del Ruiz
   d Kilauea

64 Complete the following sentences with the right word.
lahars – phreatomagmatic – ignimbrites
   1. .... are rocks that are formed by the solidification of the material emitted by the Pelean clouds.
   2. The flows of water full of solid volcanic materials are called ....
   3. An explosive eruption initiated by the interaction of magma and groundwater is called ....

65 What are calderas? Explain the difference between collapse calderas and explosive calderas.

Organizza i concetti

66 Completa la mappa.

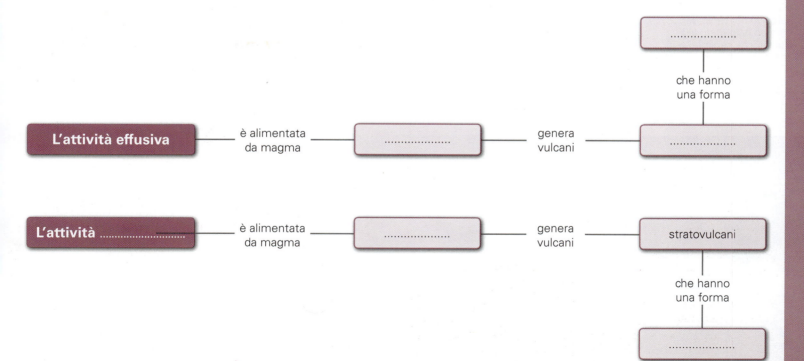

67 Costruisci una mappa che evidenzi i diversi tipi di colate laviche.

Rocce sedimentarie ed elementi di stratigrafia

unità 4

Scienze della Terra

Quali sono le principali rocce sedimentarie? Perché spesso costituiscono montagne dall'aspetto assai caratteristico?

1 Il processo sedimentario

Le rocce sedimentarie formano un sottile involucro che avvolge quasi ovunque la superficie terrestre con uno spessore che può arrivare fino a 10 km. Si formano a partire dalla degradazione di rocce preesistenti attraverso fenomeni fisici, chimici e biologici derivanti dall'interazione con atmosfera, idrosfera e biosfera. La caratteristica comune di molte rocce sedimentarie è una evidente disposizione a strati (▶1).

Il processo di formazione delle rocce sedimentarie avviene in condizioni di bassa pressione e bassa temperatura attraverso varie fasi: **erosione** di rocce preesistenti con la formazione di frammenti di varia dimensione che vengono chiamati **clasti**; **trasporto** da parte di acqua, vento o ghiaccio; **deposito** e **accumulo** in zone depresse della superficie terrestre; **compattazione** e **cementazione** dei sedimenti accumulati.

1.1 Disgregazione, trasporto e sedimentazione

Le rocce superficiali sono soggette a due tipi di processi di degradazione: la *disgregazione fisica* e l'*alterazione chimica*.

La **disgregazione fisica** è prodotta da azioni di tipo meccanico esercitate sulla roccia dalle precipitazioni, dall'escursione termica giornaliera e dall'alternarsi di gelo e disgelo, che provocano la formazione di uno strato superficiale formato da frammenti di varia dimensione.

I **processi chimici** sono fenomeni di soluzione, idratazione, ossidazione e idrolisi dei minerali presenti nella roccia, tramite l'azione di ossigeno e biossido di carbonio presenti nell'aria o disciolti nell'acqua.

I detriti derivati dai processi di alterazione meccanica o chimica possono essere trasportati a

Figura 1 Il Grand Canyon in Arizona è una profonda gola scavata dal fiume Colorado. Questo fenomeno erosivo nel corso del tempo ha portato alla luce rocce sedimentarie molto antiche, ricche di fossili che consentono di ricostruire la storia della vita sulla Terra fino a 2 miliardi di anni fa.

Rocce sedimentarie ed elementi di stratigrafia Unità 4

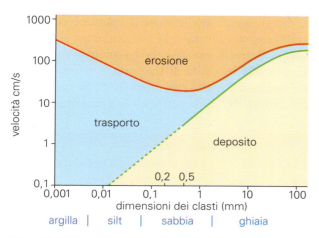

Figura 2 Diagramma di Hjulström: si individuano le condizioni di erosione, trasporto e deposizione di clasti di varie dimensioni alla velocità delle correnti d'acqua.

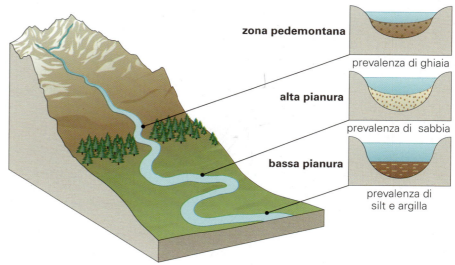

Figura 3 Negli alvei fluviali le dimensioni dei clasti depositati dipendono dall'energia delle correnti d'acqua: a monte verranno deposti i materiali grossolani, a valle i materiali più fini.

una certa distanza dal luogo di origine per mezzo dell'azione della gravità, dell'acqua e, in determinati luoghi, anche del vento e dei ghiacciai.

L'acqua è il mezzo di trasporto più diffuso e più efficace e quindi è anche il più studiato. Il trasporto dei clasti all'interno di una massa d'acqua in movimento dipende dall'energia del mezzo, dalle dimensioni dei clasti e dalla loro densità. Più la velocità dell'acqua è elevata e più essa ha la capacità di prendere in carico (*erodere*) e trasportare clasti di grandi dimensioni e peso. Se l'energia dell'acqua diminuisce, per esempio a causa della diminuzione della pendenza del corso d'acqua, il materiale si deposita (*si sedimenta*). In un corso d'acqua i clasti possono essere trasportati in soluzione, in sospensione (i frammenti più fini) o sul fondo per rotolamento, trascinamento o saltazione. Il rapporto tra energia dell'acqua delle correnti fluviali e la dimensione delle particelle trasportate viene messo in evidenza dal diagramma di Hjulström (▶ 2).

Il trasporto dell'acqua consente una buona selezione delle particelle in base al loro peso e in base alle loro dimensioni poiché esse vengono deposte là dove il mezzo non ha più energia sufficiente per trasportarle: i sedimenti più fini potranno essere trasportati fino al mare, mentre i sedimenti più grossolani verranno deposti nelle zone pedemontane, dove cambia la pendenza del corso d'acqua con diminuzione della velocità. In generale, i sedimenti vengono trasportati dalle aree più elevate, dove si ha prevalenza di erosione, verso le aree più depresse, dove si accumuleranno (▶ 3).

1.2 La diagenesi

Con il termine **diagenesi** si intende l'insieme di tutti quei fenomeni fisici e chimici che si verificano a deposizione avvenuta e che trasformano i sedimenti **incoerenti** (non cementati) in roccia **coerente** (cementata) (▶ 4).

I clasti depositati nelle aree depresse vengono continuamente ricoperti da nuovo materiale, che continua ad accumularsi stratificandosi. Per questo motivo gli spazi esistenti tra i clasti, di solito saturi d'acqua, vengono via via ridotti a causa dell'aumento progressivo del peso dei sedimenti sovrastanti: questo fenomeno viene chiamato **compattazione** e permette l'espulsione di acqua dal materiale che viene compresso, con diminuzione della porosità del materiale a causa dell'avvicinamento dei granuli.

Negli interstizi tra un granulo e l'altro possono precipitare sostanze che si trovano disciolte nell'acqua circolante, principalmente quelle meno solubili come $CaCO_3$ o SiO_2; queste contribuiscono a diminuire ulteriormente la porosità e inoltre svolgono un'azione cementante (**cementazione**) che determinerà la genesi della roccia compatta vera e propria.

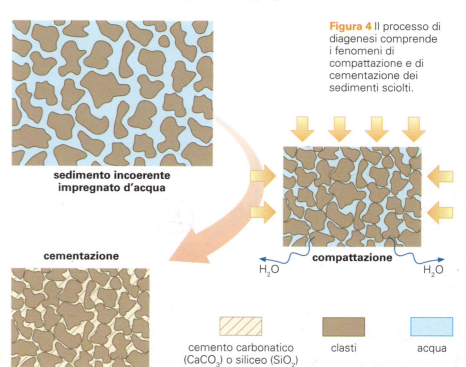

Figura 4 Il processo di diagenesi comprende i fenomeni di compattazione e di cementazione dei sedimenti sciolti.

Oltre ai processi descritti, durante la diagenesi si possono verificare reazioni chimiche dovute alle acque circolanti, alle sostanze in esse contenute e all'aumento di temperatura e pressione con la profondità.

In natura esistono rocce sedimentarie di composizione molto varia, che si formano a causa dell'azione di diversi agenti: studiandone la struttura (compatta, granulare, stratificata) e la composizione si riesce a risalire al tipo di erosione che ha subìto la roccia originaria, alle modalità di trasporto e di deposizione dei sedimenti e alla ricostruzione della morfologia del terreno che ne ha permesso la formazione.

Facciamo il punto

1. In che cosa consiste il processo sedimentario?
2. Che cosa si intende con il termine "diagenesi"?
3. Come avviene il fenomeno della cementazione?
4. Quale materiale viene espulso durante la compattazione di un sedimento?

2 La classificazione delle rocce sedimentarie

Le **rocce sedimentarie** vengono classificate in tre grandi famiglie a seconda della natura dei clasti. Si distinguono **rocce detritiche** o **clastiche** formate da frammenti di rocce preesistenti di ogni tipo, **rocce organogene** che derivano dall'attività di organismi viventi e **rocce di origine chimica** il cui accumulo dipende da fenomeni chimici, come la precipitazione. Esistono inoltre rocce sedimentarie in cui si rileva la presenza contemporanea di materiale derivante da processi organogeni e chimici, misti a materiale detritico: la loro collocazione univoca in una delle tre famiglie è pertanto assai difficile.

Figura 5 Un conglomerato clastico.

2.1 Le rocce clastiche

Sia i materiali clastici incoerenti sia le rocce coerenti, formate da sedimenti cementati, si classificano, in primo luogo, in base alle dimensioni e alla forma dei clasti che li compongono (TABELLA 1).

Se le dimensioni dei clasti sono superiori ai 2 mm il sedimento prende il nome generico di *rudite*, più specifico di **ghiaia** se si tratta di sedimenti incoerenti o di **conglomerato** se si tratta di roccia coerente (*breccia* se i clasti sono a spigoli vivi, *puddinga* se arrotondati). Per dimensioni dei clasti comprese tra 2 e 0,0625 mm si parla genericamente di *areniti*: **sabbie** incoerenti e **arenarie** coerenti (▶5). Se le dimensioni sono comprese tra 0,0625 e 0,004 mm si parla di **silt** e **siltiti**, per dimensioni inferiori a 0,004 mm si parla di **argille** e **argilliti**, mantenendo per i sedimenti con dimensioni minori di 0,0625 mm il nome generico di *peliti*. Questo criterio di classificazione vale anche per le rocce organogene: si prende in considerazione in questo caso la dimensione dei frammenti di origine organica (gusci di organismi).

Dallo studio delle rocce sedimentarie si possono ricavare dei dati relativi all'ambiente di formazione: è importante prendere in considerazione la **composizione mineralogica** per identificare la possibile area di origine del materiale eroso e trasportato, la **granulometria** per stabilire in percentuale la quantità di frazione detritica con determinate dimensioni, e infine la **forma** e il **grado di arrotondamento** dei clasti per stabilire il tipo e la durata del trasporto. In particolare un grado di arrotondamento elevato indica un maggiore trasporto che non la presenza di clasti "a spigoli vivi" (▶6).

Le sabbie che formano le **arenarie** si trovano in molti ambienti: fiumi, laghi, zone litoranee, deserti. Si possono distinguere in base alla composizione dei clasti, a seconda che prevalga una componente feld-

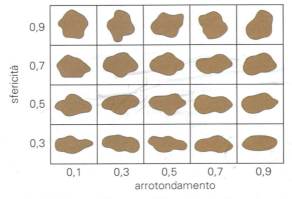

Figura 6 Tavola empirica per stabilire il grado di arrotondamento e di sfericità dei clasti.

TABELLA 1	Le rocce clastiche		
Diametro dei clasti (mm)	Nome generico	Sedimenti incoerenti (sciolti)	Rocce coerenti
> 2	rudite	ghiaia	conglomerato
2 ÷ 1/16	arenite	sabbia	arenaria
1/16 ÷ 1/256	pelite	silt	siltite
< 1/256		argilla	argillite

spatica (*arcose*, almeno il 20% di feldspati), una frazione argillosa (*grovacche*) o una quarzosa (*quarzareniti*).

Le **argilliti** si ritrovano in quasi tutti i tipi di ambiente. I minerali argillosi sono silicati idrati di alluminio (caolino, montmorillonite) che derivano dall'alterazione di silicati instabili presenti in rocce magmatiche e metamorfiche. Le **argille** sono impermeabili ma nello stesso tempo molto porose e quindi possono assorbire grandi quantità di acqua che ne provoca un aumento di volume. Alcune argille sono caratterizzate da un colore nero (**black shales**) indice di presenza di materiale organico che si è conservato a causa della asfitticità dell'ambiente di deposizione, per esempio in alcuni laghi o mari chiusi con scarsa circolazione e scarso ricambio di acqua e quindi assenza di ossigenazione in prossimità del fondo. Queste condizioni di sedimentazione si ritrovano per esempio sui fondali del Mar Nero o del Mar Morto. In molti casi a una frazione argillosa si aggiunge anche una percentuale di carbonato di calcio; se nella roccia sono presenti i due componenti in egual misura, essa prende il nome di **marna**.

Un tipo particolare di rocce clastiche è rappresentato dalle **rocce piroclastiche**, che risultano dalla deposizione e successiva cementazione di materiale eruttato dai vulcani (Unità 3).

2.2 Le rocce organogene

Si formano in seguito all'accumulo di materiali prodotti dall'azione di organismi viventi. Spesso si tratta di scheletri e gusci calcarei o silicei che precipitano sui fondali in seguito alla morte dell'organismo che li ha prodotti; a volte costituiscono edifici prodotti da organismi costruttori, come le scogliere coralline; in altri casi, infine, sono materiali organici che si trasformano nel tempo in combustibili fossili (**SCHEDA 2**). Possiamo distinguere tra **rocce carbonatiche** a prevalente composizione calcarea, **rocce silicee** e **rocce fosfatiche**.

Rocce carbonatiche

I principali organismi che contribuiscono alla formazione di queste rocce sono: bivalvi, gasteropodi, cefalopodi, brachiopodi, crinoidi, foraminiferi per quanto riguarda gli animali invertebrati, alghe e piante acquatiche per quanto riguarda la componente vegetale. Queste rocce si formano prevalentemente in ambiente marino (ma anche in acque dolci) e i frammenti che le compongono possono essere rimaneggiati e sminuzzati fino ad assumere dimensioni molto piccole.

Nelle acque basse tropicali, in prossimità della linea di costa (▶7), si possono generare dei finissimi "tappeti algali", formati da alghe azzurre (cianobatteri) che fissano il carbonato di calcio contenuto nell'acqua costruendo delle strutture a cupola o colonnari chiamate **stromatoliti**. Queste strutture si ritrovano anche come fossili datati a 3 miliardi di anni fa e testimoniano l'esistenza di forme di vita in tempi remotissimi.

Molto diffusi e originari di ambienti marini non molto profondi sono i **calcari organogeni**, sia **bioclastici** (derivati dal trasporto e dall'accumulo di gusci), sia **biocostruiti**, cioè prodotti dall'azione di alghe e molluschi che vivono in stretta associazione

webdoc

Le rocce sedimentarie

Figura 7 Stromatoliti formati da carbonato di calcio depositato dall'azione di alghe azzurre lungo le coste australiane (Shark Bay).

Lo sapevi che...

La montagna del Purgatorio

La Pietra di Bismantova è un'altura dell'Appennino reggiano molto particolare e suggestiva: si presenta infatti come un enorme "scoglio" isolato, con cima piatta e pareti ripide, lungo 1 km, largo 240 metri e alto 300 metri sull'altopiano su cui poggia. La montagna raggiunge così la considerevole altezza complessiva sul livello del mare di 1047 metri. La presenza di molluschi, coralli e denti di pesci, soprattutto di squali, nelle arenarie e calcareniti organogene che la costituiscono è testimonianza della sua origine marina, in ambiente tropicale circa 20 milioni di anni fa (Miocene inferiore/medio). È un tipico esempio di erosione residuale: si tratta cioè di un relitto di una più ampia formazione sedimentaria che, nei dintorni, è stata progressivamente distrutta dai processi erosivi. Viene citata nel canto IV del Purgatorio della *Divina Commedia* di Dante (vv. 25-30); secondo alcuni commentatori il Poeta avrebbe visitato personalmente il luogo nel 1306 mentre si recava da Padova alla Lunigiana e ne avrebbe tratto ispirazione per la descrizione del Monte del Purgatorio.

STORIE DI IERI

Scheda 1 Le Dolomiti: un'antica barriera corallina

A Cortina d'Ampezzo fa bella mostra di sé un monumento al geologo e mineralogista francese Dolomieu (1750-1801), che diede il nome sia al minerale **dolomite**, sia alla catena montuosa di indescrivibile bellezza che si estende tra il Veneto e il Trentino-Alto Adige. L'intera area dolomitica, che è formata da rocce carbonatiche di varia natura e da rocce vulcaniche (▶1), si formò tra i 270 e i 180 milioni di anni fa. Tra i 230 e i 220 milioni di anni fa si formarono estese **barriere coralline** nella zona costiera della parte finale di un golfo, chiamato **Tetide**, che si insinuava nella parte centro-orientale della Pangea. A quell'epoca il clima era tropicale caldo e secco; sui fondali poco profondi al limitare della costa si svilupparono estesi banchi corallini che avrebbero potuto avere un aspetto molto simile a quelli che oggi formano i banchi carbonatici del Mar dei Caraibi, come quelli delle Isole Bahamas, o dell'Oceano Indiano, come quelli delle Isole Maldive (▶2).

Le scogliere coralline si svilupparono soprattutto nell'area delle Dolomiti occidentali, quella più vicina all'antica linea di costa: montagne come lo Sciliar, le Pale di San Martino, la Marmolada, il Latemar, il Sassolungo, il Catinaccio sono ricche di fossili di organismi tipici che testimoniano questa antica origine.

I coralli sono organismi biocostruttori che per proliferare hanno bisogno di acque basse e limpide; la nuova colonia si accresce su quella preesistente formando una stratificazione che porterebbe a una crescita in altezza della scogliera portandola all'emersione. Questo fenomeno viene però scongiurato dalla graduale subsidenza, che compensa l'accrescimento e consente alle nuove colonie di organismi di proliferare nelle stesse condizioni ambientali di quelle che le hanno precedute. In questo modo gli spessori raggiunti sono considerevoli (dai 500 agli 800 metri).

Nei periodi successivi la Pangea si fratturò, il clima cambiò, complessi fenomeni geologici modificarono radicalmente l'area e le scogliere vennero sepolte sotto nuovi strati di sedimenti che si trasformarono poi in roccia coerente. I complessi movimenti di collisione della litosfera continentale europea e africana che formarono la catena alpina portarono alla luce immensi blocchi rocciosi che si accavallarono e si piegarono, accorciando la sequenza originaria dei sedimenti: se potessimo distendere le pieghe, le faglie e gli accavallamenti dell'edificio dolomitico, questo si allungherebbe di circa 20 km in direzione Nord-Sud. Le rocce subirono solo processi di sollevamento ma non di metamorfismo, poiché abbastanza lontane dal margine di collisione continentale tra il continente africano e quello europeo.

Il sollevamento portò all'emersione dell'area: a poco a poco le acque e i ghiacciai asportarono la coltre di sedimenti che le ricopriva, e le scogliere tornarono a rivedere la luce del Sole. Se non si verificheranno nuovi fenomeni di sollevamento, le Dolomiti così come noi le vediamo oggi scompariranno entro "breve" tempo a causa dei fenomeni erosivi: fra qualche milione di anni delle maestose guglie come le Tre Cime di Lavaredo resterà solo una collina ricoperta da vegetazione.

Figura 1 I processi erosivi porteranno in pochi milioni di anni al completo smantellamento delle più famose cime delle Dolomiti: le Tre Cime di Lavaredo.

Figura 2 Banchi corallini nell'arcipelago delle Maldive. Tra i 200 e i 230 milioni di anni fa l'area in cui sorgono le Dolomiti si presentava pressappoco così.

con i coralli delle barriere coralline (▶8). Infatti i coralli sono dei celenterati che vivono in colonie e fissano il loro esoscheletro su una base calcarea formata dai resti di colonie precedenti, con il risultato di accrescere in altezza l'edificio biocostruito.

In mare aperto gli unici resti carbonatici che si possono accumulare sui fondali sono i gusci di foraminiferi (protozoi), organismi che formano lo zooplancton e che quindi vivono e proliferano in acque superficiali. I gusci calcarei, che depositandosi formano i cosiddetti **fanghi carbonatici**, si possono accumulare solo su fondali di profondità inferiore ai 4000-4500 m (*profondità di compensazione dei carbonati*) poiché a profondità maggiori il $CaCO_3$ passa in soluzione. Gli unici resti di organismi che si possono depositare a grande profondità sono quelli silicei che formeranno i **fanghi silicei** sui fondali oceanici.

Durante i processi diagenetici il $CaCO_3$ originario può subire una trasformazione chimica da parte di soluzioni circolanti ricche di Mg. Questo processo prende il nome di **dolomitizzazione**. Si forma in questo modo un carbonato doppio di calcio e magnesio $CaMg(CO_3)_2$ chiamato dolomite; la roccia composta da dolomite prende il nome di **dolomia**. Le Dolomiti prendono il nome dal minerale dolomite e sono interpretate come un insieme di scogliere coralline fossili di circa 200 milioni di anni fa con spessori di 2000-3000 m (▶9).

Le rocce silicee

Sono formate da resti di organismi a guscio siliceo (SiO_2), come i radiolari (protozoi-zooplancton) e le diatomee (protozoi fotosintetici-fitoplancton), oppure da accumuli di aghi silicei costituenti l'impalcatura rigida interna di alcune spugne. Le rocce silicee prendono il nome di **selci**. Se dall'analisi di una sezione sottile riconosciamo resti di questi organismi si può parlare di **radiolariti**, **diatomiti**, **spongoliti**.

Le rocce fosfatiche

Meritano un cenno le rocce chiamate **fosforiti** (ricche di fosfato di Ca) formate da scheletri di vertebrati o da escrementi di uccelli marini. In particolare, sulle coste del Perú e del Cile settentrionale l'accumulo di questi escrementi è così significativo (i depositi raggiungono uno spessore di 50 m) che le rocce vengono sfruttate per la produzione di concimi e fertilizzanti per l'attività agricola. In particolare il **guano** del Perú, che è il più pregiato, è una fosforite che contiene il 5-15% di azoto organico, il 5-14% di acido fosforico e il 2% di potassio.

2.3 Le rocce di origine chimica

Queste rocce si originano in seguito a processi chimici. Il più diffuso è quello di precipitazione di sali in soluzione acquosa: può avvenire a causa del cambiamento delle condizioni ambientali in cui si viene a trovare la soluzione, oppure perché le soluzioni sono sature o sovrasature. La precipitazione di sali si può riscontrare in prossimità delle foci dei fiumi, dove si incontrano acque dolci e acque salate: gli ioni disciolti nelle acque dei fiumi che vengono a contatto con altri ioni formano sali non solubili, che precipitano.

La precipitazione può inoltre essere condizionata dalla temperatura. In ambiente continentale, in prossimità di sorgenti, cascate o grotte carsiche

Figura 8 Calcare biocostruito formato da resti di coralli coloniali. Si distingue poiché i resti fossili mantengono la struttura originaria.

Figura 9 Le antiche scogliere coralline possono venire alla luce e formare massicci imponenti come la parete della Roda di Vael, nel gruppo del Catinaccio (Dolomiti).

Figura 10 Stalattiti e stalagmiti nelle grotte di Toirano, in provincia di Savona.

si verificano cambiamenti repentini di temperatura e pressione, oppure condizioni di forte agitazione meccanica che possono provocare la precipitazione di $CaCO_3$ da soluzioni sovrasature, con formazione di **travertino**, **alabastro**, **stalattiti** e **stalagmiti** (▶10).

Se la precipitazione è causata dall'evaporazione del solvente si originano le **evaporiti**. Sono rocce che si formano in zone soggette a forte evaporazione in cui vi è la presenza di bacini acquei più o meno estesi e poco alimentati, come il Mar Rosso, il Mediterraneo orientale, il Mar Morto e il Mar Caspio.

I primi sali a precipitare sono quelli meno solubili e quelli per i quali si raggiunge una concentrazione vicina alla saturazione. Una tipica successione evaporitica è composta, dal basso verso l'alto, da: calcite e dolomite, gesso ($CaSO_4 \cdot 2H_2O$), anidrite ($CaSO_4$), salgemma (NaCl), silvite (KCl) e carnallite ($MgCl_2$).

In Italia vi sono moltissime rocce evaporitiche affioranti in Sicilia, in Emilia-Romagna, nelle Marche e in Abruzzo (**formazione gessoso-solfifera**) (▶11).

Queste rocce si sono formate circa 6-7 milioni di anni fa a causa della chiusura dello Stretto di Gibilterra che ha isolato il Mediterraneo dall'Oceano Atlantico, facendo cessare il ricambio di acqua. Buona parte dell'acqua evaporò e il Mediterraneo si prosciugò parzialmente per via dei limitati apporti di acqua dolce dai fiumi e della scarsità delle precipitazioni. Con il sollevamento della catena appenninica le evaporiti vennero alla luce, affiorando in più punti lungo la penisola.

Le **rocce residuali** sono costituite da ossidi o idrossidi di Fe e Al, che sono tra i materiali più resistenti all'azione chimica delle acque dilavanti e meteoriche. Si formano essenzialmente in zone tropicali con intense precipitazioni. Quando nei terreni sono presenti contemporaneamente ossidi e idrossidi di Fe e Al, le rocce vengono chiamate **lateriti**. Quando l'alterazione è più accentuata, vengono dilavati anche gli ossidi e gli idrossidi di Fe: la roccia residuale risulterà formata solo da ossidi e idrossidi di Al e prende il nome di **bauxite** (dalla località di Les Baux in Provenza). Le bauxiti sono le rocce più importanti da cui si estrae l'alluminio. Il processo di dilavamento delle acque meteoriche è accentuato dal fenomeno delle piogge acide (pH 3-4) che hanno più capacità corrosiva e quindi sono in grado di asportare materiale anche poco solubile.

Figura 11 Luoghi di affioramento della "formazione gessoso-solfifera".

Lo sapevi che...

Sale: marino o fossile?
Il cloruro di sodio è il sale che si utilizza normalmente in cucina. In antichità il sale veniva utilizzato come moneta di scambio e di pagamento, da cui il termine "salario". Viene prodotto in stabilimenti detti saline che sfruttano l'evaporazione dell'acqua di mare, che viene raccolta in vasche impermeabilizzate di grande estensione e bassa profondità (in Italia a Trapani e a Santa Margherita di Savoia). Questo tipo di sale deve essere raffinato, cioè depurato dalla presenza di altri sali normalmente presenti nell'acqua di mare, prima di essere messo in commercio. Esistono anche giacimenti di cloruro di sodio (salgemma) depositati sui fondali di antichi mari, e ora ricoperti da strati di rocce sedimentarie. In Italia i depositi di salgemma "fossile" da cui si estrae il sale in miniera si trovano a Petralia in Sicilia (dove si ottiene cloruro di sodio al 99,8%, che non ha bisogno di essere raffinato), in Val di Cecina, in Toscana, e in Val d'Agri in Basilicata. Alcune tra le più antiche miniere di salgemma europee, sfruttate fin dai tempi dei Romani, si trovano a Salisburgo (letteralmente "borgo del sale"), in Austria.

Facciamo il punto

5 Come vengono classificate le rocce sedimentarie?

6 In base a quali criteri vengono classificate le rocce clastiche?

7 Qual è la differenza tra calcari bioclastici e biocostruiti?

8 Che cosa sono le selci?

9 Che cosa sono le evaporiti?

Rocce sedimentarie ed elementi di stratigrafia **Unità 4**

Scheda 2 | I combustibili fossili

I combustibili fossili vengono classificati come rocce sedimentarie organogene, perché si originano dall'accumulo di resti di organismi viventi. Mentre però le rocce carbonatiche e silicee sono costituite da materiale inorganico, carbone e petrolio mantengono una componente organica. Dopo la morte degli organismi di solito si assiste a una rapida decomposizione (putrefazione) del materiale organico, per l'azione dell'ossigeno dell'aria o di quello disciolto nell'acqua. In taluni casi ciò può non accadere, poiché i resti vengono subito ricoperti da materiale sedimentario argilloso, e quindi impermeabile, che li sottrae all'azione dell'ossigeno. In questo modo il materiale organico si conserva, si trasforma e in tempi molto lunghi può dare origine ai carboni fossili e ai giacimenti di idrocarburi.

I **carboni fossili** sono originati da una lenta trasformazione di resti di origine vegetale, provocata dall'azione di batteri anaerobi su fondali salmastri come lagune litorali, paludi, laghi ecc. Con il passare del tempo si assiste a un progressivo arricchimento indiretto in carbonio (che in condizioni aerobiche si legherebbe con l'ossigeno a dare biossido di carbonio) dovuto alla "perdita" di altri elementi costituenti il materiale organico, principalmente ossigeno e idrogeno (▶1).

I carboni vengono classificati in base all'età e quindi al contenuto in carbonio da cui dipende il potere calorifico. Il carbone di recente formazione, in cui il processo di carbonizzazione è ancora in corso, si chiama **torba**: si origina in centinaia o migliaia di anni in zone paludose, contiene circa il 60-65% di carbonio e ha un basso potere calorifico (3500 calorie per kg); viene utilizzata prevalentemente per riscaldamento domestico. Carbone più ricco di carbonio è la **lignite** che risale all'era Terziaria, contiene fino al 70% di carbonio e sviluppa circa 5000 calorie per kg; viene utilizzata per riscaldamento e come combustibile per le centrali termoelettriche. Il **litantrace** contiene circa l'85% di carbonio e sviluppa un potere calorifico di 7000 calorie per kg.

L'**antracite** è il carbon fossile più antico; contiene fino al 95% di carbonio e produce circa 9000 calorie per kg. Antracite e litantrace vengono usati nell'industria, negli altiforni e vengono distillati per produrre molte materie prime dell'industria chimica. I maggiori giacimenti risalgono al periodo Carbonifero (300 milioni di anni fa) nell'era Paleozoica; si sono formati in zone tropicali in cui proliferavano felci arboree (ora estinte) che raggiungevano altezze di qualche decina di metri.

Il **petrolio** è composto da una miscela di idrocarburi che si formano in seguito alla decomposizione di sostanze organiche (sia animali sia vegetali) depositate su fondali marini a opera di batteri anaerobi. Queste sostanze decomposte più leggere dell'acqua tendono a migrare verso l'alto attraverso pori e fessure fino a quando la loro risalita viene ostacolata da uno strato impermeabile ("trappola stratigrafica") che ne provoca l'accumulo, generando così un giacimento. Se non si formassero delle strutture che intrappolano gli idrocarburi in profondità essi si disperderebbero senza formare alcun giacimento. La roccia in cui si accumula il petrolio deve essere porosa e viene chiamata "roccia serbatoio" (▶2).

All'interno di un giacimento gli idrocarburi si stratificano a seconda della densità: nelle zone più elevate, a diretto contatto con la roccia impermeabile sovrastante, si trovano gli idrocarburi gassosi come il metano; nella zona intermedia si trovano gli idrocarburi liquidi; nella zona sottostante si trova acqua, in genere salata, intrappolata nei pori dei sedimenti assieme ai resti organici. In genere, quando si scava un pozzo per l'estrazione, il petrolio sgorga naturalmente in superficie poiché è soggetto alla pressione litostatica. I giacimenti di petrolio si trovano in rocce sedimentarie, non sottoposte a metamorfismo, di origine marina, piuttosto recenti in quanto risalgono all'era Cenozoica.

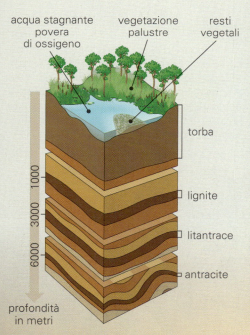

Figura 1 Nella figura sono schematizzate le principali fasi della formazione del carbon fossile. Con il passare del tempo si assiste a un progressivo aumento del contenuto in carbonio e della profondità a cui possiamo trovare i depositi di carbone.

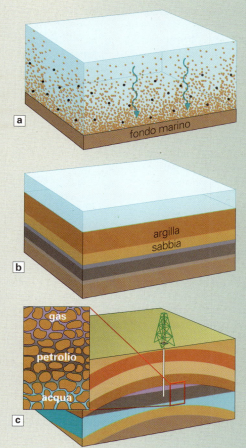

Figura 2 a) Sostanze organiche e sedimenti sabbiosi si depositano sul fondale.
b) Uno strato argilloso ricopre lo strato di sabbia in cui si forma il petrolio.
c) La successione sedimentaria viene piegata. Gas, petrolio e acqua si stratificano in base alla loro densità nello strato di sabbia diventato arenaria.

IN ITALIA

Scheda 3 — Uso delle rocce sedimentarie in edilizia

Le rocce sedimentarie **coerenti** vengono utilizzate prevalentemente come pietra da costruzione in molte regioni italiane. Possono essere distinti alcuni tipi commerciali: i *conglomerati* e le *arenarie*, i "*marmi*" (in realtà calcari), i *tufi vulcanici*, le *rocce argillose*.

Le **arenarie** sono state largamente utilizzate nell'edilizia: le caratteristiche che ne fanno un materiale pregiato sono, oltre il colore, l'uniformità delle dimensioni dei clasti, l'assenza di frazioni argillose o siltose e di ciottoli, la presenza di cemento siliceo, che le rendono più resistenti e meno soggette ad alterazioni. Ancora oggi, ma in misura minore che nel passato, le arenarie vengono utilizzate per cornicioni, parapetti e rivestimenti.

Anche i **conglomerati** sono stati usati spesso per la costruzione di edifici: ad esempio il Castello Visconteo di Trezzo sull'Adda è stato costruito interamente con una pietra molto diffusa in tutta l'alta pianura lombarda, e in particolar modo lungo l'Adda, dove forma degli speroni rocciosi di notevole dimensione, che prende il nome di "Ceppo Lombardo". Nel periodo napoleonico parte della costruzione è stata smantellata, in quanto i blocchi di conglomerato sono stati trasportati a Milano e utilizzati per la costruzione dell'Arena Civica.

Tra i "**marmi**" (con il termine commerciale "marmo" vengono indicate sia rocce sedimentarie sia metamorfiche di composizione calcarea) ricordiamo il Botticino (dal nome della località a Est di Brescia dove viene cavato), un calcare a grana fine, compatto, di colore variabile dal bianco-avorio al beige, utilizzato per la costruzione di numerosi monumenti nella città di Brescia. Un altro calcare con una tipica colorazione rossa e ricco di fossili (ammoniti) è il Rosso Ammonitico Veronese della bassa Val d'Adige che viene usato per pavimentazioni. La presenza di fossili gli conferisce un pregio particolare perché sulla superficie lucidata si delineano disegni e forme particolari a seconda del taglio che viene effettuato. Un "marmo" di origine chimica molto utilizzato nell'Italia centro-meridionale è il **travertino**. In genere presenta colore bianco o beige, più raramente rosso, e una struttura a bande compatte alternate a bande porose con disegni bizzarri provocati da incrostazioni di muschi o piante. Il Lazio è certamente la regione più nota al mondo per i suoi travertini, in particolare la zona del basso Aniene nelle vicinanze di Tivoli, località da cui deriva il nome della roccia (dal latino *lapis tiburtinus*, "pietra di Tivoli"); inoltre vengono cavati anche nei dintorni del Lago di Bolsena (Monti Vulsini) e nella Maremma laziale in provincia di Viterbo. Il travertino è stato utilizzato per la costruzione di numerosi monumenti di Roma come il Colosseo (▶1) e la Basilica di San Pietro. Molte rocce sedimentarie calcaree o marnose sono la materia prima che viene utilizzata per la produzione di cemento.

I **tufi** vengono utilizzati e cavati nelle stesse zone dei travertini. Sono pietre leggere, solide e molto facili da lavorare. Nei dintorni di Roma si usarono e si continuano a usare i tufi che provengono dalle emissioni vulcaniche dei Colli Albani e dei Monti Sabatini. Il tufo veniva estratto anche in città e molte cave di questo materiale furono trasformate in catacombe. Anche in Campania è stato utilizzato il tufo fin da tempi remoti; il più famoso è il "Tufo Piperoide", di colore grigio in cui sono visibili delle strutture scure vetrose a fiamma, che viene cavato nei Campi Flegrei, vicino a Napoli.

Fra le rocce sedimentarie **incoerenti** ricordiamo l'utilizzo della **ghiaia** e della **sabbia**, che vengono cavate principalmente dagli alvei fluviali per la preparazione del calcestruzzo e per la costruzione di sottofondi stradali e opere di drenaggio in genere.

Le **argille** vengono impiegate per la produzione di laterizi e ceramiche. Vengono utilizzati minerali plastici componenti le argille, come il caolino, miscelati a minerali non plastici come il feldspato, il talco, gli ossidi di Fe e la bauxite. Il tipo di prodotto dipende dalla composizione dell'impasto iniziale che viene lavorato a freddo e indurito ad alta temperatura (**TABELLA 1**).

TABELLA 1 — Principali prodotti ceramici

Nome del prodotto	Composizione dell'impasto	Temperatura di cottura in °C	Utilizzo
Tegole e laterizi	Argille di vario tipo e qualità	800-1000	Edilizia
Terraglia tenera per vasellame	Argille comuni contenenti ossidi di ferro e calcare	800-1000	Vasi e stoviglie
Maiolica	Argilla comune trattata con il 10-30% di sbiancante	800-900	Piatti e piastrelle decorative
Faenza	Argilla affinata con aggiunta di calcare	800-900	Vasi, piatti decorativi, piastrelle per pavimento
Terraglia bianca e terraglia forte	Argille bianche e caolini (50%) con quarzo, feldspato, calcari (50%)	1100-1300	Piatti comuni
Porcellana inglese o porcellana tenera	50-60% di cenere d'ossa, 15-20% di quarzo e feldspato in miscela, 15-30% di caolino	1240-1280	Stoviglie di pregio

Figura 1 Il travertino fu utilizzato per la costruzione del Colosseo a Roma.

3 Elementi di stratigrafia

La **stratigrafia** è il settore della geologia che si occupa dello studio delle rocce sedimentarie.

Chiunque abbia osservato le imponenti masse rocciose delle Prealpi o delle Dolomiti avrà notato che la caratteristica fondamentale della maggior parte delle rocce sedimentarie è la disposizione in strati.

Lo **strato** infatti è l'"unità deposizionale" fondamentale delle rocce sedimentarie: è costituito da materiale roccioso relativamente omogeneo, perché si forma in un ben definito intervallo di tempo e in condizioni di sedimentazione costanti, cioè in un "singolo evento deposizionale". Uno strato è caratterizzato da uno spessore (**potenza**) variabile ed è delimitato da superfici di solito parallele (**piani di stratificazione**).

Gli studi stratigrafici hanno lo scopo di determinare la composizione rocciosa dello strato sedimentario e i suoi rapporti con le rocce adiacenti in base alle sue dimensioni e alla sua orientazione nello spazio (**giacitura**). Inoltre, vista la stretta correlazione che esiste tra i diversi tipi di rocce e i loro ambienti di formazione, i geologi riescono a ricostruire con buona precisione la storia geologica di vaste aree della crosta terrestre (**paleogeografia**).

Due princìpi di stratigrafia molto semplici, che hanno un'importanza fondamentale per il geologo, sono stati enunciati da Nicolò Stenone nel 1669 durante i suoi studi sulla geologia della Toscana: la "*legge dell'orizzontalità originaria degli strati*" e la "*legge di sovrapposizione*".

➔ **Legge dell'orizzontalità originaria degli strati**: questa legge prevede che in ambiente subacqueo i sedimenti si depositino in strati orizzontali o paralleli alla superficie sulla quale si vanno depositando: se ci troviamo infatti in ambiente deltizio dove il fiume sfocia nel mare aperto, oppure ai margini di scarpate, gli strati non si disporranno orizzontalmente, ma saranno comunque paralleli alla superficie su cui si depositano (▶12).

➔ **Legge di sovrapposizione**: essa stabilisce che, in una successione **normale** di strati, lo strato sottostante è più antico dello strato sovrastante.
Questo principio è valido se la successione di strati non è stata rovesciata a causa dei movimenti della crosta terrestre: la successione in questo caso è detta **inversa** (▶13).

Queste due leggi introducono in geologia il concetto di tempo: il succedersi degli strati sedimentari registra i cambiamenti ambientali che si sono verificati in una determinata zona in tempi successivi.

Gli strati rocciosi possono anche essere datati in base al principio di sovrapposizione, che consente però di stabilire solamente quale sia lo strato più vecchio e quale il più recente. Questo metodo per stabilire l'età di una roccia fa affidamento anche all'eventuale presenza di fossili nella successione di strati e viene chiamato **datazione relativa**.

Con i metodi di **datazione assoluta**, che si basano sull'utilizzo di alcuni isotopi radioattivi, gli scienziati riescono a stabilire l'età precisa della roccia, con margini di errore trascurabili in relazione alla durata dei tempi geologici.

Un terzo principio della stratigrafia, enunciato alla fine dell'Ottocento, è la legge di Walther, dal nome del geologo Johannes Walther.

➔ **Legge di Walther**: stabilisce che in una successione stratigrafica possono trovarsi sovrapposti, in continuità di sedimentazione, solamente strati rocciosi che si formano attualmente in ambienti confinanti.

Questo principio ci fa capire che se nella sedimentazione non ci sono state rilevanti interruzioni, i caratteri delle rocce variano gradualmente sia in senso

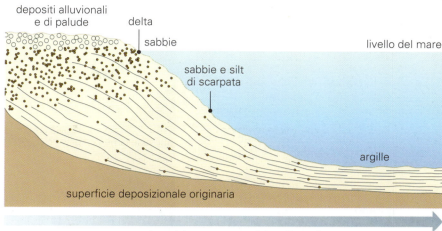

Figura 12 Gli strati in prossimità del delta di un fiume si depositano parallelamente alla superficie deposizionale preesistente e non "orizzontalmente".

Figura 13 Se gli strati di una successione stratigrafica sono stati piegati è possibile riconoscere sequenze inverse.

QUALCOSA IN PIÙ

Scheda 4 — Dalle strutture sedimentarie agli ambienti di sedimentazione

Gli ambienti sedimentari in cui sono avvenuti il trasporto e la sedimentazione dei clasti vengono individuati a partire dall'analisi di quelle caratteristiche particolari di un deposito sedimentario che i geologi definiscono strutture sedimentarie.

Ne è un esempio la **classazione**: all'interno di uno strato sedimentario i singoli clasti possono essere tutti delle stesse dimensioni (**sedimento classato**) oppure essere di dimensioni varie, mescolati caoticamente (**sedimento non classato**). Sono mal classati i detriti derivanti da una frana o depositati da un ghiacciaio, mentre sono ben classati i sedimenti depositati dal vento e dall'acqua dei fiumi, poiché questi trasportano e depositano particelle di dimensioni differenti a seconda della loro velocità.

Un altro esempio è quello della **sedimentazione gradata** (o **gradazione**) (▶1): all'interno di uno strato i sedimenti possono presentarsi ordinati verticalmente in base alla loro *granulometria*; di norma si ha una progressiva diminuzione delle dimensioni dei granuli dalla base alla sommità dello strato. La gradazione avviene quasi esclusivamente in acque marine o lacustri tranquille, in particolare quando in esse sfocia un fiume ricco di detriti: i sedimenti più grossolani si depositano per primi mentre quelli fini rimangono in sospensione più a lungo; pure le torbiditi che si accumulano alla base delle scarpate continentali presentano una tipica gradazione.

Informazioni importanti si possono ricavare dalle caratteristiche della stratificazione: se la deposizione avviene in un ambiente che mantiene caratteristiche costanti (come, per esempio, la direzione del flusso delle acque di un fiume), gli strati di norma sono paralleli tra loro (**stratificazione parallela**); se invece l'agente di trasporto modifica spesso la sua direzione può dare origine a una **stratificazione incrociata**, in cui i piani di stratificazione sono obliqui e incrociati tra loro (▶2): capita nelle dune sabbiose deposte dal vento e nei sedimenti deposti dalle correnti marine. Strutture molto diffuse nelle arenarie sono i **ripple marks**, piccole increspature presenti sulla superficie dello strato che possono essere prodotte dall'azione del vento (sulle dune), dal moto ondoso e da correnti marine (sui fondali). Possono essere simmetrici o asimmetrici (▶3).

Nei sedimenti argillosi o limosi possiamo trovare i **mud cracks**: sono fessurazioni di forma poligonale derivanti dall'essiccazione del fango, che vengono spesso riempite da materiale di diversa origine (▶4).

Da ultimo citiamo le **bioturbazioni**, tracce lasciate da organismi che vivevano in prossimità della superficie del sedimento stesso (impronte, solchi, gallerie ecc.): forniscono informazioni sulle forme di vita presenti in un ambiente deposizionale.

Figura 4 I mud cracks sono strutture poligonali che si formano a causa della contrazione di sedimenti argillosi dovuta alla intensa disidratazione.

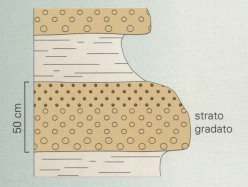

Figura 1 In uno strato gradato si può riconoscere una variazione regolare di granulometria.

Figura 2 Sedimenti con stratificazione incrociata che testimoniano l'azione del vento o delle correnti di marea.

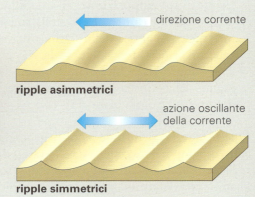

Figura 3 Il moto ondoso può generare sulla sabbia del fondale strutture simmetriche o asimmetriche chiamate ripple marks.

verticale sia in orizzontale esprimendo la variazione delle condizioni ambientali nel tempo e nello spazio. L'ambiente di mare profondo, per esempio, raramente è adiacente all'ambiente continentale; in una successione di strati, quindi, troveremo interposti tra gli strati depositatisi in questi due ambienti, strati caratteristici di un ambiente di transizione come l'ambiente deltizio, lagunare o litoraneo di mare poco profondo.

Gli strati di rocce sedimentarie affioranti possono essere orizzontali, verticali oppure variamente inclinati, piegati o fratturati a testimonianza delle notevoli deformazioni a cui sono andati incontro durante la loro storia geologica. La branca della geologia che studia le deformazioni delle rocce è la **geologia strutturale** o **tettonica**.

Figura 14 Utilizzando una bussola si possono ricavare i parametri che definiscono la giacitura di uno strato roccioso: l'immersione, l'inclinazione e la direzione.

Facciamo il punto

10 Che cos'è uno strato?

11 Che cosa afferma la legge della sovrapposizione?

12 Che cosa afferma la legge di Walther?

3.1 Il rilevamento geologico

Per gli studi stratigrafici è molto importante il lavoro sul terreno effettuato dal geologo: il rilevamento geologico. Lo scopo del rilevamento è la rappresentazione su una carta topografica degli affioramenti degli strati rocciosi, cioè la produzione di una **carta geologica**. Oltre ad analizzare e a descrivere il tipo di rocce presenti (di cui si devono prelevare campioni da analizzare in laboratorio) si disegna l'andamento degli strati sedimentari su una cartina topografica, distinguendoli con diversi colori, in modo tale da poterne seguire l'andamento anche su grandi aree. I diversi tipi di rocce sono inoltre rappresentati con simboli diversi.

Con l'aiuto di una bussola, viene misurata e rappresentata in carta, con adeguata simbologia, la **giacitura** degli strati sedimentari che, a seconda della loro inclinazione, possono intersecare in vario modo la superficie topografica. La giacitura di uno strato è definita dall'immersione, dall'inclinazione e dalla direzione.

L'**immersione** è la direzione verso la quale immerge lo strato. Viene misurata usando una bussola e viene espressa in gradi misurando l'angolo orario (azimut) compreso tra il Nord e la direzione di massima pendenza dello strato.

L'**inclinazione** è l'angolo che lo strato forma con il piano orizzontale; si misura con il clinometro, che consiste in un ago supplementare incorporato nella bussola da geologo.

La **direzione** è una linea perpendicolare all'immersione e giace sul piano di stratificazione.

Quando la giacitura è stata individuata con precisione, il geologo può fare delle ipotesi "a tavolino" sull'andamento degli strati nel sottosuolo e sulla loro estensione (▶14): è un lavoro di interpretazione che porta a individuare l'ubicazione di strati rocciosi e i limiti tra le formazioni rocciose anche nei luoghi in cui non abbiamo evidenza diretta della loro presenza.

L'estensione laterale degli strati sedimentari si può seguire per tratti molto ampi solo nelle zone di alta montagna, per esempio sulle Dolomiti; spesso però la copertura detritica e la vegetazione li sottraggono alla nostra vista. Gli stessi strati possono affiorare di nuovo anche a molta distanza dal luogo in cui sono nascosti. Il geologo può riconoscere uno stesso strato anche a chilometri di distanza in base alla litologia, alla presenza di fossili e alla giacitura (▶15).

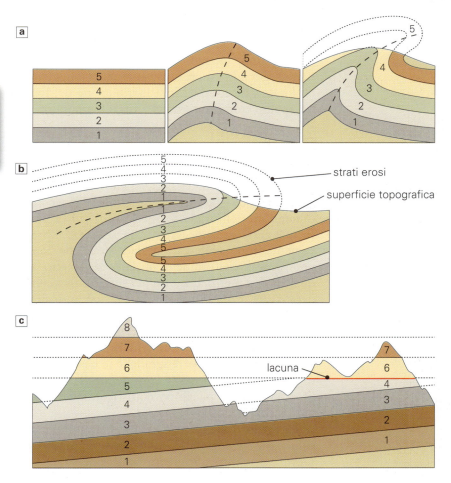

Figura 15 a) In una successione normale di strati sedimentari lo strato più antico è sempre sottostante a quelli più recenti. **b)** In una successione piegata le serie di strati possono essere invertite rispetto alla posizione originaria di sedimentazione. **c)** La lacuna stratigrafica si forma quando uno strato della successione viene a mancare: essa può essere evidenziata da correlazioni stratigrafiche.

Di solito la scala delle carte topografiche utilizzate nel rilevamento geologico non permette di rappresentare i singoli strati se non in casi eccezionali. Il geologo sceglie quindi, a seconda del tipo di studi che deve effettuare in una determinata zona, di raggruppare più strati (detti **unità stratigrafiche**) e di cartografarli con un unico colore e simbologia.

Normalmente quando si comincia a studiare una determinata zona si dispone già di una classificazione delle unità stratigrafiche presenti, effettuata dai geologi che hanno studiato la zona precedentemente. Il geologo può decidere se acquisire e ritenere valide queste unità, oppure rigettarle e operare nuovi raggruppamenti.

Il raggruppamento di più strati può essere effettuato seguendo criteri litostratigrafici (somiglianza litologica), biostratigrafici (distribuzione dei fossili), oppure cronostratigrafici (criteri temporali).

3.2 Unità litostratigrafiche

Il singolo strato della successione sedimentaria, cioè la singola unità deposizionale, può avere uno spessore poco significativo se confrontato con le dimensioni dell'ammasso roccioso di cui fa parte. In una carta geologica alla scala 1:25 000 è praticamente impossibile cartografare strati che hanno uno spessore dell'ordine di qualche centimetro o di qualche decimetro. È molto più significativo considerare una **unità litostratigrafica**, cioè un insieme di più strati, anche litologicamente diversi tra loro, ma che possono essere con certezza correlati a un determinato ambiente sedimentario. Vengono definite diverse unità litostratigrafiche in base all'ordine di grandezza che si vuole considerare. Tra le unità litostratigrafiche più importanti ricordiamo la *formazione* e l'*orizzonte-guida*.

La **formazione** è l'unità che viene rappresentata sulle carte geologiche d'Italia alla scala 1:100 000. Deve essere litologicamente uniforme (anche se non accade mai che gli strati componenti siano composti da un solo tipo di roccia), distinguibile dalle formazioni adiacenti e sufficientemente estesa da poter essere cartografata. Il passaggio laterale da una formazione all'altra (detto **eteropia**) può essere sfumato o presentare caratteristiche interdigitazioni (▶16).

L'**orizzonte-guida**, sebbene sia un'unità litostratigrafica di piccolo spessore, è molto importante poiché ha una notevole estensione laterale: queste sue caratteristiche permettono al geologo di riconoscerlo con facilità e di effettuare correlazioni che consentono di capire la geometria degli strati sedimentari anche all'interno della crosta terrestre.

3.3 Unità biostratigrafiche

L'unità biostratigrafica è un insieme di strati definito in base alla presenza di fossili. La distribuzione di fossili negli strati rocciosi è sicuramente significativa se questi sono contemporanei alla sedimentazione (**fossili autoctoni**), poiché forniscono indicazioni precise sul tipo di ambiente sedimentario. In altri casi il ritrovamento dei fossili non è significativo in quanto è possibile che essi si siano originati in altre zone, prima della loro cementazione all'interno della roccia (**fossili alloctoni**), oppure perché si tratta di fossili, erosi da strati di rocce più vecchie, che vengono ridepositi e ricementati in sedimenti più giovani (**fossili rimaneggiati**).

L'unità biostratigrafica fondamentale è la **biozona** (o zona biostratigrafica), che viene definita in base al fossile o all'associazione di fossili presente. Particolare importanza rivestono i resti di organismi che si sono evoluti rapidamente e che si sono estinti altrettanto rapidamente in modo tale da poter essere attribuiti a un periodo preciso della storia geologica. I fossili con queste caratteristiche vengono definiti **fossili guida**.

Possiamo pertanto affermare che due strati sedimentari che si trovano in due zone diverse ma contengono gli stessi fossili guida si sono depositati nello stesso periodo geologico (▶17, alla pagina seguente).

Siamo in questo modo in grado di individuare delle corrispondenze temporali (**correlazioni**) tra rocce affioranti in diverse località. Tra i fossili guida più importanti citiamo i *trilobiti* (Paleozoico), le *ammoniti* (Mesozoico), i *nummuliti* (Cenozoico).

Figura 16 Le formazioni A e B sono tra loro eteropiche. Il passaggio laterale tra una formazione e l'altra è indice di una sedimentazione contemporanea.

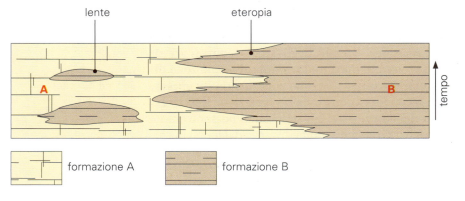

Facciamo il punto

13 Come si misura la giacitura di uno strato?

14 Che cosa sono le unità stratigrafiche?

15 Come si definisce l'unita litostratigrafica?

16 Che cosa si intende con il termine "orizzonte-guida"?

17 Che cos'è la biozona?

18 Che cosa sono i fossili guida?

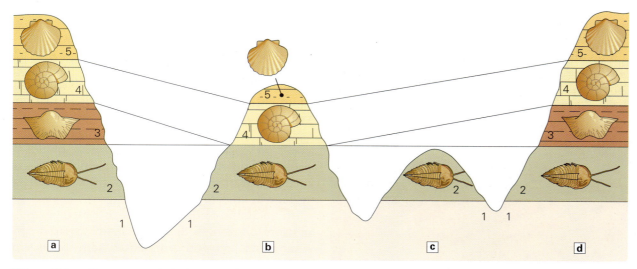

Figura 17 Per effettuare correlazioni stratigrafiche tra rocce affioranti in zone diverse si utilizzano (se presenti) i fossili. Strati che contengono gli stessi fossili guida sono coevi. Nella località (**a**) e (**d**) la successione degli strati è completa. Nella località (**b**) c'è una lacuna tra lo strato 2 e lo strato 4. Nella località (**c**) l'erosione ha asportato alcuni strati.

3.4 Unità cronostratigrafiche

Attraverso la correlazione tra unità lito o biostratigrafiche di diverse zone della Terra si è ricostruita una successione degli avvenimenti geologici, che sono stati ordinati in una **scala geocronologica** (**TABELLA 2**).

Un'*unità geocronologica* corrisponde a un intervallo di tempo delimitato da avvenimenti particolari della storia biologica o geologica del nostro pianeta. A ciascuna unità geocronologica corrisponde una serie di rocce che si sono formate nello stesso intervallo di tempo, cioè una *unità cronostratigrafica*. L'**unità cronostratigrafica** è quindi un corpo roccioso che possiede una precisa collocazione nel tempo geologico.

La storia della Terra è stata divisa in diverse categorie di unità geocronologiche: gli intervalli di tempo più grandi vengono chiamati **eoni**; questi sono suddivisi in **ere**, le ere in **periodi**, i periodi in **epoche** e le epoche in **età**.

Facciamo il punto

18 Come si definisce l'unità cronostratigrafica?

TABELLA 2 Scala geocronologica

Eone	Era	Periodo	Milioni di anni
fanerozoico	terziaria o cenozoico	olocene	
			0,01
		pleistocene	
			1,8
		pliocene	
			5
		miocene	
			23
		oligocene	
			37,5
		eocene	
			53,5
		paleocene	
			65
	secondaria o mesozoico	cretaceo	
			130
		giurassico	
			204
		triassico	
			245
	primario o paleozoico	permiano	
			290
		carbonifero	
			360
		devoniano	
			400
		siluriano	
			418
		ordoviciano	
			495
		cambriano	
			570
criptozoico	precambriano o archeozoico	proterozoico	
			2500
		archeano	
			4600

3.5 Discontinuità stratigrafiche

All'interno di una formazione stratigrafica non sempre il processo di accumulo sedimentario in un determinato ambiente deposizionale è interpretabile come continuo: è molto probabile che durante il processo si verifichino delle interruzioni della sedimentazione.

Si definisce **lacuna** una mancanza di strati sedimentari, all'interno di una serie, riferibili a un determinato intervallo di tempo.

La lacuna può rivelare una mancata sedimentazione oppure l'asportazione di strati a causa di fenomeni erosivi. Essa è evidenziata dalla presenza di una discontinuità che separa la formazione che si trova sopra la lacuna (che testimonia la ripresa della sedimentazione) da quella che si trova sotto. In genere in ambienti subacquei prevale la sedimentazione, mentre in ambienti subaerei prevalgono fenomeni erosivi che molto spesso possono formare una lacuna.

Le discontinuità vengono chiamate **discordanze** e possono essere di due tipi: se al di sotto della discontinuità gli strati hanno un'inclinazione di-

Sezione C   Le rocce e i processi litogenetici

Figura 18 In una discordanza angolare si ha una brusca variazione della giacitura degli strati: inclinati al di sotto e orizzontali al di sopra.

versa da quelli sovrastanti si parla di **discordanza angolare** (▶18); se gli strati sottostanti la discontinuità hanno la stessa inclinazione di quelli sovrastanti, e quindi testimoniano movimenti verticali, si parla di **disconformità**, più difficile da individuare, ma riconoscibile per la presenza di un paleosuolo oppure per un cambiamento dei fossili o della litologia (▶19).

Facciamo il punto
20 Quanti tipi di discontinuità vengono descritti?

3.6 Cicli sedimentari

Con il termine **facies** (dal latino "aspetto") i geologi indicano le caratteristiche litologiche e paleontologiche di una roccia che dipendono dall'ambiente di formazione (continentale, di transizione, marino, vedi **SCHEDA 5**).

Individuare i caratteri litologici e paleontologici e la presenza di discontinuità permette quindi ai geologi di ricostruire l'alternanza di ambienti sedimentari che si sono succeduti in una determinata regione in un dato periodo di tempo.

In un ambiente di transizione, per esempio, migrazioni orizzontali di tipi litologici appartenenti a differenti ambienti sedimentari sono provocate dall'alternarsi di periodi in cui le terre emerse vengono invase dalle acque, con periodi in cui le stesse terre sono interessate da un progressivo ritiro delle acque.

Nel primo caso si parla di **trasgressione**, nel secondo di **regressione** (▶20).

Durante la trasgressione si assiste a una migrazione verso la terraferma delle facies marine che vanno a ricoprire facies continentali. Durante la regressione la linea di costa e le facies marine si spostano progressivamente verso il mare e le terre che emergono vengono sottoposte a erosione in ambiente subaereo, con conseguente formazione di una discontinuità. In una successione verticale riferita a una zona interessata da trasgressione e re-

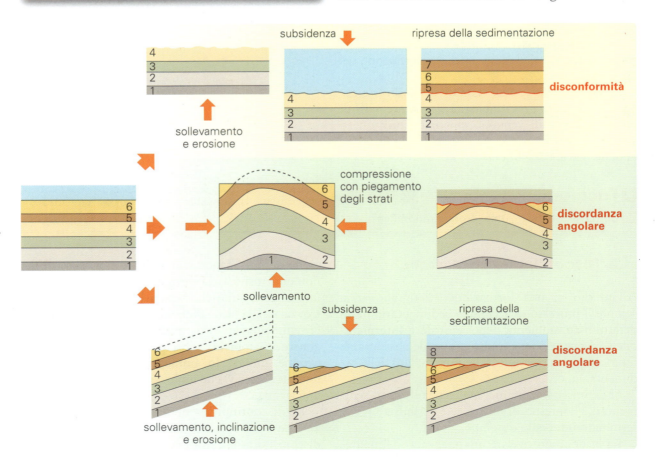

Figura 19 Esempi di discordanze stratigrafiche: in modo schematico viene rappresentata la formazione di una disconformità e di due discordanze angolari.

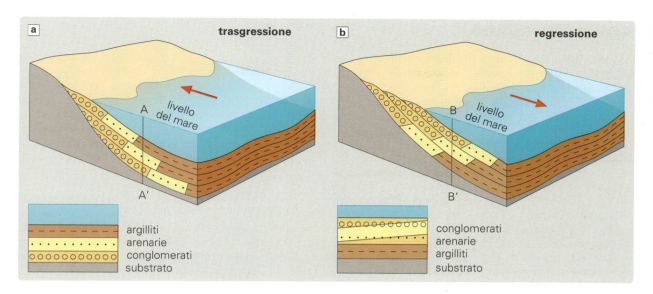

Figura 20 Le colonnine stratigrafiche mettono in evidenza la successione di strati che indicano rispettivamente una trasgressione marina (a) e una regressione (b).

gressione si passerà da facies continentali a facies di transizione (ambiente costiero) e a facies marine nel periodo di trasgressione; nel periodo di regressione da facies marine si passerà a facies di transizione fino a facies continentali.

Si definisce **ciclo sedimentario** l'insieme di una serie trasgressiva e di una serie regressiva comprese tra due discordanze. Le cause delle trasgressioni e delle regressioni possono essere di origine tettonica (dovute alle forze che provocano deformazioni nelle rocce) oppure associate a **movimenti eustatici**, oscillazioni globali delle acque degli oceani che si sono ripetute più volte nel corso delle ere geologiche (▶21).

Queste variazioni del livello medio del mare (**eustatismo**) possono essere causate da variazioni di volume delle acque oceaniche oppure dei bacini oceanici. Le variazioni di volume delle acque oceaniche dipendono essenzialmente dalla variazione nel tempo della temperatura media del nostro pianeta. Nei periodi glaciali, molta acqua liquida degli oceani passa allo stato solido e si aggiunge a quella che costituisce i ghiacciai, accrescendoli: in questi periodi il livello medio del mare diminuisce. Nei periodi più caldi i ghiacciai fondono, andando così ad alimentare gli oceani che accrescono il loro volume e quindi anche il livello medio del mare. Le variazioni di volume dei bacini oceanici sono causate da fenomeni legati alla tettonica a placche, di cui i principali sono il movimento e la velocità di espansione delle placche stesse e la variazione di volume delle dorsali.

Facciamo il punto

21 Che cos'è un ciclo sedimentario?

22 Qual è la successione di strati che indica una successione?

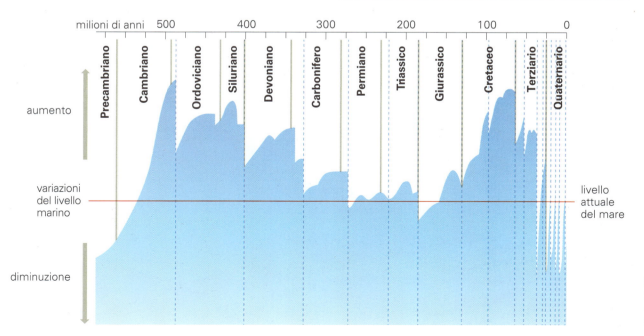

Figura 21 Variazioni del livello del mare negli ultimi 600 milioni di anni.

Sezione C Le rocce e i processi litogenetici

Scheda 5 Gli ambienti sedimentari

I materiali che originano le rocce sedimentarie si possono depositare in ambienti diversi. Riconoscere una determinata facies di una roccia significa identificare il tipo di ambiente in cui essa si è formata. Si distinguono tre tipi di ambiente in cui si può avere sedimentazione: ambiente continentale, ambiente di transizione, ambiente marino (▶1).

Ambiente continentale. Si tratta di un tipo di ambiente in cui prevale l'erosione di rocce o sedimenti. Tuttavia, si possono formare depositi dovuti all'azione dei ghiacciai come le morene, caratterizzate dalla presenza di materiali di diverse dimensioni e di diversa origine, immersi in una matrice argillosa (**facies moreniche**). Depositi che vengono accumulati a causa dell'azione del vento danno origine alle dune, estremamente mobili e formate da materiale sabbioso (**facies desertiche**). Anche sui continenti si risente dell'azione dell'acqua a causa della presenza di fiumi e laghi. I fiumi trasportano sedimenti di varie dimensioni, dalla ghiaia alle argille, che vengono depositati nell'alveo fluviale oppure sulla pianura adiacente durante le esondazioni e le continue migrazioni del corso d'acqua (**facies fluviali**). La sedimentazione nei laghi interessa materiali fini (limi, argille, calcari) che si depositano in strati paralleli nel centro del lago e si chiudono "a becco di flauto" in prossimità delle rive (**facies lacustri**). Possono essere presenti fossili di piante acquatiche e di molluschi di acqua dolce.

Ambiente di transizione. È un ambiente tipico di zone litoranee, in prossimità della linea di costa dove si possono formare paludi, lagune, cordoni sabbiosi, laghi costieri con acqua salmastra. Ognuno di questi ambienti è caratterizzato dalla presenza di associazioni di organismi tipici di acque a bassa salinità. Un ambiente di transizione tipico è quello dei delta e degli estuari fluviali. In particolare le **facies di delta** hanno spessori e granulometria decrescenti dalla linea di costa verso il mare aperto e inoltre presentano in pianta una forma a ventaglio.

Ambiente marino. Esiste un'ampia varietà di ambienti marini a cui corrisponde una grande varietà di facies. Si distinguono **facies litorali** sabbiose in prossimità della linea di costa con acque basse (da qualche centimetro a qualche metro); **facies neritiche** più al largo (fino a 200 metri di profondità) dove proliferano organismi bentonici (che vivono ancorati al fondale) come spugne e coralli e organismi nectonici (che nuotano); **facies pelagiche** di mare profondo dove prevalgono sedimenti argillosi, fanghi calcarei e silicei formati dai resti di organismi planctonici a guscio calcareo (foraminiferi) o siliceo (diatomee e radiolari). I sedimenti che derivano dall'erosione continentale si concentrano soprattutto nella zona litoranea o neritica, comunque sulla piattaforma continentale, principalmente a causa dell'azione dei fiumi e delle correnti costiere; in mare aperto prevalgono fanghi argillosi finissimi trasportati dal vento (argille rosse).

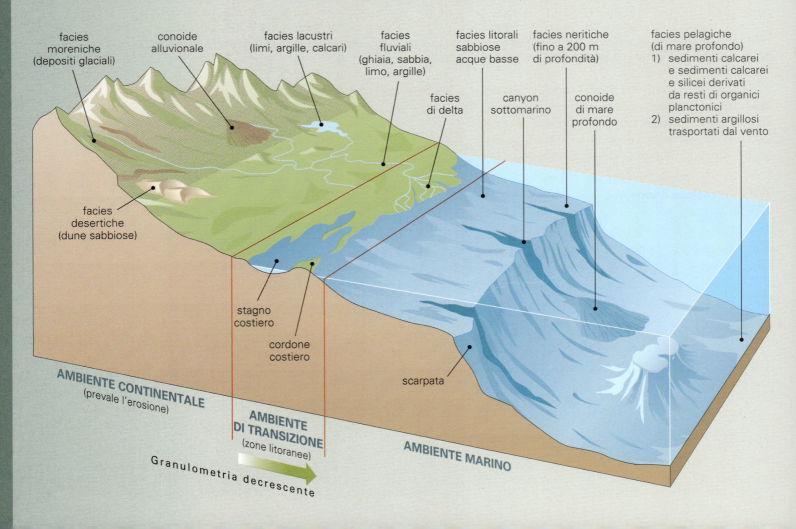

Figura 1 I materiali che formano le rocce sedimentarie si possono depositare in ambienti diversi. Riconoscere una determinata facies di una roccia significa identificare il tipo di ambiente in cui essa si è formata. Si distinguono tre tipi di ambiente in cui si può avere sedimentazione: ambiente continentale, ambiente di transizione, ambiente marino.

Ripassa con le flashcard ed esercitati con i test interattivi sul Me•book.

CONOSCENZE

Con un testo articolato tratta i seguenti argomenti

1. Descrivi le fasi del processo sedimentario.
2. Spiega quali sono i criteri di classificazione delle rocce sedimentarie.
3. Descrivi quali sono le caratteristiche delle rocce carbonatiche, citando qualche esempio.
4. Spiega la genesi delle rocce sedimentarie di origine chimica.
5. Spiega quali sono i principi che stanno alla base dello studio stratigrafico e qual è il loro significato.
6. Spiega che cosa sono le unità litostratigrafiche e qual è il loro significato.
7. Spiega il significato dei cicli sedimentari e perché è importante il loro studio.
8. Descrivi il processo di formazione dei carboni fossili (Scheda 2).
9. Descrivi il processo di formazione e di accumulo del petrolio (Scheda 2).
10. Spiega come possono essere utilizzate le rocce sedimentarie coerenti e incoerenti (Scheda 3).
11. Descrivi le principali strutture che si possono presentare nelle rocce sedimentarie (Scheda 4).
12. Descrivi le caratteristiche dei principali ambienti sedimentari in relazione alle rocce che ivi si formano (Scheda 5).

Con un testo sintetico rispondi alle seguenti domande

13. Che cosa si intende con il termine "diagenesi"?
14. Da che cosa dipende il trasporto dei clasti in una massa d'acqua in movimento?
15. Che cos'è la superficie di compensazione dei carbonati?
16. Come si formano le dolomie?
17. Che cosa sono le marne?
18. Che differenza c'è tra calcari e selci?
19. Qual è la differenza tra rocce coerenti e rocce incoerenti?
20. Come si definisce uno strato sedimentario?
21. Che cos'è un orizzonte-guida?
22. Che cosa si intende con il termine "giacitura"?
23. Quali sono le cause delle trasgressioni e delle regressioni?
24. Che cosa sono le discontinuità stratigrafiche?
25. Che cos'è una lacuna e da che cosa può essere provocata?
26. Come vengono classificati i carboni fossili? (Scheda 2)
27. Da che cosa è causata la stratificazione incrociata all'interno di uno strato sedimentario? (Scheda 4)
28. Qual è la differenza tra sedimenti classati e sedimenti non classati? Cita un esempio. (Scheda 4)
29. Che tipo di rocce possiamo ritrovare in un ambiente continentale? (Scheda 5)
30. Che tipo di rocce si possono trovare in un ambiente marino? (Scheda 5)

Quesiti

31. Con il termine "diagenesi" si indica:
    a. l'insieme dei fenomeni fisici e chimici che avvengono durante l'erosione delle rocce.
    b. l'insieme dei fenomeni fisici e chimici che avvengono durante il trasporto dei clasti.
    c. l'insieme dei fenomeni fisici e chimici che avvengono durante la sedimentazione.
    d. l'insieme dei fenomeni fisici e chimici che avvengono a sedimentazione avvenuta.

32. Il principio di sovrapposizione definisce che:
    a. uno strato si deve sempre trovare in continuità laterale con un altro strato.
    b. la stratificazione è un fenomeno continuo.
    c. gli strati si sovrappongono sempre paralleli alla superficie.
    d. lo strato sottostante è più antico rispetto a quello sovrastante.

33. Gli strati appartenenti a un'unità litostratigrafica devono avere le seguenti caratteristiche:
    a. devono avere uguali litologie.
    b. devono essere con certezza correlati a un determinato ambiente sedimentario.
    c. devono comprendere discontinuità.
    d. devono rappresentare un ciclo sedimentario completo.

34. L'orizzonte guida:
    a. è un'unità biostratigrafica che consente di operare precise correlazioni.
    b. è un'unità cronostratigrafica che consente di datare gli strati rocciosi.
    c. è un'unità litostratigrafica di piccolo spessore e di grande estensione.
    d. è un'unità biostratigrafica che contiene fossili guida.

35. Abbina termini e definizioni.
    a. lacuna - b. discordanza angolare - c. disconformità
    1. Gli strati sottostanti la discontinuità hanno la stessa inclinazione di quelli sovrastanti. ....
    2. Mancanza di strati all'interno di una serie sedimentaria. ....
    3. Al di sotto della discontinuità gli strati hanno un'inclinazione diversa da quelli sovrastanti. ....

36. Il petrolio si può trovare in (Scheda 2):
    a. rocce sedimentarie chimiche.
    b. rocce clastiche.
    c. rocce di ambiente marino.
    d. rocce di ambiente continentale.

37. Le argille incoerenti vengono utilizzate per produrre (Scheda 3):
    a. ceramiche.
    b. calcestruzzo.
    c. cemento.
    d. statue.

38. Vero o falso? (Scheda 5)
    a. In ambiente continentale prevale l'erosione. V F
    b. L'ambiente deltizio è un esempio di ambiente di transizione. V F
    c. Le facies neritiche sono tipiche di un ambiente marino profondo. V F
    d. Le facies moreniche sono caratterizzate dalla presenza di sedimenti argillosi e fanghi calcarei e silicei. V F

Sezione C — Le rocce e i processi litogenetici

COMPETENZE

Leggi e interpreta

39 **Biocostruzioni**

Alcuni organismi sono in grado di costruire con le loro parti dure, in successive generazioni, impalcature rigide di grandi dimensioni. Gli spazi vuoti che normalmente si trovano tra i resti organici che formano l'impalcatura della costruzione vengono riempiti, man mano che la costruzione procede, da minuti frammenti degli stessi organismi produttori e, in parte, da carbonato di calcio di precipitazione chimica. In questo modo tutto l'insieme si presenta come costruzione rigida e resistente, innalzata rispetto alle zone circostanti. La costruzione, chiamata "scogliera organogena", è sempre circondata da una zona detritica, che deriva dalla frammentazione di parte dell'impalcatura organica dovuta all'azione del moto ondoso. L'insieme di queste due parti, cioè l'impalcatura organica e la zona detritica, costituisce ciò che viene chiamato "complesso di scogliera". Gli organismi che attualmente costituiscono scogliere sono essenzialmente coralli e alghe coralline. Le condizioni ambientali richieste affinché si formino strutture di questo tipo sono:

1) la *temperatura ideale dell'acqua*, perché gli organismi costruttori possano prosperare, deve essere compresa tra 25 e 29 °C; secondo altri autori, tra 23 e 27 °C;
2) le acque devono essere *limpide*: l'eventuale presenza di materiale fine in sospensione ostacola infatti la penetrazione della luce (bisogna infatti considerare che i Coralli costruttori vivono in simbiosi con Alghe unicellulari) e inoltre, depositandosi sulla colonia, provoca il soffocamento e la morte degli organismi;
3) le acque devono essere *ben ossigenate*: l'ossigenazione è favorita dall'azione di onde e correnti;
4) la *salinità* deve coincidere con il valore normale per l'acqua di mare; le condizioni ottimali si registrano per valori di salinità compresi tra 34 a 36‰. Anche a causa della torbidità, non si possono sviluppare in vicinanza di eventuali apporti di acqua dolce;
5) i Coralli costruttori vivono in una zona compresa tra la superficie e una profondità massima di 90 metri, ma la maggior parte di essi è concentrata a profondità inferiori ai 50 metri; la crescita più vigorosa si ha in *acque profonde meno di 20 metri*. Ciò è dovuto al fatto che essi, come già precisato, vivono in simbiosi con alghe unicellulari.

Da quanto affermato nel punto precedente, risulta evidente l'importanza della subsidenza nello sviluppo delle scogliere organogene.
I coralli tendono a crescere verticalmente, verso l'alto, e siccome l'intervallo di profondità adatto è praticamente compreso tra il livello della bassa marea e 50 metri circa di profondità, è necessario che si realizzi un equilibrio tra la velocità di subsidenza del fondale su cui è impostata la costruzione organica e la velocità di accrescimento verticale della costruzione stessa, affinché la scogliera possa raggiungere le dimensioni e gli spessori rilevanti osservabili in natura.

Liberamente tratto da Mario Gnaccolini,
Sedimenti, processi e ambienti sedimentari

a. Individua nel brano i termini che hai incontrato nello studio di questa Unità.
b. Che cosa è il complesso di scogliera?
c. Quali caratteristiche ideali devono avere le acque perché gli organismi biocostruttori possano proliferare?
d. Perché i Coralli non possono sopravvivere a profondità elevate?
e. Quale importanza assume la subsidenza nello sviluppo delle scogliere organogene?
f. Qual è la condizione necessaria perché la scogliera assuma notevoli spessori?

Osserva e rispondi

40 Indica il tipo di sedimento prevalente in relazione alla zona fluviale indicata.

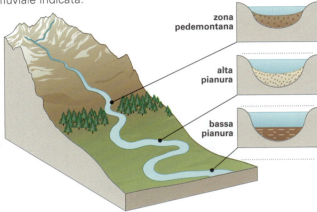

41 Che tipo di strutture sono quelle che vedi nella foto? Come si formano?

Usa i termini corretti

42 Osserva le trasformazioni nel tempo della successione stratigrafica indicata (strati da 1 a 6): come viene chiamata la superficie ondulata indicata in rosso?

43 Completa la seguente tabella inserendo i nomi appropriati.

TABELLA	Le rocce clastiche		
Diametro dei clasti (mm)	Nome generico	Sedimenti incoerenti (sciolti)	Rocce coerenti
> 2			
2 ÷ 1/16			
1/16 ÷ 1/256			
< 1/256			

Fai un'indagine

44 Cerca in Internet informazioni sulla stratigrafia del territorio della tua città con particolare riferimento:
a. alla successione verticale degli strati;
b. ai nomi e alle descrizioni litologiche delle formazioni;
c. all'età delle formazioni;
d. all'ambiente sedimentario in cui si sono formate.

45 Fai una ricerca sulle pietre da costruzione di origine sedimentaria utilizzate nella tua città o paese con particolare attenzione:
a. alla descrizione dei litotipi più utilizzati per edifici e monumenti;
b. alla loro provenienza;
c. alle problematiche legate alle zone dove viene cavato il materiale;
d. ai problemi ambientali delle zone di cave.

In English

46 Fill in the blanks with the right words.
1. Widespread in the sandstones, sedimentary structures that appear as small ripples on the surface of the stratum, produced by wind and wave power are called ....
2. In clayey sediments can find polygonal cracks resulting from drying mud; these structures are called ....

47 Choose the correct option.
Sandstones are rocks in which the clasts have sizes:
a > 2 mm.
b between 0.0625 and 2 mm.
c between 0.004 and 0.0625 mm.
d < 0.004 mm.

Risolvi il problema

48 In una successione stratigrafica ti imbatti in uno strato in cui si ritrovano molti radiolari fossili. Puoi affermare che queste rocce si sono formate in ambiente:
a di transizione.
b litorale.
c pelagico.
d neritico.

49 Stai studiando un deposito di materiale sedimentario di aspetto caotico con materiali di dimensione varia immersi in una matrice argillosa. Si tratta di:
a facies fluviali.
b facies moreniche.
c facies di delta.
d facies litorali.

Organizza i concetti

50 Completa la mappa.

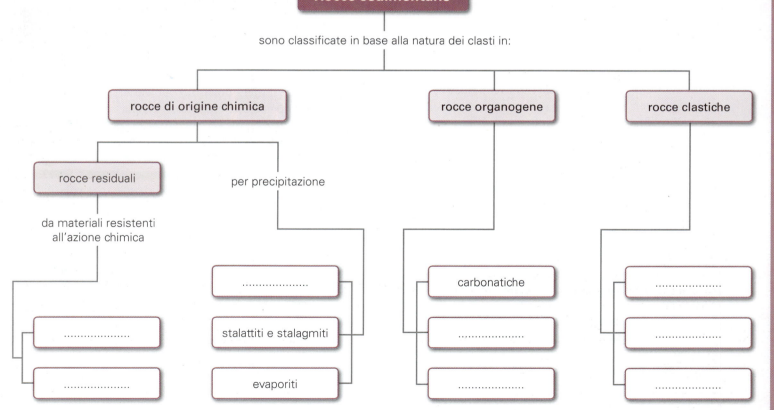

51 Costruisci una mappa che illustri la distinzione tra unità litostratigrafiche, biostratigrafiche, cronostratigrafiche.

scienze della Terra

unità 5
Le rocce metamorfiche e il ciclo litogenetico

Quale minerale conferisce al marmo la sua colorazione caratteristica e attraverso quali processi metamorfici si origina?

webdoc

Le rocce metamorfiche

1 Il processo metamorfico

Tutti i minerali componenti le rocce che abbiamo finora esaminato si formano in condizioni ambientali ben definite: essi sono cioè stabili a determinate pressioni e a determinate temperature, e quindi in equilibrio con l'ambiente fisico circostante.

Ma in tempi molto lunghi, a causa dei movimenti della crosta terrestre, una roccia può essere sottoposta a condizioni fisiche e chimiche diverse da quelle in cui si è formata.

Definiamo **metamorfismo** (dal greco *metá*, "cambiamento", e *morphé*, "forma") la profonda trasformazione che una roccia subisce, allo stato solido, in seguito all'incremento della temperatura e/o della pressione.

Il **processo metamorfico** è diverso sia dalla *diagenesi* (che produce rocce sedimentarie in condizioni di bassa temperatura e bassa pressione) sia dall'*anatessi* (che produce rocce magmatiche, per fusione di rocce preesistenti) e dà origine a **rocce metamorfiche** perfettamente adattate alle nuove condizioni ambientali.

La **temperatura** è di gran lunga il fattore che incide di più: infatti, se cresce l'energia del sistema, aumenta anche l'instabilità dei componenti delle strutture cristalline dei minerali che quindi possono essere separati e utilizzati per la formazione di nuove strutture. Si verificano delle vere e proprie reazioni chimiche allo stato solido, che avvengono in tempi molto lunghi e che consentono di produrre nuovi minerali oppure di modificare la forma e le dimensioni dei cristalli, rendendoli più stabili nelle nuove condizioni di temperatura e pressione.

Se la composizione chimica del minerale che subisce il metamorfismo può variare, non è così per la composizione complessiva della roccia che rimane identica a quella di partenza. Generalmente, infatti, le rocce metamorfiche mantengono la composizione chimica della roccia originaria, se non vi è apporto o sottrazione di sostanze veicolate dai **fluidi circolanti**, composti da sostanze volatili (prevalentemente H_2O e CO_2), che possono generarsi direttamente dal processo metamorfico e andare a occupare spazi intergranulari e fratture.

Anche la **pressione** è importante: il metamorfismo è infatti un fenomeno che avviene in profondità, dove il materiale è sottoposto a una *pressione litostatica*, dovuta al peso delle rocce sovrastanti (che aumenta con la profondità), oppure a una *pressione orientata* lungo direzioni preferenziali, prodotta dai movimenti della crosta terrestre.

Al termine di questi processi i minerali subiscono una **ricristallizzazione** allo stato solido, o **blastèsi**, che porta alla formazione di nuove associazioni mineralogiche stabili in un particolare ambito di temperatura e pressione.

Facciamo il punto

1. Spiega perché il processo metamorfico è diverso dalla diagenesi e dalla anatessi.
2. In che cosa consiste la blastèsi?

2 Studio e classificazione

Lo studio delle rocce metamorfiche viene effettuato innanzitutto ipotizzando la conservazione del chimismo complessivo della roccia: la composizione chimica della roccia originaria è uguale a quella della roccia che ha subìto i processi metamorfici ed è rilevabile tramite accurate analisi di laboratorio. Inoltre, molti indizi utili vengono conservati all'interno della roccia stessa, poiché se il metamorfismo non è stato intenso si possono ancora individuare strutture o minerali della roccia originaria: è possibile in questo modo risalire più facilmente al tipo di roccia che ha subìto la trasformazione.

La classificazione delle rocce metamorfiche non assegna un'importanza fondamentale alla composizione chimica (come accade per le rocce ignee), né alle dimensioni delle singole componenti (come accade per le rocce sedimentarie), ma privilegia l'**informazione geologica**, cioè l'identificazione dell'ambiente in cui si è verificato il processo metamorfico. Infatti, poiché l'intervallo di temperature e pressioni in cui si è formata la roccia corrisponde a determinate zone ben localizzate all'interno della crosta, è possibile ricostruire i movimenti delle rocce in profondità e quindi l'evoluzione geologica di zone piuttosto vaste della superficie terrestre.

Di particolare importanza, per individuare le caratteristiche di un ambiente metamorfico, è lo studio dei minerali indice e delle paragenesi di una roccia. I **minerali indice** sono quelli che si formano in intervalli ristretti di temperatura e pressione. La **paragenesi** invece è una particolare associazione di minerali che si sono formati insieme da una stessa reazione chimica, possibile in uno specifico ambiente di formazione: i cristalli di questi minerali si trovano per questo sempre a stretto contatto tra loro (SCHEDA 1). Quando in una roccia si rileva la presenza di uno o più minerali indice o si individua una determinata paragenesi, si può risalire alle condizioni ambientali (con particolare riferimento alla temperatura e alla pressione) in cui si è formata.

Per lo studio delle rocce metamorfiche si è quindi sentita l'esigenza di introdurre il concetto di **facies metamorfica**, cioè un insieme di rocce di origine e composizione diversa accomunate dal fatto di essersi formate nelle medesime condizioni di temperatura e pressione (▶1).

Più il metamorfismo è accentuato e più intense saranno le trasformazioni dei minerali originari. A partire da una roccia con una determinata composizione chimica potremo ottenere rocce diverse a seconda del diverso **grado metamorfico**, cioè della diversa intensità del processo metamorfico. La facies delle *zeoliti* è tipica di basse temperature e pressioni. Per temperature crescenti troviamo la facies *scisti verdi* a cui fanno seguito quella delle *anfiboliti* e quella delle *granuliti*. L'effetto della pressione elevata è evidente per le rocce appartenenti alle facies delle *eclogiti* (temperature medio-alte) e degli *scisti blu* (temperature basse). La facies delle *cornubianiti* è tipica di alte temperature e pressioni trascurabili.

Ogni facies è rappresentata da minerali indice e paragenesi caratteristiche (▶2); a volte il nome della facies deriva dal colore del minerale indice più rappresentativo e che determina anche il colore della roccia. Ad esempio, la facies scisti verdi è caratterizzata dalla presenza di *clorite*, una mica di colore verde, mentre la facies degli scisti blu è indicata dalla presenza di *glaucofane*, un anfibolo di colore blu-nero. Un minerale tipico della facies delle anfiboliti è l'*orneblenda*, mentre le granuliti sono formate prevalentemente da *quarzo* e *granati*.

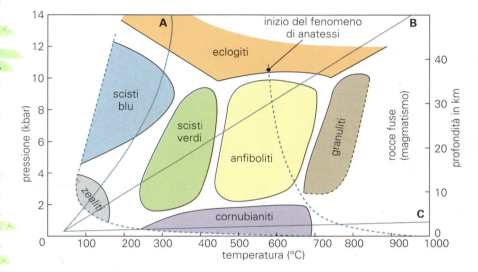

Figura 1 Campi di esistenza delle principali facies metamorfiche in funzione della pressione (profondità) e della temperatura. Le curve indicano le trasformazioni progressive che subiscono le rocce se sottoposte a un metamorfismo a pressione crescente (**A**), a un metamorfismo regionale a pressione e temperatura crescenti (**B**) e a un metamorfismo di contatto a temperatura crescente (**C**).

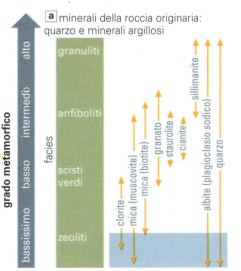 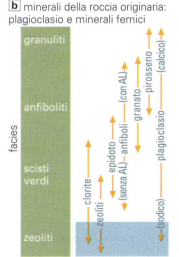

Figura 2 Dalle paragenesi di in una roccia si riesce a risalire al tipo di metamorfismo che essa ha subìto. Lo schema mostra i minerali che si formano in diverse condizioni di metamorfismo a partire da rocce argillose (**a**) e da rocce basiche (**b**).

Facciamo il punto

3 Perché sono importanti i minerali indice?

4 Come vengono classificate le rocce metamorfiche?

3 Metamorfismo retrogrado

Le reazioni che producono varie associazioni mineralogiche a temperature crescenti non sono reversibili. Quindi non avvengono in senso contrario per temperature decrescenti, anche se a volte nelle rocce si possono riscontrare dei deboli effetti di trasformazione dei minerali a più bassa temperatura (**metamorfismo retrogrado**). Il processo metamorfico è sostanzialmente irreversibile perché il riscaldamento che lo accompagna è molto più lungo che non la fase di raffreddamento (in cui dovrebbe avvenire il metamorfismo retrogrado) (▶3). Di conseguenza la paragenesi di minerali presenti sarà quella caratteristica del culmine termico (massima temperatura) del processo.

Tuttavia, una roccia che ha subìto un processo metamorfico può subirne un altro in tempi successivi: in questo caso i minerali indice testimoniano l'ultimo processo metamorfico che ha subìto la roccia. Se la roccia ha subìto un metamorfismo di basso grado e successivamente un metamorfismo di alto grado, di solito il culmine termico che si raggiunge cancella le tracce delle paragenesi del metamorfismo precedente e quindi è difficile ricostruire nel dettaglio la storia "dinamica" della roccia.

Se invece l'ultima trasformazione metamorfica della roccia è di un grado minore rispetto a quella subìta precedentemente, sebbene siano comunque i minerali indice dell'ultima trasformazione metamorfica quelli che compongono la roccia, è possibile riconoscere, dall'analisi in sezione sottile, minerali "relitti" del metamorfismo precedente, di più alto grado. Questi risultano profondamente alterati e sostituiti parzialmente o totalmente (in questo caso si riconosce ancora la forma dell'abito cristallino) (▶4) da minerali più stabili alle nuove

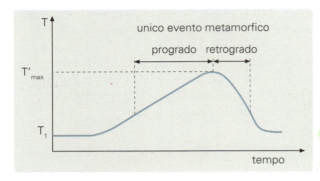

Figura 3 Se la roccia ha subìto un unico evento metamorfico, il metamorfismo retrogrado può essere provocato solo dalla fase decrescente di temperatura. La paragenesi rimane quella caratteristica del culmine termico perché la fase di raffreddamento è più veloce della fase di riscaldamento.

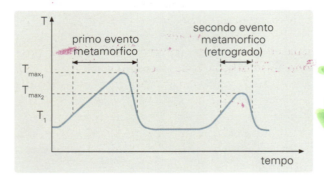

Figura 4 Se la roccia subisce due eventi metamorfici di cui l'ultimo con culmine termico minore del precedente, la roccia subisce un metamorfismo retrogrado detto anche "retrocessione metamorfica". La seconda paragenesi non sostituisce completamente la prima.

QUALCOSA IN PIÙ

Scheda 1 Alcune reazioni metamorfiche

Durante il metamorfismo possono avvenire reazioni omogenee (che coinvolgono un solo tipo di minerale) oppure reazioni eterogenee (che coinvolgono minerali diversi). Ne esistono di diversi tipi: le più importanti sono le **reazioni solido-solido** e le reazioni **solido-(solido+fluido)**.

Le reazioni solido-solido possono essere sia omogenee sia eterogenee. Nel primo caso si tratta di trasformazioni polimorfe (indice di alte pressioni) come accade per la grafite e il diamante (C): la presenza dell'una o dell'altra modificazione polimorfa ci fornisce indicazioni utili nell'ipotizzare le condizioni di temperatura e pressione durante il processo metamorfico. Nel secondo caso si tratta di reazioni tra minerali diversi a contatto, che risultano instabili nelle nuove condizioni. Per esempio, l'associazione tra quarzo e giadeite è caratteristica di alte pressioni e basse temperature; i due minerali a pressioni minori diventano instabili e reagiscono a dare albite secondo la seguente reazione (che avviene allo stato solido):

$NaAlSi_2O_6$ (giadeite) + SiO_2 (quarzo) → $NaAlSi_3O_8$ (albite)

Le reazioni solido-(solido+fluido) coinvolgono una fase fluida che può trovarsi tra i prodotti o tra i reagenti. Alcune reazioni molto diffuse vengono chiamate di **deidratazione** in quanto, all'aumentare della temperatura, viene liberata acqua; ad esempio, per temperature crescenti a partire da rocce argillose di origine sedimentaria avremo:

minerali delle argille → clorite + mica + H_2O (**scisti verdi**) → → biotite + K-feldspato + granato + sillimanite + H_2O (**anfiboliti**) → → pirosseno + K-feldspato + sillimanite + granato + H_2O (**granuliti**).

Si noti che ad ogni passaggio viene espulsa H_2O dal reticolo cristallino dei reagenti (▶1).
Il fluido espulso potrebbe essere anche CO_2. In questo caso avremo reazioni di decarbonatazione come ad esempio (per temperature crescenti):

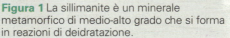

carbonati + quarzo → silicati di Ca e Mg + CO_2

In questo caso l'andamento delle reazioni è influenzato dalla presenza di CO_2, il cui aumento ostacola la reazione che quindi, per avvenire, ha bisogno di temperature più elevate.

Figura 1 La sillimanite è un minerale metamorfico di medio-alto grado che si forma in reazioni di deidratazione.

condizioni di equilibrio. Se si è verificata questa seconda condizione la roccia subisce un particolare tipo di metamorfismo retrogrado che prende il nome di **retrocessione metamorfica**. Attraverso lo studio di questo secondo episodio metamorfico, che non cancella totalmente le tracce delle paragenesi dell'evento precedente, è possibile ricostruire con maggior dettaglio la storia geologica della roccia, coprendo un periodo di tempo notevolmente più ampio.

> **Facciamo il punto**
>
> **5** Che cosa si intende per metamorfismo retrogrado?
>
> **6** In che cosa consiste la retrocessione metamorfica?

4 Tipi di metamorfismo e strutture derivate

Temperatura e pressione sono fattori che possono intervenire contemporaneamente oppure separatamente.

Per questo motivo si distinguono diversi tipi di metamorfismo, a seconda che intervenga più o meno intensamente l'uno o l'altro fattore.

4.1 Metamorfismo di contatto

In questo tipo di metamorfismo interviene solamente un **aumento di temperatura**: può essere provocato, a bassa profondità, dalla risalita di masse magmatiche. Il nome stesso spiega il meccanismo con cui si generano queste rocce: si tratta di fenomeni di riscaldamento delle rocce incassanti da parte del magma che però non ne provoca la fusione. Gli effetti sono la ricristallizzazione dei minerali con aumento delle dimensioni dei cristalli e la modifica della struttura della roccia. Si formano rocce che si collocano nella facies delle cornubianiti con struttura **massiccia** o **granulare**, che non presenta cioè disposizioni orientate dei cristalli.

Se la roccia sottoposta a metamorfismo di contatto è calcarea, la roccia risultante è il **marmo**, materiale molto pregiato, usato in edilizia fin dall'antichità. Il marmo di Carrara, per esempio, assume una struttura chiamata **saccaroide** perché i cristalli di calcite ricordano l'aspetto dei cristalli di zucchero in una zolletta. La stessa struttura caratterizza il marmo rosa di Candoglia (Val d'Ossola – Piemonte) che è stato sfruttato per la costruzione del Duomo di Milano (▶5).

4.2 Metamorfismo cataclastico

È un tipo di metamorfismo che deriva esclusivamente da un **aumento della pressione**, risultato di attriti e frizioni che avvengono per i movimenti degli ammassi rocciosi lungo superfici di frattura o di scorrimento, dove si genera sbriciolamento e sminuzzamento del materiale roccioso. È un fenomeno che avviene principalmente in superficie.

Si possono distinguere rocce diverse a seconda della crescente intensità della deformazione a cui sono sottoposte: se la frantumazione dei minerali è pressoché completa, si parla di struttura **milonitica**, in caso contrario, se lo sminuzzamento è stato parziale, si parla di struttura **cataclastica**.

4.3 Metamorfismo regionale

Questo tipo di metamorfismo interessa vaste aree della crosta terrestre. È provocato dall'azione combinata di **temperatura** e **pressione**, che aumentano con la profondità. A causa dei movimenti continui della crosta terrestre, enormi masse rocciose possono trasferirsi da zone poco profonde a zone più profonde. Il grado metamorfico in questo caso dipende essenzialmente dalla profondità a cui avviene la trasformazione: da una roccia di partenza con una determinata composizione chimica possiamo assistere a modificazioni via via più accentuate con l'aumento della profondità.

Le strutture generate da questo tipo di metamorfismo sono tra le più diffuse: l'azione della temperatura provoca la ricristallizzazione dei minerali, mentre quella della pressione, se agisce in una direzione prevalente, forma strutture orientate. Alcuni minerali hanno abito prismatico, lamellare o acicolare e sono quindi allungati in una certa direzione, che corrisponde al loro asse maggiore. Quando durante il processo metamorfico si formano nuovi minerali, questi dispongono il loro asse maggiore per-

Figura 5 Il marmo di Candoglia, come quello di Carrara, ha una particolare struttura granulare detta "saccaroide".

Figura 6 Diversi esempi di struttura scistosa. I minerali si dispongono in piani che possono essere paralleli o piegati: **a)** scisto argilloso (mica, clorite e quarzo tra i componenti principali); **b)** la struttura scistosa è visibile anche in una sezione sottile di micascisto; **c)** gneiss: si notano letti più scuri composti da mica e letti più chiari composti da quarzo e feldspati.

Figura 7 La struttura occhiadina in questo gneiss è caratterizzata da grossi cristalli di K-feldspato.

pendicolarmente rispetto alla direzione di massima intensità della pressione, formando una struttura chiamata **scistosa** (o **scistosità**) (▶6). In genere le rocce scistose possono essere più o meno deformate e caratterizzate da piani o bande di scistosità (che non hanno niente a che vedere con i piani di stratificazione delle rocce sedimentarie, anche se potrebbero ricordarli) composti alternatamente da minerali chiari e minerali più scuri. Ciò è provocato dalla presenza di minerali con abito prismatico allungato come gli anfiboli, oppure lamellare come le miche.

Le rocce scistose sono facilmente lavorabili in lastre sfruttando la maggiore debolezza che si sviluppa tra un piano di scistosità e l'altro. Una scistosità accentuata è caratteristica delle filladi e dei micascisti, mentre negli gneiss (vedi § 5) è presente una scistosità meno evidente che avvolge cristalli di grande dimensione (frequentemente feldspati) che formano dei veri e propri "occhi" circondati da cristalli più piccoli che compongono la massa di fondo. Questa struttura viene chiamata "**occhiadina**" (▶7).

Facciamo il punto

7 Come vengono distinti i vari tipi di metamorfismo?

8 Descrivi le strutture caratteristiche delle rocce che si formano da un metamorfismo regionale.

5 Le serie metamorfiche

L'insieme di tutte le rocce con la stessa composizione chimica che hanno subìto metamorfismo crescente viene definito "**serie metamorfica**".

Una prima serie comprende tutte le rocce che si formano a partire dalla trasformazione di *argilliti* o *arenarie*. Con il metamorfismo di basso grado (scisti verdi) si producono **filladi**, composte da quarzo, mica e clorite, con accentuate scistosità e sfaldabilità. A gradi metamorfici crescenti (scisti verdi – anfiboliti) si formano **micascisti**, rocce scistose composte da letti di mica alternati a letti quarzosi. Gli **gneiss** (pronuncia *g-naiss* con la "g" dura) sono rocce che si ritrovano comunemente associate ai micascisti, composte da quarzo, K-feldspato (che forma caratteristici "occhi") e miche, con modesta scistosità, caratteristici del metamorfismo regionale di medio-alto grado. Spesso questi passaggi graduali tra una roccia della serie e quella successiva si identificano facilmente anche sul terreno.

Un'altra serie metamorfica è quella che interessa la trasformazione di *rocce ignee basiche*, come i basalti che costituiscono i fondali oceanici: per metamorfismo crescente dei basalti abbiamo la serie prasiniti – anfiboliti – eclogiti, oppure prasiniti – anfiboliti – granuliti basiche.

Le **prasiniti** sono rocce composte dalla tipica associazione mineralogica della facies scisti verdi: clorite, epidoti e occhi di albite (plagioclasio sodico).

Le **anfiboliti** sono caratterizzate dalla comparsa di orneblenda e plagioclasi che conferiscono alla roccia una colorazione verde più o meno scuro.

Le **eclogiti** sono rocce ad alta densità caratteristiche di un metamorfismo di alte pressioni e alte temperature in cui si formano pirosseni e granati con struttura granulare massiccia prevalente.

Le **granuliti basiche** sono rocce silicatiche ric-

Figura 8 Le serpentiniti, lavorate in lastre sottili, sono utilizzate in edilizia per copertura di tetti e per rivestimenti esterni.

Figura 9 Le migmatiti sono rocce caratterizzate dalla presenza di parti più scure con aspetto scistoso (paleosoma) e da parti più chiare con aspetto granitico (neosoma).

che di granati, feldspati e pirosseni che derivano da un metamorfismo di alte temperature e pressioni variabili in condizioni di assenza di acqua.

Sempre da lave basaltiche, ma da un metamorfismo di alta pressione e bassa temperatura, si originano gli **scisti a glaucofane** (facies scisti blu).

Le **serpentiniti** (▶8) sono rocce massicce o scistose formate essenzialmente da serpentino e magnetite, derivano dal metamorfismo regionale di rocce ultrabasiche e di solito si trovano associate alle rocce basiche della serie descritta precedentemente (rocce verdi o ofioliti). Il serpentino è un minerale che deriva dall'alterazione di minerali componenti le rocce ultrabasiche come olivina, pirosseni e anfiboli. L'alterazione dell'olivina in ambiente ricco di acqua a temperatura medio bassa dà origine al talco, minerale che assieme alla magnetite forma rocce chiamate **talcoscisti**.

Dal metamorfismo di arenarie quarzose derivano le **quarziti**, dal metamorfismo di rocce calcaree i **marmi** (metamorfismo regionale o di contatto) con struttura variabile, prevalentemente granulare; dal metamorfismo di basso-medio grado di marne o calcari marnosi derivano i **calcescisti**, composti da calcite, mica, clorite e quarzo. Questi ultimi si trovano spesso associati a rocce basiche, in particolar modo sulle Alpi occidentali, dove affiora la famosa formazione dei "calcescisti con pietre verdi".

Rocce molto particolari, collocate al passaggio tra le rocce metamorfiche e quelle ignee, sono chiamate **migmatiti**. Quando le rocce vengono sottoposte ad alte temperature si innescano dei processi di fusione (anatessi) che possono anche non completarsi: in questo modo la roccia sarà costituita da una parte residuale che non fonde, formata dai minerali a più alto punto di fusione (*paleosoma*), e da una parte che fonde e successivamente cristallizza, di composizione granitica (*neosoma*) (▶9). Le migmatiti sono costituite da parti metamorfiche di colore scuro avvolte da parti più chiare derivanti dalla ricristallizzazione del fuso anatettico. Questo fenomeno di fusione parziale è detto **ultrametamorfismo**.

Facciamo il punto

9 Come si definiscono le serie metamorfiche?

10 Fai un esempio di serie metamorfiche.

TABELLA 1 Sequenze di rocce metamorfiche in funzione del tipo e del grado di metamorfismo

Rocce originarie	Metamorfismo di contatto	Metamorfismo regionale basso grado	Metamorfismo regionale medio grado	Metamorfismo regionale alto grado
Argille e arenarie	Cornubianiti (hornfels)	Argilloscisti Filladi	Micascisti Gneiss	Granuliti acide Gneiss
Rocce ignee acide (graniti, dioriti)	–	Porfiroidi	Micascisti	Gneiss
Arenarie quarzose	Quarziti	–	Quarziti	–
Calcari argillosi e marne	Marmi e calcefiri	Calcescisti	Calcescisti	–
Calcari	Marmi	Marmi	Marmi	–
Rocce ignee basiche	Cornubianiti (hornfels)	Prasiniti e cloritoscisti (facies scisti verdi) Scisti blu con glaucofane	Anfiboliti	Granuliti basiche Eclogiti
Rocce ultrabasiche	Serpentiniti	Serpentiniti Talcoscisti	Anfiboliti	Eclogiti

Sezione C Le rocce e i processi litogenetici

animazione

Il ciclo delle rocce
Le fasi del ciclo litogenetico

6 Il ciclo litogenetico

I processi che portano alla formazione delle rocce descritti in questa Unità e in quelle precedenti non possono essere considerati separatamente. Bisogna considerare infatti che le rocce possono subire delle trasformazioni in tempi molto lunghi. La stretta interazione tra tutti i processi di formazione delle rocce ignee, sedimentarie e metamorfiche che abbiamo esaminato e le potenzialità di trasformazione delle rocce è messa in evidenza dallo schema del **ciclo litogenetico** (▶ 10).

I processi di alterazione, erosione, trasporto e deposizione agiscono su tutte le rocce che affiorano sulla superficie terrestre (ignee, sedimentarie e metamorfiche). L'avvenuta deposizione dei clasti e la successiva diagenesi permette la formazione di rocce sedimentarie. Queste, per sollevamenti della crosta, possono ritornare in superficie per essere di nuovo erose, oppure portate in profondità dove verranno sottoposte a temperature e pressioni elevate che genereranno rocce metamorfiche. Le rocce metamorfiche potranno ritornare in superficie direttamente, oppure, a causa dell'aumento della temperatura, potranno essere sottoposte a processi di fusione (anatessi) che formeranno masse magmatiche intrusive (batoliti) di composizione granitica (magmi secondari). Le rocce ignee possono formarsi anche dai magmi primari provenienti dal mantello. Anche le rocce ignee intrusive (di origine primaria o secondaria) possono arrivare ad affiorare in superficie per essere di nuovo erose (assieme a quelle effusive) e trasformate in rocce sedimentarie, chiudendo così il ciclo.

✓ Facciamo il punto

11 Che cosa si intende per ciclo litogenetico?

12 Descrivi la figura del ciclo litogenetico.

Figura 10
Schematizzazione del ciclo litogenetico.

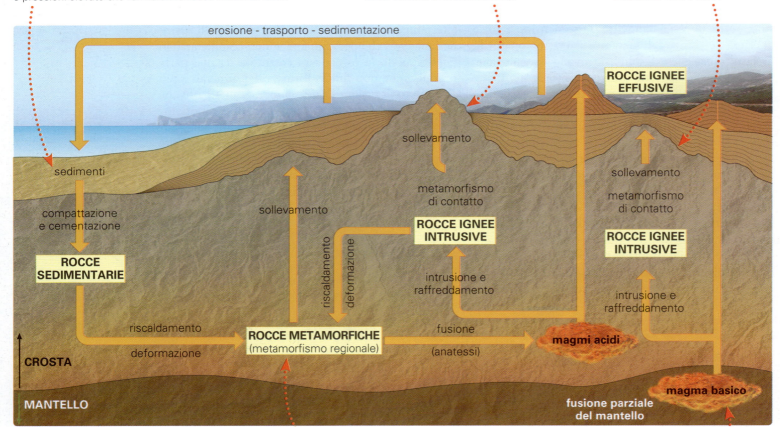

Le rocce metamorfiche e il ciclo litogenetico **Unità 5**

Scheda 2 Usi delle rocce metamorfiche

Tra le rocce metamorfiche i **marmi** sono molto utilizzati in edilizia, sia grezzi sia in lastre lucidate per rivestimenti, pavimentazioni e manufatti ornamentali. Ricordiamo che a fini commerciali, anche se il termine "marmo" si riferisce a rocce tipicamente metamorfiche, esso viene usato anche per indicare le rocce calcaree di origine sedimentaria. Le varietà più pregiate (marmi statuari) vengono utilizzate anche per la scultura. Famosi marmi statuari bianchi si trovano a Carrara nelle Alpi Apuane (▶1) e in Grecia (marmo Paro). Il marmo rosa di Candoglia, in provincia di Novara, è stato usato per costruire il Duomo di Milano ed è impiegato ancora oggi per i restauri dalla "Fabbrica del Duomo", che sfrutta la cava in esclusiva. Varietà listate ricche di clorite e serpentino che formano righe e disegni particolari su sfondo bianco sono chiamati "cipollini" e vengono cavati prevalentemente in Toscana e nel Lazio.

Le rocce metamorfiche scistose (**micascisti**, **filladi**, **ardesie**) ▶2 sono facilmente lavorabili in lastre che vengono impiegate per la copertura dei tetti. Le ardesie sono rocce di colore nero che derivano dal metamorfismo di basso grado di rocce argillose: vengono utilizzate come tegole (per esempio nella Francia centrale) oppure viene impiegata la varietà chiamata "lavagna" (dal nome della località ligure) nelle aule scolastiche.

Gli gneiss vengono utilizzati in edilizia, in lastre per la pavimentazione stradale oppure per cordonature di marciapiedi. Gneiss oc-

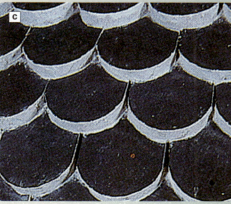

Figura 2 Le rocce scistose sono facilmente lavorabili in lastre più o meno spesse. **a)** Vecchi cavatori nella miniera di ardesia di Fontanabuona vicino a Lavagna in Liguria. Le ardesie uniscono alle qualità estetiche una particolare resistenza agli acidi e vengono impiegate come tegole per i tetti. Tetto in ardesia con copertura a rombo (**b**) e a scaglia di pesce (**c**).

chiadini si trovano distribuiti principalmente lungo la catena alpina dove formano grandi massicci: Monte Bianco, Monte Rosa, Gran Paradiso.

Le **serpentiniti** si trovano diffuse in tutta la catena alpina: per lavorazione "a spacco" si producono lastre (chiamate "piode" in alcune località) per il rivestimento di tetti. In alcune località le serpentiniti si trovano spesso in associazione con talcoscisti e cloritoscisti. In Val Malenco e nei dintorni di Chiavenna (SO) veniva e viene tuttora cavata una roccia molto malleabile chiamata "**pietra ollare**" dal termine dialettale "**olla**" (pentola). Si tratta comunemente di **talcoscisti** e **cloritoscisti** associati a serpentiniti, che vengono utilizzati per la produzione di manufatti (come pentole, stufe, piastre per la cottura) che sfruttano l'elevata conduzione e resistenza al calore del materiale.

Figura 1 Una cava di marmo bianco di Carrara nelle Alpi Apuane.

Sezione C Le rocce e i processi litogenetici

Ripassa con le flashcard ed esercitati con i test interattivi sul Me•book.

CONOSCENZE

Con un testo articolato tratta i seguenti argomenti

1. Descrivi il processo metamorfico.
2. Spiega quali sono i criteri di classificazione delle rocce metamorfiche.
3. Spiega che cosa si intende per metamorfismo retrogrado e come può essere utilizzato per la ricostruzione della storia della roccia.
4. In che cosa differiscono tra loro i vari tipi di metamorfismo?
5. Metti in relazione i tipi di metamorfismo con le strutture metamorfiche.
6. Spiega come vengono definite le serie metamorfiche facendo un esempio relativo a rocce di composizione basica.
7. Descrivi e discuti il ciclo litogenetico.
8. Che tipi di reazioni possono avvenire durante il processo metamorfico? (Scheda 1)
9. Per quali usi vengono impiegate le rocce scistose? (Scheda 2)

Con un testo sintetico rispondi alle seguenti domande

10. Che cosa si intende per "paragenesi"?
11. Come vengono definite le "facies metamorfiche"?
12. Cosa significa che una roccia è stata sottoposta a "retrocessione metamorfica"?
13. Quali sono le cause che possono provocare metamorfismo regionale?
14. Quali sono le condizioni affinché in una roccia si formi una struttura scistosa?
15. Gli gneiss sono il prodotto di un metamorfismo di alto grado. Quali rocce di partenza possono dare origine agli gneiss? Quali sono le rocce che si formano a gradi metamorfici intermedi?
16. Che cosa si intende per struttura milonitica e da che tipo di metamorfismo è generata?
17. Che cosa si intende con il termine commerciale "marmo"? (Scheda 2)
18. Perché è importante il fenomeno del polimorfismo nelle reazioni metamorfiche? (Scheda 1)

Quesiti

19. Con il termine "blastèsi" si indica:
    a. l'azione della temperatura sulle rocce.
    b. l'azione della pressione sulle rocce.
    c. la diversa intensità del processo metamorfico.
    d. la ricristallizzazione metamorfica.

20. I minerali indice vengono così chiamati perché:
    a. indicano la paragenesi di una roccia.
    b. indicano ristretti intervalli di temperatura e pressione.
    c. indicano ampi intervalli di temperatura e pressione.
    d. indicano la presenza di fluidi circolanti.

21. Il metamorfismo di contatto dipende:
    a. unicamente dalla pressione.
    b. dall'azione combinata di pressione e temperatura.
    c. unicamente dalla temperatura.
    d. unicamente dai fluidi circolanti.

22. La struttura massiccia di una roccia metamorfica è generata:
    a. da pressioni orientate.
    b. da movimenti a scala regionale della crosta terrestre.
    c. da ricristallizzazione ad alta temperatura.
    d. dalla pressione litostatica a grandi profondità.

23. La struttura occhiadina è caratteristica di:
    a. micascisti.   c. filladi.
    b. gneiss.   d. eclogiti.

24. Vero o falso?
    a. La facies scisti verdi è quella di più basso grado metamorfico. V F
    b. Le eclogiti sono rocce metamorfiche che si formano ad alte pressioni. V F
    c. La presenza di clorite in una roccia metamorfica indica un grado metamorfico elevato. V F
    d. L'orneblenda è un minerale tipico della facies anfiboliti. V F

25. Abbina lettere e numeri.
    a. prasiniti – b. gneiss – c. anfiboliti – d. filladi
    1. Possono avere struttura occhiadina. ....
    2. Sono rocce di basso grado metamorfico. ....
    3. Rocce della facies scisti verdi. ....
    4. Sono rocce costituire prevalentemente da plagioclasi e orneblenda. ....

26. Completa.
    a. La struttura milonitica è indice di un metamorfismo ....
    b. Le cornubianiti sono rocce che si formano per metamorfismo ....
    c. Le rocce scistose sono rocce che si formano per metamorfismo ....

27. Cancella il termine errato.
    a. Le rocce metamorfiche per fusione in profondità origineranno magmi *primari/anatettici* che potranno originare *batoliti/eruzioni vulcaniche acide*.
    b. I minerali che si formano in ristretti intervalli di temperatura e pressione si chiamano minerali *indice/guida*.
    c. Le rocce ignee intrusive possono raggiungere la superficie. L'azione degli agenti atmosferici può trasformarle in rocce *effusive/sedimentarie*.

28. Quali tra queste rocce si sono formate a grandi pressioni e temperature?
    a. anfiboliti.
    b. granuliti basiche.
    c. cornubianiti.
    d. scisti a glaucofane.

29 Rocce appartenenti alla facies degli scisti verdi sono:
a prasiniti.
b eclogiti.
c gneiss.
d micascisti.

30 Se si parla di facies anfiboliti si indica un metamorfismo di grado:
a bassissimo.
b basso.
c intermedio.
d alto.

31 I marmi derivano dal metamorfismo di:
a rocce silicee.
b rocce acide.
c rocce basiche.
d rocce calcaree.

32 Per reazioni di decarbonatazione si intende (Scheda 1):
a reazioni che liberano anidride carbonica gassosa.
b reazioni che formano carbonato di calcio.
c reazioni che formano carbonato di calcio e liberano anidride carbonica gassosa.
d reazioni che trasformano silicati di calcio in carbonato di calcio.

33 I micascisti sono (Scheda 2):
a rocce con struttura scistosa che possono essere facilmente lavorate in lastre.
b rocce a struttura occhiadina che possono essere facilmente lavorate in lastre.
c rocce scistose che si utilizzano in lastre lucidate.
d rocce a struttura occhiadina che formano grandi massicci della catena alpina, come il massiccio del Monte Bianco.

COMPETENZE

Leggi e interpreta

34 I monti di Michelangelo sventrati per i dentifrici

ROMA – "Noi tutti qui a Carrara chiediamo pietà. Pietà per il marmo, che da secoli è la vita della nostra gente. Pietà per le Alpi Apuane. Per i nostri paesaggi sconvolti e sventrati. Tra poco non parleremo più di montagne ma di bassopiano apuano...". Questo è ciò che afferma Mario Venutelli quando parla delle "sue" montagne. Venutelli è figlio di una delle più antiche famiglie di cavatori di marmi di Carrara, quei Magistri Marmorum che solo dopo un attento vaglio del pezzo estratto lo "certificavano" e lo affidavano agli artigiani e ai grandi artisti, che produssero opere immortali come Michelangelo Buonarroti. Ha nel sangue l'amore per le Alpi Apuane che in profondità custodiscono il bianco materiale che è sempre stato sinonimo di ricchezza: il marmo pregiato, ricercato in tutto il pianeta.

Purtroppo da dieci anni tutto è cambiato: "Si estraeva il marmo e si metteva da parte le scaglie e gli sfridi, cioè i frantumi. Finché non è stata scoperta una facile fonte di ricchezza: proprio gli scarti. Quindi il carbonato di calcio utilizzabile nelle industrie cosmetiche, nelle cartiere per patinare. Ottimo per fabbricare dentifrici, mangimi, coloranti, colle, persino filtri destinati alle centrali idroelettriche per evitare le piogge acide. E quel filtro, dopo l'uso, restituisce gesso nobile. Ovvero la base per il cemento". Una volta capito che tutto ciò poteva essere la fonte di ulteriori notevoli guadagni, è partito l'assalto per lo sfruttamento del materiale. Le Apuane oggi, per ogni estrazione, producono il 20% di marmo e l'80% di carbonato di calcio, come prevede una regolamentazione della Regione Toscana: le cifre sono impressionanti: cinque milioni di tonnellate estratte ogni anno nel distretto compreso tra Carrara e la Lucchesia, ma la gran parte riguarda Carrara. Un migliaio di camion ogni giorno partono dalle montagne, attraversano la città, la inquinano e scendono verso i porti da cui il materiale estratto verrà spedito nelle varie destinazioni. Un grave effetto di questa attività è la diffusione di casi di silicosi in rapido aumento: ci si ammala semplicemente respirando la polvere. La collettività locale non trae nessun beneficio: tutto il materiale che viene estratto è infatti portato via dalle multinazionali.

Liberamente tratto da Paolo Conti, Corriere della Sera, 10 luglio 2010

a. Individua nel brano i termini che hai incontrato nello studio di questa Unità.
b. Per quali attività nel passato veniva impiegato il marmo?
c. Per quali attività vengono utilizzati gli scarti di lavorazione?
d. L'attività estrattiva porta benefici alla popolazione locale?
e. Quali tipi di problemi sono legati al trasporto del materiale cavato?
f. Perché sono sempre più numerosi i casi di silicosi tra la popolazione?

Fai un'indagine

36 Fai un'indagine sul tipo di rocce metamorfiche utilizzate per l'edilizia e per i monumenti della tua città. Individua i tipi di rocce, il tipo di metamorfismo, il tipo di roccia originaria, le zone di estrazione e i problemi ambientali dovuti all'attività di cava.

37 Fai una ricerca sulle pietre da costruzione di origine metamorfica utilizzate nella tua città con particolare attenzione:
a. alla descrizione dei litotipi più utilizzati per edifici e monumenti;
b. alla loro provenienza;
c. alle problematiche legate alle zone dove viene cavato il materiale;
d. ai problemi ambientali delle zone di cave

Sezione C Le rocce e i processi litogenetici

Osserva e rispondi

38 Riconosci il tipo di struttura delle rocce nelle seguenti immagini. Da che tipo di metamorfismo vengono prodotte?

....

....

Formula un'ipotesi

40 Dall'analisi macroscopica di una roccia risulta che è formata essenzialmente da serpentino e magnetite. Che cosa puoi dire sulla sua origine?
- a È una roccia che deriva dal metamorfismo di arenarie quarzose.
- b È una roccia che deriva dal metamorfismo regionale di rocce ultrabasiche.
- c È una roccia che deriva dal metamorfismo di contatto di rocce calcaree.
- d È una roccia che deriva dal metamorfismo di basso grado di rocce basiche.

41 Osservi uno strato roccioso fratturato e caratterizzato da un'intensa frantumazione della roccia che lo compone. Formula un'ipotesi sul tipo di metamorfismo cui è stato sottoposto:
- a metamorfismo di contatto.
- b metamorfismo cataclastico.
- c metamorfismo regionale di basso grado.
- d metamorfismo regionale di alto grado.

In English

42 What does it mean "metamorphism" in petrography?

43 What is the fundamental criterion that is considered for the classification of metamorphic rocks?

Usa i termini corretti

39 Completa il diagramma.

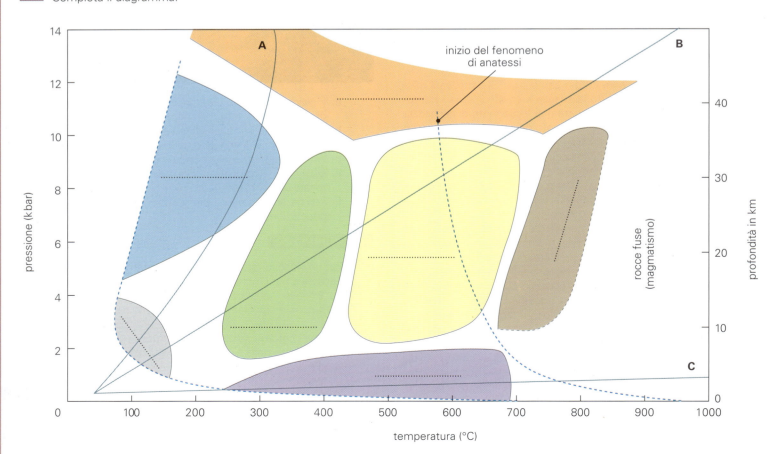

44 Riempi i rettangolini gialli indicando il tipo di rocce.

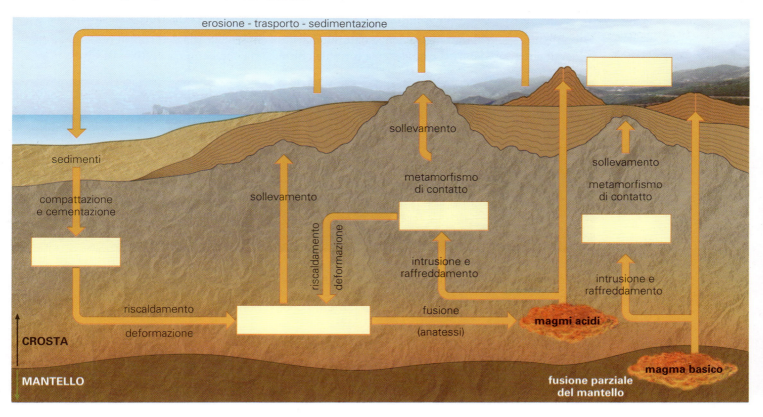

Organizza i concetti

45 Completa la mappa.

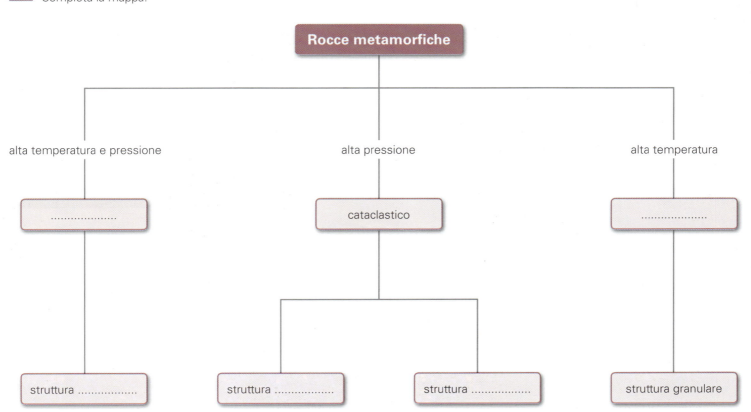

46 Costruisci una tabella con le principali serie metamorfiche.

Sezione C Le rocce e i processi litogenetici

Riconoscimento dei minerali

Durante una visita al museo di scienze naturali della tua città, nella sala dedicata ai minerali, vedi due minerali che sono descritti con la stessa formula chimica ma che hanno aspetto assai diverso.

Domanda 1
Proprietà dei minerali

a. In quale proprietà dei minerali ti sei imbattuto?

   1. In nessuna proprietà: c'è stato sicuramente un errore nella compilazione del cartellino.
   2. Polimorfismo
   3. Il somorfismo

b. Perchè identificare l'abito cristallino di un minerale non è un'osservazione decisiva per il suo riconoscimento?

....
....
....

Domanda 2
La durezza

Stai passeggiando lungo un sentiero di montagna e trovi una roccia in cui spiccano in superficie alcuni cristalli trasparenti. Hai a disposizione un coltellino multiuso. Siccome l'abito cristallino è irregolare sei indeciso tra la calcite e il quarzo.

a. Con la lama del coltellino riesci a incidere la superficie del minerale. Puoi affermare che il minerale ha:

   1. una durezza minore di 5 della scala di Mohs.
   2. una durezza uguale a 5 della scala di Mohs.
   3. una durezza maggiore di 5 della scala di Mohs.
   4. una durezza maggiore di quella del quarzo.

b. Come viene definita la durezza come proprietà fisica dei minerali?

....
....
....

Verso le competenze

Le proprietà fisiche dei minerali

Stai passeggiando sulle rive del Ticino. Noti un piccolo ciottolo giallo che luccica alla luce del sole.
A prima vista sembra oro!

Domanda 3
Le proprietà fisiche

a. Cosa puoi fare per stabilire se si tratta effettivamente del prezioso metallo? Hai a disposizione: una bilancia, un cilindro graduato, dell'acqua e una tabella delle densità (oppure una tavola periodica).

....
....

b. Perché non si può riconoscere un minerale solo dal colore?

....
....

Riconoscimento di correlazioni stratigrafiche basate sulla presenza di fossili guida

Dopo aver fatto dei rilevamenti geologici in quattro diverse località (a, b, c, d) riesci a ricostruire le sezioni geologiche relative e riesci a correlare gli strati attraverso la presenza di fossili guida.

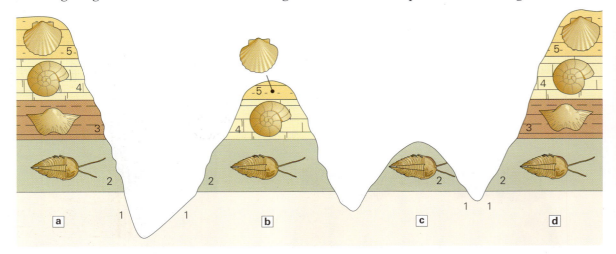

Domanda 4
Le successioni stratigrafiche

a. Cosa puoi affermare per le successioni stratigrafiche delle località a e d?
....
....

b. Cosa puoi dire per la successione della località b?
....
....

c. Cosa è successo nella località c?
....
....

Sezione C Le rocce e i processi litogenetici

Laboratorio

La crescita di sali di salgemma

Scopo
Osservare i cristalli di salgemma e la loro crescita.

Materiale occorrente
- Un normale bicchiere
- Acqua
- Sale fino da cucina
- Sale grosso
- Filo di cotone (da rammendo)
- Un cucchiaino
- Uno stuzzicadenti

Premessa
Il salgemma (NaCl) è il comune sale che utilizziamo in cucina.
È possibile osservare la crescita di cristalli di salgemma da una soluzione satura di acqua e sale.

Procedimento
- Riempi d'acqua un normale bicchiere.
- Prendi un cucchiaino da caffè e, poco per volta, versa nel bicchiere un pizzico di sale fino.
- Mescola fino a quando il sale non si sarà sciolto del tutto.
- Continua ad aggiungere sale fino a quando, pur continuando a mescolare, ne rimane un po' sul fondo del bicchiere: significa che la soluzione è satura, cioè contiene la quantità massima di sale che si può sciogliere in quella quantità d'acqua.
- Prendi un cristallo di sale grosso (quello che si usa per salare l'acqua per cuocere la pasta) e, con un po' di pazienza, legalo all'estremità di un sottile filo di cotone.
- L'altra estremità del filo di cotone va assicurata a un sostegno che può essere uno stuzzicadenti sufficientemente lungo, oppure una matita, che appoggerai sul bordo del bicchiere, in modo tale che il cristallo di sale si trovi sospeso nell'acqua.
- Fai evaporare l'acqua, magari mettendo il bicchiere sul calorifero per accelerare il processo.

Elaborazione
Controlla costantemente quello che accade e memorizza i cambiamenti che subisce il cristallo.

Dopo qualche giorno sarai in grado di rispondere alle seguenti domande:

a. Che trasformazioni ha subito il cristallo immerso nel bicchiere?
b. Qual è l'abito cristallino dei cristalli di salgemma?

Scienze della Terra

sezione D

Geologia strutturale e fenomeni sismici

Unità
6 Geologia strutturale
7 I fenomeni sismici
8 L'interno della Terra

Obiettivi

Conoscenze

Dopo aver studiato questa Sezione sarai in grado di:

→ descrivere il comportamento meccanico delle rocce;

→ descrivere i diversi tipi di deformazioni rigide delle rocce;

→ descrivere e classificare i tipi di pieghe;

→ spiegare il meccanismo che origina i terremoti;

→ spiegare la differenza tra scala MCS e scala Richter;

→ spiegare il significato di rischio sismico e la differenza tra previsione deterministica e probabilistica;

→ descrivere l'interno della Terra e spiegare in che modo è stato possibile conoscere la sua struttura e i materiali componenti;

→ confrontare i modelli dell'interno della Terra analizzandone i criteri di formulazione e la diversa suddivisione in strati;

→ spiegare la teoria dell'isostasia confrontando i modelli di Pratt e Airy.

Competenze

Dopo aver studiato questa Sezione e aver eseguito le Verifiche sarai in grado di:

→ riconoscere lo stile tettonico di una certa regione;

→ individuare sul territorio aree a rischio sismico attraverso l'analisi dei dati relativi ai terremoti del passato;

→ inter pretare i dati e le informazioni nei vari modi in cui possono essere presentati (testo, diagrammi, grafici, tabelle);

→ correlare le molteplici informazioni descrittive e metterle in relazione con l'interpretazione del fenomeno;

→ ricercare, raccogliere e selezionare informazioni e dati da fonti attendibili (testi, riviste scientifiche, siti web);

→ comunicare, acquisendo la terminologia specifica di base della geologia descrittiva e interpretativa.

Geologia strutturale

unità 6

scienze della Terra

Come si comportano le rocce se sottoposte a sforzi?

1 Le rocce possono subire deformazioni

Le rocce della litosfera sono continuamente sottoposte a forze che possono modificare in modo sensibile il loro assetto e la loro struttura originaria in tempi molto lunghi.

Il settore della geologia che studia e descrive i movimenti e le deformazioni (variazioni di forma e/o volume) degli ammassi rocciosi della crosta terrestre, ricercandone le cause, si chiama **tettonica** o **geologia strutturale**. Il geologo è in grado di ricostruire la "storia tettonica" di una porzione di crosta terrestre a partire dallo studio delle deformazioni

Figura 1 L'originaria struttura a strati orizzontali di queste rocce è stata deformata formando una struttura a pieghe.

delle rocce che affiorano in superficie.

Le rocce più significative per uno studio di geologia strutturale in una determinata area sono quelle che presentano una "stratificazione" (strati sedimentari e scistosità metamorfica). In alcuni casi gli strati rocciosi mantengono la loro orizzontalità originaria; più spesso risultano inclinati, piegati o fratturati (▶1). Il tipo e l'entità delle deformazioni dipendono da diversi fattori, primo fra tutti il comportamento meccanico del materiale roccioso.

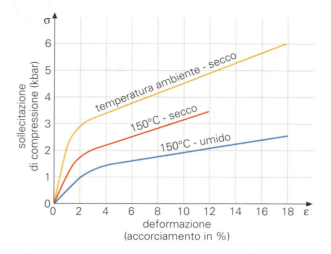

Figura 2 Il grafico sforzo-deformazione mostra il comportamento di un campione di roccia sottoposto a compressione. All'inizio c'è un rapporto di proporzionalità diretta fino al limite di elasticità, dove i materiali fragili si rompono. Per valori di sforzo superiori al limite di elasticità, la deformazione è permanente ed è caratteristica delle rocce duttili.

2 I materiali reagiscono in modo diverso alle sollecitazioni

Quando si applica una sollecitazione di tipo meccanico (**sforzo**) a un materiale solido, questo può reagire in due modi, mettendo in evidenza un comportamento **elastico** o **plastico** (detto anche **duttile**).

Un corpo che reagisce elasticamente si deforma, ma quando cessa lo sforzo ritorna nelle condizioni di partenza: la deformazione è quindi reversibile. Se però lo sforzo supera una certa soglia, chiamata *limite di elasticità*, il corpo si rompe (fratturandosi) e la deformazione risulta irreversibile.

Per un corpo che si comporta in modo plastico, se lo sforzo applicato è maggiore del limite di elasticità, la deformazione è permanente poiché non scompare del tutto al cessare dello sforzo. In teoria, un solido plastico (o duttile), a cui vengano applicati sforzi oltre il limite di elasticità, si deforma indefinitamente e quindi è come se scorresse (molto lentamente, trattandosi di materiale allo stato solido), come un liquido molto viscoso, senza giungere mai al punto di rottura. In pratica, i solidi "reali" dopo la deformazione plastica giungono comunque al punto di rottura (▶2). Lo sforzo risulta proporzionale alla deformazione secondo la legge di Hooke:

$$\sigma = E \cdot \varepsilon$$

dove σ è lo sforzo, ε la deformazione ed E una costante che dipende dal materiale.

Solo in particolari condizioni di temperatura e di pressione le rocce possono comportarsi come un liquido, cioè scorrere in una determinata direzione se sottoposte a qualsiasi sforzo, anche minimo. La particolarità di questo comportamento (**viscoso**) è l'assenza del limite di elasticità.

Facciamo il punto

1 Qual è l'oggetto di studio della geologia strutturale?

2 Descrivi i possibili comportamenti di una roccia che viene sottoposta a sforzi. Che cosa è il limite di elasticità?

3 Le deformazioni nelle rocce: da che cosa dipendono?

Esistono molti fattori che in natura possono influenzare la deformazione delle rocce: tra questi i più importanti sono la struttura della roccia, la pressione litostatica, la temperatura, la presenza di acqua.

→ **Struttura della roccia**. Le rocce sedimentarie con fitta stratificazione (argilliti e siltiti), così come le rocce metamorfiche scistose (filladi e micascisti), sono normalmente *più duttili* e quindi sopportano deformazioni maggiori. Le rocce ignee con struttura cristallina (graniti), alcune rocce sedimentarie più compatte (arenarie e calcari) e le rocce metamorfiche con struttura massiccia (marmi) o occhiadina (gneiss) sono invece *più fragili* e tendono a fratturarsi più facilmente. Gli sforzi che agiscono sulle rocce possono essere più o meno intensi e possono gravare sullo stesso ammasso roccioso costantemente e per lungo tempo. In quest'ultimo caso la roccia tende a deformarsi plasticamente.

→ **Pressione litostatica**. Un altro fattore molto importante da prendere in considerazione è la pressione litostatica. Le rocce che si trovano in prossimità della superficie terrestre si fratturano facilmente e quindi tendono a comportarsi in modo fragile. A mano a mano che procediamo in profondità, la pressione aumenta e le stesse rocce assumono invece un comportamento duttile. L'influenza della pressione è stata studiata in la-

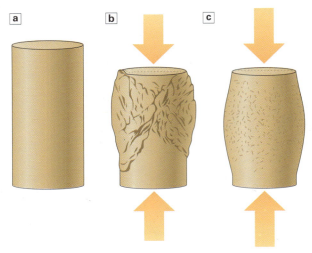

Figura 3 Un campione di roccia (**a**) viene sottoposto in laboratorio a pressioni litostatiche crescenti (simulate contenendo l'espansione laterale del cilindro), fino al raggiungimento di un accorciamento del 20% della sua lunghezza di partenza. Se la compressione unidirezionale (verticale nella figura) avviene a bassa pressione (a modeste profondità) il campione si frattura (**b**). Se invece la compressione si effettua ad alta pressione (a elevate profondità) il campione, per effetto della forte pressione laterale, si deforma in modo plastico "gonfiandosi" (**c**).

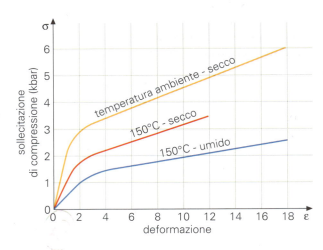

Figura 4 Le curve sforzo-deformazione sono influenzate dalla temperatura e dalla presenza d'acqua.

boratorio sottoponendo diversi campioni rocciosi a prove di compressione a pressioni litostatiche crescenti (▶3).

→ **Temperatura.** Anche la temperatura aumenta con la profondità, e con essa aumenta, per una stessa roccia, la sua duttilità. Le rocce che si trovano a notevoli profondità all'interno del nostro pianeta (ad alte temperature e pressioni) possono quindi comportarsi come un *fluido molto viscoso che scorre lentamente, pur rimanendo allo stato solido.*

→ **Presenza di acqua.** È questo un fattore che varia localmente e nel tempo. Se è presente acqua in profondità, la duttilità delle rocce aumenta, come si può osservare nel grafico (▶4).

Facciamo il punto

3 In che modo la temperatura influisce sul comportamento delle rocce?

4 In che modo la presenza d'acqua influisce sul comportamento delle rocce?

4 Deformazioni rigide

Quando lo sforzo applicato supera il limite di elasticità, una roccia dal comportamento fragile si spezza formando una superficie di discontinuità che prende il nome di **frattura** (o **diàclasi**); se lungo la frattura si rilevano movimenti e scorrimenti relativi dei blocchi rocciosi a contatto, si parla di **faglia**. Il piano lungo il quale si verifica lo scorrimento viene chiamato **piano di faglia** e i due blocchi rocciosi a contatto lungo il piano di faglia vengono chiamati **labbri**. A causa dello scorrimento dei labbri si possono verificare degli attriti e delle pressioni tali da frantumare e deformare la roccia: si possono formare in questo modo alcuni tipi particolari di rocce metamorfiche, come cataclasiti e miloniti.

Le faglie vengono classificate considerando la giacitura del piano di faglia in relazione al movimento relativo dei blocchi rocciosi a contatto. Si possono distinguere in questo modo tre tipi di faglie: dirette o normali, inverse, trascorrenti.

→ **Faglie dirette o normali.** Si originano a causa di movimenti distensivi (di trazione) che generano un piano di faglia inclinato: in esse si può riconoscere un blocco sovrastante il piano di faglia (**tetto**), che ha subìto un movimento verso il basso rispetto al blocco adiacente sottostante al piano stesso (**letto**). L'entità dello spostamento, misurato in metri, viene chiamata **rigetto** (▶5).

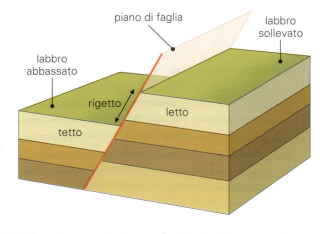

Figura 5 Gli elementi strutturali di una faglia.

Geologia strutturale **Unità 6**

→ **Faglie inverse**. Sono caratterizzate da uno spostamento verso l'alto del blocco roccioso a tetto che tende a sormontare il blocco a letto lungo il piano di faglia inclinato. Esse sono generate da movimenti compressivi (▶6).

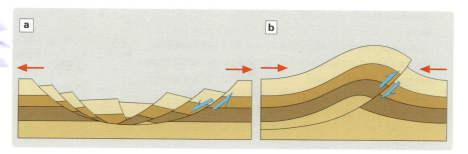

Figura 6 Sforzi distensivi (faglie dirette) (**a**) e compressivi (faglie inverse) (**b**) producono effetti diversi sulla struttura complessiva dei blocchi rocciosi superficiali.

Scheda 1 · Analisi di laboratorio su campioni di roccia

Le principali informazioni sulla resistenza delle rocce sottoposte a sforzi si ricavano da analisi di laboratorio, che vengono effettuate seguendo procedure standardizzate. Una cura particolare deve essere dedicata alla scelta della dimensione del campione che si sottopone ad analisi: questo deve infatti avere una dimensione adeguata e proporzionata rispetto a quella dei cristalli o granuli presenti all'interno della roccia; lo scopo sarà quello di ottenere dei risultati significativi che si possano poi estendere all'ammasso roccioso. Nello stesso tempo, il campione non deve essere troppo grande, altrimenti non potrebbe essere inserito negli strumenti di misurazione. Di solito si utilizzano campioni cilindrici derivati da carotaggi (il campione si preleva utilizzando un utensile cavo che viene riempito dal materiale da analizzare), con dimensioni dell'ordine di qualche decina di centimetri di lunghezza.

La prova più utilizzata e più indicativa per stabilire la resistenza meccanica del materiale è la **prova di resistenza alla compressione**: si pone il provino (campione) tra due piastre collegate con pistoni alle quali viene gradualmente applicato uno sforzo via via crescente. Il campione si deforma diminuendo la sua lunghezza e aumentando la sua larghezza man mano che lo sforzo cresce, fino a quando comincia a comparire la frattura: quando si giunge al carico di rottura la resistenza del campione diminuisce drasticamente o si annulla. I risultati si possono inserire in grafici "sforzo-deformazione" dai quali si può classificare il comportamento meccanico del materiale. Nelle prove di compressione la frattura nei campioni avviene con la formazione di poche superfici parallele alla direzione di carico.

Un'altra prova significativa è la **prova di resistenza alla trazione**. Per questi tipi di prove i campioni devono essere lavorati in modo tale da avere delle strutture di presa da parte di eventuali ganasce dell'apparecchiatura utilizzata e in modo tale da avere una superficie di rottura di 4 x 4 cm (▶1). Durante questo tipo di prova si riscontrano carichi di cedimento notevolmente più bassi rispetto a quelli ottenuti con le prove di compressione. È bene comunque ricordare che sia la forma del campione che la sua lavorazione causano notevoli differenze di comportamento durante le prove.

Per esempio, provini che provengono da carote o lavorati a mano sono meno resistenti di quelli segati (con una sega diamantata); quelli allungati sono meno resistenti di quelli appiattiti; quelli più piccoli sono meno resistenti di quelli più grandi. Inoltre esiste una serie di formule di conversione dei dati ottenuti con campioni di una certa forma per riferirli a campioni con forme diverse (in questo modo, per esempio, si può fare la prova su carota e poi riferirla al provino standard).

La **prova di resistenza al taglio** utilizza apparecchi molto semplici che applicano una sollecitazione di compressione, oppure si agisce con scalpelli o su provini con forme speciali (▶2). La resistenza al taglio (o scorrimento) delle rocce è circa 1/10, 1/20 della resistenza alla compressione e circa il doppio della resistenza alla trazione.

La **prova di resistenza all'urto** di una roccia si può misurare con un apposito apparecchio a pendolo; si misurano l'altezza di caduta necessaria alla rottura e quella di risalita dopo la rottura del campione (▶3). La resistenza all'urto, chiamata anche "**tenacità**", ha una relazione di proporzionalità diretta con la resistenza alla compressione.

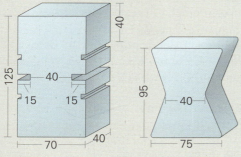

Figura 1 Per le misure di resistenza alla trazione si utilizzano campioni di forma particolare.

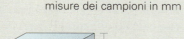

Figura 2 Prova di resistenza al taglio effettuata applicando uno sforzo di compressione.

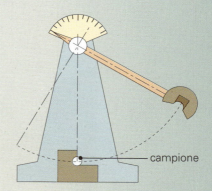

Figura 3 La resistenza all'urto o tenacità si può misurare con uno strumento a pendolo.

QUALCOSA IN PIÙ

116 Sezione D Geologia strutturale e fenomeni sismici

animazione

Le faglie
Che cosa sono, come si presentano e come si muovono.

→ **Faglie trascorrenti.** Hanno il piano di faglia verticale, o con un'inclinazione prossima a 90°, e i due blocchi rocciosi che scorrono lateralmente l'uno rispetto all'altro. In questo caso è evidente che non si potrà più distinguere un tetto da un letto, ma solo misurare l'entità del rigetto (▶7). Solitamente gli sforzi provocano fratture lungo le superfici di minore resistenza all'interno del materiale su cui agiscono.

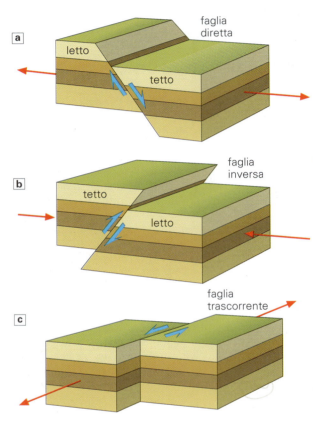

Figura 7 (**a**) La faglia normale o diretta (vedi anche foto) è tipica di movimenti distensivi e provoca un ribassamento del tetto rispetto al letto.
(**b**) La faglia inversa è generata da movimenti compressivi che provocano uno scorrimento verso l'alto del tetto rispetto al letto.
(**c**) In una faglia trascorrente i due blocchi a contatto si muovono lateralmente l'uno rispetto all'altro lungo la direzione del piano di faglia.

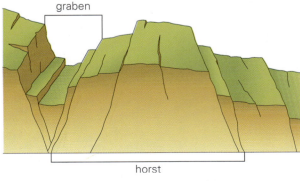

Figura 8 Le strutture a horst e graben si formano a causa della presenza di piani di faglia verticali.

4.1 Sistemi di faglie

Gli sforzi agiscono su aree piuttosto vaste in cui sono presenti, oltre a diversi tipi di rocce, anche diversi tipi di strutture. Pertanto, in una zona sottoposta a sforzi è molto probabile che si presentino dei sistemi di più faglie con uguale direzione.

Quando si parla di una faglia famosa come la faglia di San Andreas in Nord America o della faglia nord-anatolica in Turchia, in realtà si parla di un **sistema di faglie**, in quanto la faglia principale è spesso accompagnata da faglie secondarie isoorientate. Alcune faglie sono ancora attive, altre lo sono state nel passato: per queste ultime si riscontrerà comunque una dislocazione degli ammassi rocciosi a contatto (come ad esempio la linea insubrica in Valtellina e nella zona di Ivrea).

Un particolare sistema di faglie produce in superficie una struttura "a pilastri e fosse tettoniche", più nota come struttura a "*horst*" e "*graben*", dalla terminologia tedesca. Si tratta di un sistema di faglie con direzione parallela e immersione prossima alla verticale che può interessare una vasta zona della superficie terrestre. Il risultato è la formazione di un'alternanza di rilievi (che corrispondono ai blocchi rialzati) e di depressioni (che corrispondono ai blocchi ribassati) che formano lunghe e profonde valli che possono essere caratterizzate dalla presenza di fiumi, laghi e bracci di mare stretti e allungati (▶8).

Un classico esempio ancora attivo è la zona chiamata "*basin and range*" negli Stati Uniti occidentali, una serie di rilievi e fosse paralleli orientata in direzione Nord-Sud, tra le catene costiere (a Ovest) e le Montagne Rocciose (a Est).

Un esempio di struttura a *horst* e *graben* non più attiva sul continente europeo è il "graben del Reno": si tratta di un'ampia zona depressa che collega l'Olanda al Golfo di Marsiglia, percorsa da due dei principali fiumi europei, il Reno e il Rodano. I fianchi di questo *graben* sono caratterizzati da rilievi "a gradinata" che culminano con gli *horst* delle catene dei Vosgi e della Foresta Nera.

In Italia la fossa del Campidano in Sardegna (tra il Golfo di Oristano e Cagliari) è un *graben* con orientamento NNO-SSE.

▼ Facciamo il punto

5 Quanti tipi di faglie esistono?

6 Che cosa è il rigetto di una faglia?

7 Perché è più opportuno parlare di sistemi di faglia?

Scheda 2 Bacini di pull-apart

Le faglie trascorrenti non sempre hanno un andamento perfettamente rettilineo: a volte, localmente, presentano marcate ondulazioni anche di forma irregolare. Questa situazione può generare una ristretta zona di compressione che può formare modesti rilievi nel verso di spostamento (▶1).
Si forma così un bacino a losanga, detto **bacino di pull-apart**, che è frequentemente occupato da un lago. Un esempio è il Mar Morto, che occupa un bacino di questo tipo lungo la faglia omonima che percorre tutto il Medio Oriente (con direzione N-S) dalla Turchia meridionale fino al Golfo di Aqaba (▶2).

Figura 2 Bacini di pull-apart lungo la faglia del Mar Morto.

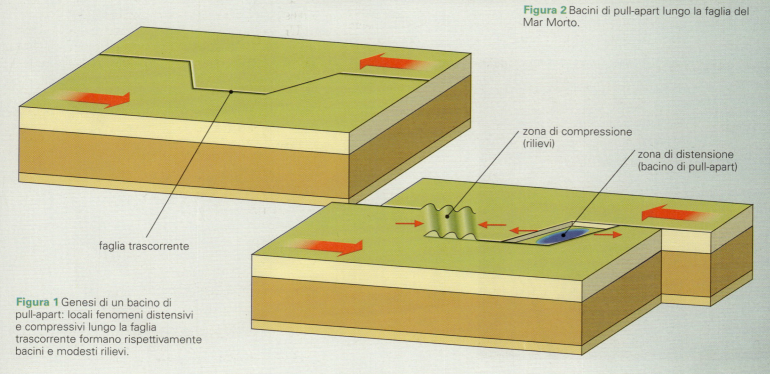

Figura 1 Genesi di un bacino di pull-apart: locali fenomeni distensivi e compressivi lungo la faglia trascorrente formano rispettivamente bacini e modesti rilievi.

5 Deformazioni plastiche

Le rocce con marcato comportamento duttile si deformano formando **pieghe**. Queste si manifestano prevalentemente là dove le rocce presentano delle strutture "stratificate", come nelle successioni sedimentarie, nella scistosità delle rocce metamorfiche e nella possibile isoorientazione di minerali nelle rocce ignee.

In generale, in una piega si possono riconoscere diverse parti: la **cerniera** (o **asse**) è la linea che unisce i punti di massima curvatura degli strati coinvolti.

Il **fianco** di una piega è quella parte in cui gli strati sono inclinati nella stessa direzione: può essere "normale", se presenta la successione originaria degli strati (con quello più recente nella zona superiore), oppure "inverso" o "rovesciato", se la successione è capovolta.

Il **piano assiale** è un piano passante per la cerniera di tutti gli strati successivi che formano la piega; esso può essere più o meno inclinato rispetto alla verticale. Si definisce **nucleo** di una piega la sua parte più interna. Se il nucleo è composto da rocce più antiche, la piega assumerà una forma convessa verso l'alto prendendo il nome di **anticlinale**; se il nucleo è composto da strati più giovani, la piega si presenterà concava verso l'alto e prenderà il nome di **sinclinale** (▶9).

Anche se i fenomeni erosivi demoliranno completamente o in parte queste strutture, normalmente sempre associate, esse saranno comunque riconoscibili in quanto in prossimità delle cerniere delle anticlinali tenderanno ad affiorare gli strati più antichi, mentre nel nucleo delle sinclinali si preserveranno gli strati più recenti.

5.1 Classificazione delle pieghe

La classificazione delle pieghe viene effettuata tenendo conto dei caratteri geometrici dei fianchi e del piano assiale.

Sono molto rare le **pieghe simmetriche**, cioè con gli strati simmetricamente inclinati su entrambi i fianchi. Se l'asse rimane verticale, ma l'inclinazione dei fianchi è diversa, si parla di **pieghe asimmetriche**. A seconda dell'inclinazione del piano assiale, distinguiamo **pieghe diritte** con inclinazione prossima alla verticale, **pieghe inclinate** se il piano assiale è inclinato, **pieghe rovesciate** con piano assiale inclinato e strati rovesciati su almeno un fianco della piega, **pieghe coricate** quando, oltre a essere rovesciate, il piano assiale è orizzontale (▶10).

Un caso particolare di piega si riscontra quando tutti e due i fianchi immergono nella stessa direzione; si tratta di pieghe piuttosto blande che raccordano

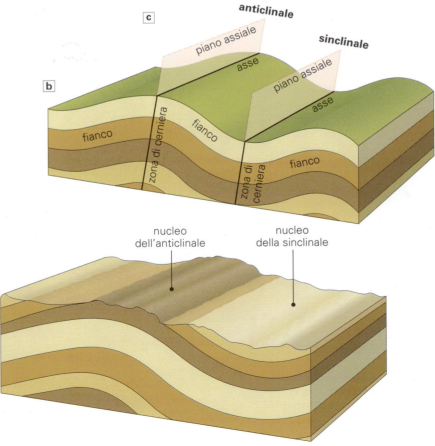

Figura 9 La foto (**a**) mostra una piega anticlinale. Nei disegni, una struttura composta da anticlinale e sinclinale prima (**b**) e dopo (**c**) essere stata soggetta a fenomeni erosivi. Nel nucleo dell'anticlinale affiorano gli strati più antichi, mentre nel nucleo della sinclinale affiorano gli strati più recenti.

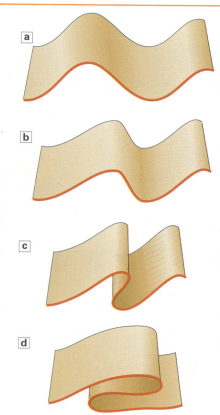

Figura 10 Diversi tipi di pieghe distinte in base all'inclinazione del piano assiale: (a) diritte; (b) inclinate; (c) rovesciate; (d) coricate. Nella foto, un esempio di piega coricata.

strati orizzontali: prendono il nome di **pieghe monoclinali** o **fessure** (▶11).

Nelle pieghe rovesciate la deformazione è così intensa che può frequentemente capitare che un fianco della piega sia interessato dalla presenza di una faglia. In questo caso un fianco della piega tenderà a sormontare l'altro: si è originata una **piega-faglia**. Se il fenomeno prosegue, avremo un **sovrascorrimento**: movimenti relativi di masse rocciose che scivolano lungo superfici poco inclinate (▶12).

In zone in cui le spinte tangenziali sono molto forti possono inoltre verificarsi più sovrascorrimenti che interessano le stesse unità. Una serie di strati rocciosi che sia delimitata da due faglie inverse, o superfici di sovrascorrimento, viene chiamata **scaglia tettonica**. Ogni scaglia tettonica, in una determinata zona, presenta dal basso verso l'alto la stessa successione di strati delle scaglie adiacenti sovra-

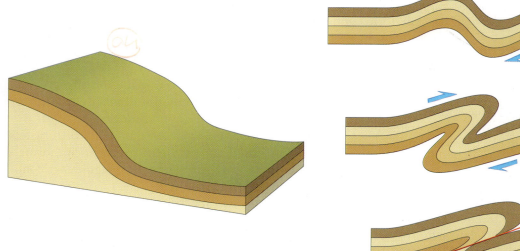

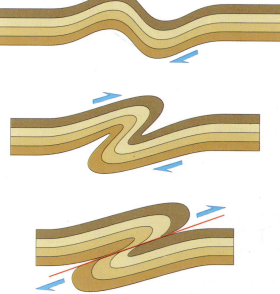

Figura 11 Un raccordo tra due zone a strati orizzontali è detto flessura (i fianchi della piega immergono nella stessa direzione).

Figura 12 Genesi di una piega-faglia a causa di fenomeni compressivi. Alla fine del processo si può formare un sovrascorrimento.

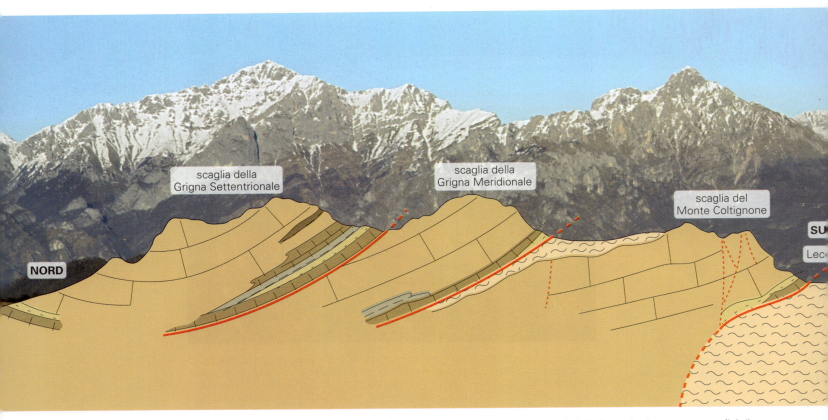

Figura 13 Le Grigne, nelle Prealpi Lombarde, sono costituite da tre "scaglie" delimitate da altrettante superfici di sovrascorrimento. Da sinistra verso destra: scaglia della Grigna Settentrionale, scaglia della Grigna Meridionale, scaglia del Monte Coltignone.

stanti e sottostanti. Nelle Prealpi Lombarde, le Grigne sono costituite da tre scaglie tettoniche che sono sovrascorse l'una sull'altra (▶13).

5.2 Falde di ricoprimento

Se il fenomeno del sovrascorrimento assume caratteri regionali, può accadere che masse rocciose di un certo spessore possano raggiungere località anche molto distanti dalla zona di formazione della piega-faglia o della faglia inversa. In questo caso si parla di **falde di ricoprimento**. Sotto l'azione di spinte intense e prolungate nel tempo, lembi di crosta terrestre possono percorrere sino a un centinaio di chilometri prima di fermarsi definitivamente su formazioni rocciose di diversa età e origine. Il senso del sovrascorrimento viene chiamato **vergenza** e si indica facendo riferimento al punto cardinale verso il quale si dirige la falda (ad esempio: falda "con vergenza Nord").

Le masse rocciose sovrascorse vengono chiamate **alloctone** (cioè provenienti da un altro luogo), mentre quelle che formano il substrato che si trova al di sotto del piano di sovrascorrimento vengono chiamate **autoctone** (cioè formatesi in quel luogo). In una determinata zona più falde possono sovrascorrere l'una sull'altra e sul substrato. L'attività erosiva, che agisce in modo diverso da zona a zona e sui diversi litotipi che compongono le falde di ricoprimento, può asportare localmente parte della falda sovrastante mettendo a nudo la falda sottostante o addirittura anche il substrato, formando una "**finestra tettonica**". Se l'attività erosiva è molto accentuata, può capitare che lembi isolati della falda sovrascorsa rimangano come residuo nelle parti più avanzate della falda stessa: in questo caso si parla di "**lembi di ricoprimento**", "**scogli**" o "**klippen**" (singolare, klippe) (▶14).

5.3 Stile tettonico

In ogni zona soggetta a deformazioni, a seconda della presenza di rocce fragili o duttili, si può riconoscere la predominanza di una delle strutture tettoniche descritte in precedenza.

Riconoscere a grande scala una struttura tettonica dominante, in una regione in cui normalmente ne sono presenti altre, significa riconoscerne lo **stile tettonico**.

La catena del Giura Franco-Svizzero, ad esempio, ha uno stile tettonico a pieghe regolari che formano una successione di sinclinali e anticlinali parallele. In una zona in cui sono presenti *horst* e *graben*, si parla di stile tettonico a faglie. Le grandi catene montuose come le Alpi, gli Appennini, la Cordigliera Betica, le Dinaridi, l'Himalaya hanno uno stile tettonico a falde di ricoprimento.

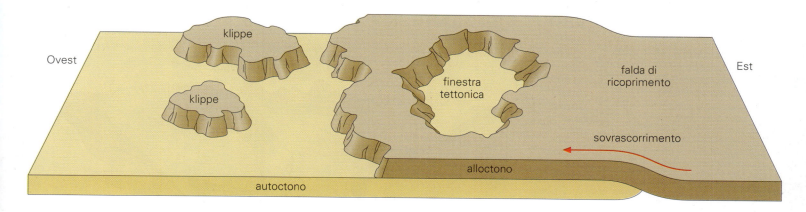

Figura 14 Una falda con una finestra tettonica e due klippen con vergenza Ovest.

Il geologo strutturale parte dall'osservazione diretta e dai dati misurabili (inclinazione del piano assiale, dei fianchi ecc.) del singolo affioramento. Spesso capita, durante gli studi che vengono effettuati a piccola scala, di individuare più fasi deformative che si sovrappongono. Soprattutto nelle rocce metamorfiche scistose è molto frequente rilevare pieghe a loro volta ripiegate da una successiva fase deformativa. Si riconoscono in questo caso **generazioni di pieghe**. Per la ricostruzione delle fasi deformative si parte dal presupposto che una data generazione di pieghe in una determinata regione sia riferibile alla stessa età di formazione (non sempre ciò è vero). Un altro limite in questo tipo di studi è che ci si deve comunque accontentare di una datazione relativa: si può cioè affermare che una fase deformativa con un determinato stile è precedente ad un'altra. Per definire una generazione di pieghe è necessario raggruppare le strutture che si pensa facciano parte di una stessa fase deformativa in base allo stile; in seguito i vari gruppi riconosciuti vengono ordinati cronologicamente (▶ 15). Non sempre questo procedimento fornisce risultati univoci e molto spazio viene lasciato all'interpretazione se i dati relativi a una data regione sono scarsi.

Facciamo il punto

8 Quali sono le strutture che formano una piega?

9 Qual è la differenza tra una piega anticlinale e una sinclinale?

10 Che cos'è e come si origina una scaglia tettonica?

11 Che cosa sono le falde di ricoprimento?

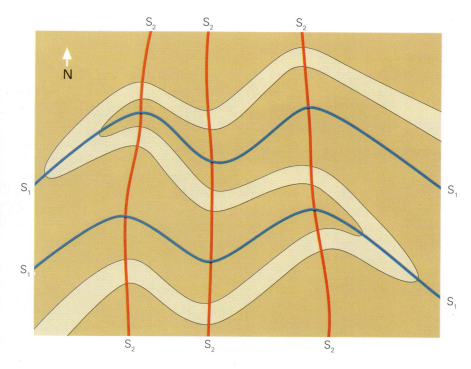

Figura 15 Nel disegno si possono riconoscere due fasi deformative: S_1 è il piano assiale di pieghe serrate con orientazione E-O che sono ripiegate da pieghe aperte con piano assiale S_2 orientato N-S.

Scheda 3 Il Cervino: uno spettacolare esempio di klippe

Il monte Cervino, una delle montagne più belle delle Alpi per la sua caratteristica forma a piramide, raggiunge la considerevole altitudine di 4478 m.
Questa montagna, che ogni alpinista sogna un giorno di poter scalare, costituisce per i geologi uno degli esempi più lampanti di sovrascorrimento di rocce provenienti da zone molto lontane rispetto alla posizione attuale. Questo chiaro esempio di alloctonia è testimoniato dalla presenza di rocce di composizione e origine diversa che si trovano a contatto tettonico tra loro per mezzo di una superficie di sovrascorrimento poco inclinata, quasi orizzontale.
Le Alpi sono infatti una tipica catena montuosa a falde di ricoprimento che è stata generata da una collisione continentale: le falde che sono attualmente sovrapposte a formare la catena alpina derivano da una porzione del continente europeo, da lembi continentali di origine africana e dal modesto ramo oceanico, chiamato Bacino Ligure-Piemontese tra esse interposto.
Localmente le parti più avanzate delle falde hanno subito processi erosivi che hanno isolato speroni rocciosi (klippen) più o meno elevati ed evidenti. La falda cui geologicamente appartiene il klippe del Cervino è chiamata *falda Dent Blanche* e, in questo quadro tettonico, ha origine da un promontorio del continente africano chiamato *Adria* dai geologi; la falda Dent Blanche poggia sulla superficie di sovrascorrimento che la separa dalla *falda dei calcescisti con pietre verdi* composta da rocce ignee oceaniche (le pietre verdi) e da rocce di origine sedimentaria (i calcescisti) che ricoprivano l'antico oceano.
Nel dettaglio il klippe della falda *Dent Blanche* è formato da gneiss; con il termine calcescisti (*schistes lustrés*) si indica un'ampia varietà di rocce metamorfiche scistose di composizione mista calcarea, argillosa e quarzosa, mentre le pietre verdi (prasiniti, anfiboliti, serpentiniti) si sono formate dalla trasformazione metamorfica di basalti, gabbri e peridotiti, tipiche rocce componenti la crosta oceanica (▶1).

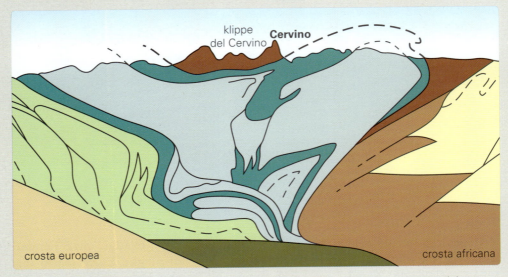

Figura 1 Il klippe che comprende il Monte Cervino (marrone) è un lembo sovrascorso del continente africano su unità di origine oceanica (blu) e unità europee (azzurre). Lo sviluppo originario delle falde alpine è indicato dalle linee tratteggiate. Il collegamento con la zona di origine del klippe, posta più a Sud, è venuto meno a causa dell'erosione che in alcune zone ha portato alla luce falde sottostanti.

L'abbondanza di nomi tedeschi e francesi nella letteratura geologica alpina deriva dal fatto che i principali geologi che all'inizio del XX secolo studiarono a fondo la struttura delle Alpi (e non solo) erano svizzeri. Il più celebre fu Emile Argand (1879-1940), svizzero di lingua francese. A lui si deve in particolare una prima, moderna e dettagliata spiegazione della struttura delle Alpi con l'ipotesi delle falde di ricoprimento, che egli considerò causate da forze conseguenti a spostamenti continentali.

Scheda 4 La neotettonica

La neotettonica è una branca della geologia strutturale che studia i fenomeni deformativi a grande scala, relativamente recenti e tuttora in atto. Non c'è accordo sul limite temporale oltre il quale i suddetti fenomeni non siano più da considerarsi "recenti", ma con buona approssimazione possiamo fissarlo a circa 5 milioni di anni fa.
I principali indizi che ci consentono di formulare delle ipotesi sul tipo di deformazione che ha interessato una certa porzione di territorio si riscontrano in prossimità di faglie, strutture che evidenziano un comportamento fragile dell'ammasso roccioso. Per la maggior parte delle faglie rilevabili (anche per quelle di origine più antica) si può sempre identificare un'attività recente: infatti il piano di faglia, una volta prodotto, segna sul territorio una superficie di discontinuità che potrà in seguito essere di nuovo utilizzata come sfogo delle tensioni che si accumulano negli ammassi rocciosi, anche se questi vengono sottoposti a sforzi diversamente orientati rispetto a quelli originari. Per esempio, le faglie dirette, che si sono prodotte come conseguenza di movimenti divergenti, e le faglie inverse, dovute invece a fenomeni compressivi, in certi periodi possono presentare movimenti trascorrenti.
Le faglie non mantengono quasi mai gli stessi caratteri iniziali e anche l'entità del rigetto varia nel tempo. Affinché si possa determinare l'effettiva influenza di movimenti classificabili come "neotettonici" in una determinata zona, è necessario verificare se il piano di faglia disloca anche rocce recenti.

In Italia la neotettonica ha avuto uno sviluppo relativamente recente e soprattutto per motivi pratici: si è sviluppata infatti quando si è trattato di identificare i siti sui quali costruire le centrali nucleari, che dovevano essere al riparo da movimenti del terreno che potessero provocare danni con eventuali fughe di materiale radioattivo. I referendum del 1987 e del 2011 hanno bloccato definitivamente l'attività di produzione di energia elettrica nucleare in Italia, ma non gli studi di neotettonica.

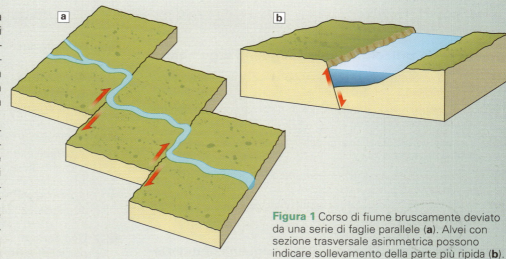

Figura 1 Corso di fiume bruscamente deviato da una serie di faglie parallele (**a**). Alvei con sezione trasversale asimmetrica possono indicare sollevamento della parte più ripida (**b**).

Gli obiettivi di questo tipo di studi sono:
1) l'individuazione di faglie;
2) l'accertamento di una loro recente attività.

Il primo obiettivo si raggiunge con lo studio del territorio a grande scala, con l'ausilio di foto aeree e da satellite. Gli studi sono essenzialmente di carattere geomorfologico: si osservano le forme del territorio mettendo in evidenza possibili strutture e anomalie che non possono essere spiegate ipotizzando solamente l'azione degli agenti erosivi.
Ad esempio, rilevare tratti rettilinei di fiumi di pianura o di torrenti, magari in prossimità di brusche deviazioni nel loro percorso, può far pensare che essi seguano determinate linee di frattura del terreno (▶1a); oppure il rilevamento di una asimmetria della sezione trasversale dell'alveo del fiume può indicare il sollevamento della sponda più ripida (▶1b). In località di montagna fenomeni di neotettonica vengono messi in evidenza dall'allineamento di selle o creste, oppure dalla presenza di chiare contropendenze (▶2a); altri indizi potrebbero essere scarpate più o meno ripide che separano zone pianeggianti (▶2b), oppure la presenza di valli laterali pensili rispetto alla valle percorsa dal torrente principale.

Il secondo obiettivo è più difficile da raggiungere perché i movimenti relativi, sebbene recenti, non sono difficilmente rilevabili in modo diretto. Da questo punto di vista, comunque, sono stati fatti notevoli progressi con lo studio delle deformazioni del terreno utilizzando i dati dei satelliti: questi possono riscontrare spostamenti dell'ordine di qualche centimetro. Il geologo deve cercare di classificare il tipo di faglie e di separare le strutture antiche da quelle recenti. Alcune indicazioni possono pervenire dallo studio di eventuali movimenti tellurici nell'area studiata. Movimenti orizzontali del suolo si verificano in prossimità di faglie trascorrenti, come la faglia di San Andreas in California; movimenti verticali sono invece associati a bradisismi e a subsidenza, ovvero al lento e continuo sprofondamento di una porzione di territorio che può essere causato da un aumento del carico litostatico. Esempi di subsidenza si riscontrano in prossimità di foci a delta dove si accumulano detriti e sedimenti di ogni genere: nella zona del delta del Po, in prossimità di Ravenna, il fenomeno è ulteriormente accentuato a causa dello sfruttamento eccessivo delle falde acquifere sotterranee.

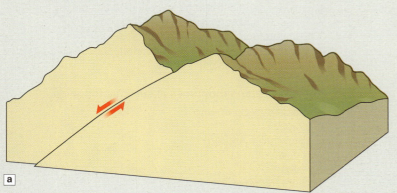 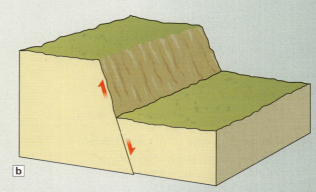

Figura 2 Marcate contropendenze (**a**) o ripide scarpate che separano zone pianeggianti (**b**) possono far pensare all'attivazione di una faglia in tempi recenti.

Sezione D Geologia strutturale e fenomeni sismici

Ripassa con le flashcard ed esercitati con i test interattivi sul Me•book.

CONOSCENZE

Con un testo articolato tratta i seguenti argomenti

1. Spiega in che modo si comportano le rocce se sottoposte a sollecitazioni.
2. Quali fattori possono influenzare le deformazioni e in che misura?
3. Descrivi le strutture che si possono generare in rocce con comportamento rigido.
4. Come vengono classificate le strutture che si originano da una deformazione duttile?
5. Definisci, citando qualche esempio, il significato di "stile tettonico".

Con un testo sintetico rispondi alle seguenti domande

6. Quali sono gli ambiti di studio della geologia strutturale?
7. Che cosa si intende per limite di elasticità?
8. Perché si dice che una roccia duttile si comporta come un fluido molto viscoso?
9. In che modo temperatura e pressione possono influire sul comportamento meccanico di una roccia?
10. Che caratteristiche hanno le faglie dirette o normali?
11. Che caratteristiche hanno le faglie inverse?
12. Che cosa si intende quando si fa riferimento a una struttura a horst e graben?
13. Come si possono individuare sul terreno un'anticlinale e una sinclinale?
14. In che cosa consiste il fenomeno del sovrascorrimento?
15. Perché è importante lo studio delle generazioni di pieghe?
16. Quali sono stati i motivi per cui in Italia si sono sviluppati gli studi di neotettonica?
17. Quali sono le strutture che maggiormente vengono studiate in neotettonica?
18. Come viene effettuata una prova di resistenza alla compressione?

Quesiti

19. Il comportamento elastico è caratteristico di una roccia che:
    a subisce delle deformazioni e poi si rompe.
    b subisce delle deformazioni e poi si piega senza rompersi.
    c si deforma ma le deformazioni sono permanenti.
    d subisce delle deformazioni, si rompe e solo successivamente si piega.

20. Il comportamento duttile è tipico delle rocce:
    a fragili.
    b superficiali.
    c profonde.
    d incoerenti.

21. Le faglie inverse sono caratterizzate da:
    a scorrimento verso l'alto del letto.
    b scorrimento verso il basso del tetto.
    c scorrimento verso l'alto del tetto.
    d scorrimento verso il basso del letto.

22. Le faglie dirette sono originate da:
    a movimenti compressivi.
    b movimenti laterali dei blocchi a contatto.
    c diàclasi.
    d movimenti distensivi.

23. Le pieghe rovesciate sono:
    a pieghe con piano assiale inclinato e strati rovesciati su almeno un fianco della piega.
    b pieghe simmetricamente inclinate su entrambi i fianchi.
    c pieghe con piano assiale verticale.
    d pieghe con piano assiale inclinato.

24. Una serie di strati delimitata da due faglie inverse o superfici di sovrascorrimento viene chiamata:
    a finestra tettonica.
    b scaglia tettonica.
    c lembo di ricoprimento.
    d piega-faglia.

25. Si definisce tenacità di una roccia la resistenza (Scheda 1):
    a alla compressione.
    b alla trazione.
    c al taglio.
    d all'urto.

26. Il Giura franco-svizzero è una catena montuosa:
    a a falde di ricoprimento.
    b a sinclinali e anticlinali.
    c a horst e graben.
    d a faglie.

27. Lo stile tettonico che caratterizza la catena alpina è:
    a a falde di ricoprimento.
    b a sinclinali e anticlinali.
    c a horst e graben.
    d a faglie.

28. Abbina la lettera al numero.
    a. cerniera
    b. fianco
    c. sinclinale
    d. anticlinale

    1. Unisce i punti di massima curvatura di una piega.   ....
    2. Presenta una concavità verso l'alto.   ....
    3. Presenta una convessità verso l'alto.   ....
    4. È la parte di una piega in cui gli strati sono inclinati nella stessa direzione.   ....

29. Abbina la catena montuosa al suo stile tettonico.
    a. a falde di ricoprimento
    b. a faglie
    c. a sinclinali e anticlinali

    1. Vosgi   ....
    2. Giura franco-svizzero   ....
    3. Alpi   ....
    4. Himalaya   ....

30 Completa.

1. La .... si origina quando un fianco della piega è dislocato da una faglia.
2. Una serie di strati delimitata da due faglie inverse si chiama ....
3. Il verso del sovrascorrimento di una falda di ricoprimento viene chiamato ....
4. Le masse rocciose che si trovano sopra al piano di sovrascorrimento vengono chiamate ....
5. Quando l'erosione mette a nudo una falda sottostante o addirittura il substrato, si parla di ....

COMPETENZE

Leggi e interpreta

31 **Il rischio sismico in Pianura padana**

La Pianura padana di solito viene considerata un'area a basso rischio sismico: le montagne sono lontane e l'area è evidentemente piatta. In realtà gli strati sedimentari che in molti punti raggiungono spessori di qualche migliaio di metri sono parte di una situazione tettonica complessa che è fortemente legata alla storia che ha generato le Alpi e gli Appennini così "ballerini" dal punto di vista geologico.

Nel sottosuolo della Pianura padana infatti, vi sono cicatrici ancora aperte di fenomeni geologici chiamati "sovrascorrimenti". Si tratta di successioni di antichi sedimenti marini e continentali che si formarono quando al posto dell'attuale pianura si estendeva un grande golfo marino. In epoche diverse e a più riprese questi strati sedimentari sono stati compressi e spinti l'uno sopra l'altro e alcuni degli strati rocciosi sono andati a sovrapporsi su altri, da qui il termine di "sovrascorrimento".

Questi fenomeni spesso avvengono in milioni di anni, durante i quali le rocce vengono plasmate come fossero pacchi di plastilina, e questo succede se le temperature e le pressioni alterano la loro struttura fisica fino a renderle plastiche. In tal caso gli eventi sismici sono quasi assenti. Quando non si raggiungono le temperature e le pressioni tali da renderle plastiche, le rocce manifestano un comportamento rigido, perciò, se sottoposte a pressioni, si spezzano. È questo il meccanismo che genera terremoti che possono essere anche molto violenti e provocare parecchi danni in superficie.

Sono presenti faglie che si muovono verticalmente ad una velocità di circa 0,3 mm all'anno. Sembra un valore insignificante, ma se si prova a immaginare cosa significa muovere regioni vaste centinaia di chilometri quadrati anche di così poco, ma per migliaia di anni, si può capire che quando l'energia che si accumula sotto tale stress viene rilasciata il terremoto può raggiungere anche valori sensibili.

Al momento non è stata ancora fatta una ricostruzione precisa delle strutture, delle rocce e dei movimenti che interessano il sottosuolo della Pianura padana. Gli unici fenomeni che ci consentono di "osservare" cosa succede là sotto sono i terremoti naturali, che comunque non sono così frequenti, e quelli "artificiali" prodotti da cariche esplosive che si utilizzano per la ricerca di idrocarburi. Tutti i terremoti, infatti, producono onde sismiche raccolte dai sismografi che prima di arrivarvi vengono riflesse e rifratte in base alle strutture geologiche che si trovano in profondità e che i geologi sono in grado di interpretare. Nelle zone più significative sono state effettuate delle perforazioni con estrazione di campioni di roccia (carotaggi) per verificare le ipotesi avanzate: e da tutto ciò sembrerebbe che il quadro ricostruito sia realistico.

Purtroppo non siamo a conoscenza di tutte le faglie profonde che si trovano nascoste sotto la coltre di sedimenti. Per questo motivo alcuni terremoti possono spiazzare anche i geologi più esperti, sia per la loro intensità che per la loro localizzazione. Gli ultimi sismi infatti, cadono in una fascia che fino ad ora era ritenuta tra le meno sismiche. Dobbiamo quindi rivedere le mappe del rischio sismico in base a questi nuovi fenomeni che, tra l'altro, ci ricordano come tutto il nostro Paese sia da monitorare costantemente e che non vi sono aree in cui il rischio sismico sia da considerare inesistente, tranne alcune aree della Sardegna.

Le rovine della chiesa di Mirabello (FE) in seguito al terremoto del 2012

Liberamente tratto da Luigi Bignami, "La Repubblica"
18 luglio 2011

a. Individua nel brano i termini che hai incontrato nello studio di questa unità.
b. Perché la Pianura padana viene percepita come un'area non molto pericolosa dal punto di vista sismico?
c. Che tipo di sedimenti si trovano sotto la Pianura padana?
d. Quali tipi di strutture geologiche sono state riconosciute?
e. Qual è il comportamento delle rocce nel sottosuolo se sottoposte a sforzi prolungati?
f. Che ruolo hanno le faglie?
g. Quali sono i mezzi che abbiamo a disposizione per capire e interpretare il sottosuolo della Pianura padana?
h. Sono effettivamente presenti in Italia zone che si possono considerare a bassissimo (o nullo) rischio sismico?

Osserva e rispondi

32 Dopo aver effettuato prove di sollecitazione meccanica su un campione roccioso si è determinata questa curva:

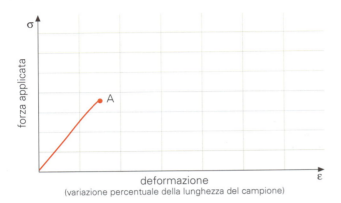

a. Che tipo di comportamento viene messo in evidenza?
b. Perché la curva si interrompe bruscamente nel punto A?

33 Individua il tipo di faglia. Quali affermazioni ti hanno portato ad affermare ciò?

34 Che tipo di struttura viene schematizzato nella figura?

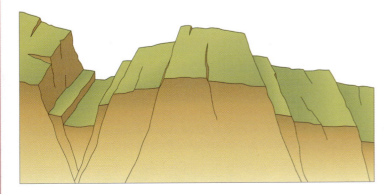

35 Come si chiama questo tipo di piega? Come potrebbe evolvere la situazione se la compressione dovesse persistere?

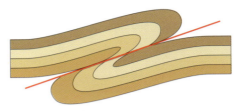

36 Come classifichi queste pieghe? Quale criterio utilizzi per la classificazione?

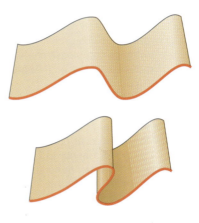

37 Che tipo di piega riesci a individuare nella foto?

Fai un'indagine

38 Cerca sul web informazioni sul tipo di faglie presenti nella tua regione e sul tipo di sforzi a cui è sottoposta la crosta terrestre.

In English

39 What are the subjects of structural geology or tectonics?

40 Which of these parameters does not affect the deformation of rocks?
   a Presence of water.
   b Presence of fractures.
   c Temperature.
   d Pression.

Organizza i concetti

41 Completa la mappa.

Faglie
- distensive — ....
- compressive — ....
- a scorrimento laterale — ....

Pieghe — a seconda dell'inclinazione del piano assiale si distinguono
- .... (piano assiale verticale)
- .... (piano assiale inclinato)
- .... (piano assiale inclinato e strati rovesciati su almeno un fianco della piega)
- .... (piano assiale orizzontale)

unità 7

scienze della Terra

I fenomeni sismici

Gli edifici sollecitati dalle onde sismiche reagiscono tutti allo stesso modo?

1 I terremoti

I **terremoti** sono manifestazioni superficiali dell'azione di forze tettoniche che si sviluppano all'interno della crosta terrestre. Essi sono dei violenti scuotimenti del suolo che possono provocare gravi danni a persone e infrastrutture.

Il meccanismo che genera i terremoti è stato spiegato per la prima volta nel 1911 da H.F. Reid, un sismologo americano che studiò dettagliatamente le deformazioni del suolo in prossimità della faglia di San Andreas in California (▶1).

In particolare, durante lo storico terremoto che colpì San Francisco nel 1906, si individuarono spostamenti macroscopici del terreno, anche dell'ordine di qualche metro, lungo la faglia: era evidente

Figura 1 La California (**a**) è attraversata da un sistema di faglie di cui la più importante, con andamento circa NO-SE, è la faglia di San Andreas, che si può osservare anche in superficie (**b**).

I fenomeni sismici **Unità 7**   129

Figura 2 Binari ferroviari deformati dal movimento della faglia nord-anatolica nelle vicinanze di Izmit (Turchia) dopo il terremoto dell'agosto 1999.

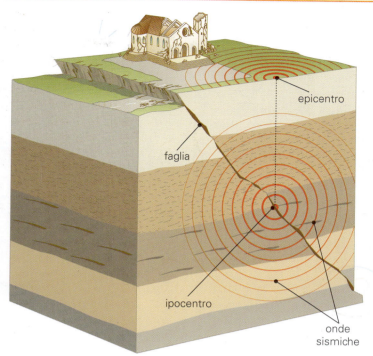

Figura 4 Il luogo in cui avviene la rottura in profondità lungo la faglia è detto ipocentro; la sua proiezione verticale in superficie è chiamata epicentro.

quindi che il movimento della faglia e la vibrazione del terreno fossero direttamente collegati, essendo l'uno la causa dell'altra (▶2).

La "**teoria del rimbalzo elastico**" prevede che le rocce che compongono la crosta abbiano un comportamento elastico e che, se sottoposte a sforzi, si deformino accumulando energia fino a giungere al punto di rottura. A questo punto l'energia viene liberata istantaneamente con formazione di un piano di faglia, per mezzo di un meccanismo simile a quello che fa "scattare" una molla. Una volta formata la faglia, il meccanismo si può innescare anche in tempi successivi; in questo caso però, affinché ci possa essere un ulteriore spostamento, gli sforzi interni alla crosta devono vincere l'attrito tra le due parti rocciose a contatto sul piano di faglia. La tensione si accumula per lunghi periodi di tempo in modo graduale fino a quando non viene vinta la forza di attrito che ostacola il movimento. In pochi secondi tutta l'energia viene liberata sotto forma di calore e di onde elastiche (*onde sismiche*, ▶3).

Il punto in profondità dove si verifica la rottura e il conseguente movimento relativo di masse rocciose si chiama **ipocentro**; la sua proiezione sulla superficie terrestre si chiama **epicentro** (▶4).

La teoria del rimbalzo elastico spiega anche come i terremoti siano dei fenomeni che si ripetono periodicamente in una certa zona: occorre del tempo (decine o addirittura centinaia di anni) perché il meccanismo (la molla) si "ricarichi".

Facciamo il punto

1. Descrivi il meccanismo che genera i terremoti.
2. Qual è la differenza tra ipocentro ed epicentro?

animazione

Ipocentro ed epicentro
I terremoti superficiali, intermedi e profondi

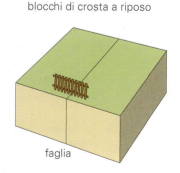

blocchi di crosta a riposo

faglia

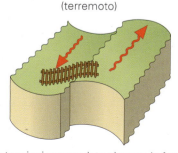

deformazioni durante l'accumulo di tensioni

La forza di attrito tra i due blocchi rocciosi impedisce lo scorrimento.

momento dello scorrimento (terremoto)

Le tensioni accumulate vincono la forza di attrito provocando lo spostamento dei blocchi lungo il piano di faglia.

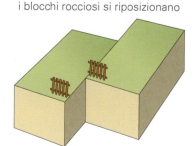

rimbalzo verso un nuovo equilibrio: i blocchi rocciosi si riposizionano

La faglia potrà riattivarsi quando sarà vinto l'attrito tra i due blocchi a contatto.

Figura 3 Secondo la teoria del rimbalzo elastico, una volta formata, la faglia si può riattivare in tempi successivi generando nuovi terremoti.

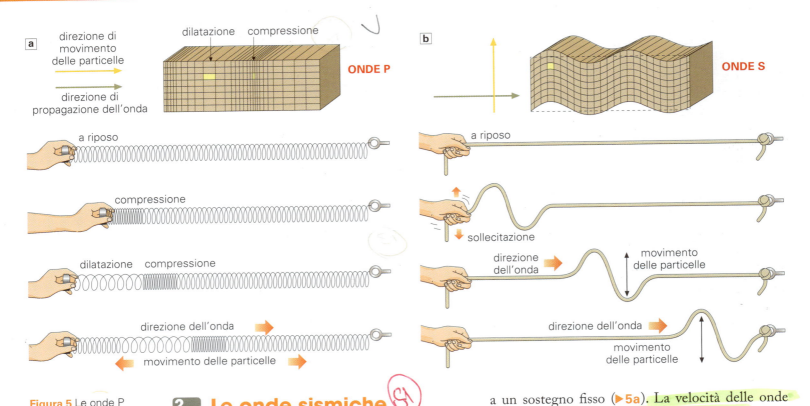

Figura 5 Le onde P provocano vibrazioni delle particelle nella stessa direzione di propagazione dell'onda (**a**). Al passaggio delle onde S le particelle vibrano perpendicolarmente alla direzione di propagazione dell'onda (**b**).

Figura 6 Le onde di Rayleigh innescano movimenti verticali del suolo (movimenti sussultori) (**a**). Le onde di Love generano movimenti orizzontali (movimenti ondulatori) (**b**).

2 Le onde sismiche

Dall'ipocentro di un terremoto si propagano in tutte le direzioni dello spazio due tipi di **onde sismiche** con fronte d'onda sferico. Il passaggio delle onde non provoca spostamento del materiale, analogamente alle onde del mare (si pensi al moto di un turacciolo che galleggia sull'acqua al passare dell'onda), ma provoca vibrazioni attorno a una posizione relativamente fissa delle particelle che formano i diversi materiali dell'interno della Terra.

Le **onde P** (primarie o longitudinali) provocano al loro passaggio oscillazioni delle particelle nella stessa direzione di propagazione dell'onda. Vengono chiamate anche "onde di compressione", perché al passaggio dell'onda le particelle adiacenti alternativamente si avvicinano e si allontanano provocando variazioni di volume nella roccia (compressioni e dilatazioni successive). Si può rappresentare il movimento reale delle particelle immaginando di comprimere una molla con un'estremità attaccata a un sostegno fisso (▶5a). La velocità delle onde P dipende dal tipo di materiale attraversato, dallo stato fisico e dalla densità: in generale nei materiali solidi la velocità aumenta all'aumentare della densità e varia nella crosta dai 4 agli 8 km/s. Le onde P possono attraversare indifferentemente solidi, liquidi e gas.

Le **onde S** (secondarie o trasversali) provocano oscillazioni delle particelle perpendicolari rispetto alla direzione di propagazione dell'onda. Analogamente al caso precedente, possiamo rappresentare il movimento delle singole particelle con un pezzo di spago teso (con un'estremità legata a un sostegno) che viene fatto oscillare perpendicolarmente rispetto alla sua direzione (▶5b).

Le onde S non possono propagarsi nei fluidi; esse sono più lente rispetto alle onde P, poiché viaggiano a una velocità che nella crosta varia dai 2 ai 4 km/s.

Le onde sismiche possono essere riflesse o rifratte al passaggio da un materiale all'altro o da un mezzo all'altro.

Quando i fronti d'onda delle onde P e delle onde S raggiungono la superficie, a partire dall'epicentro si generano onde superficiali dette anche **onde L**. La loro propagazione sulla superficie terrestre si può paragonare a quella delle onde che si formano in un lago dal punto in cui si getta un sasso nell'acqua.

Si distinguono due tipi di onde L: le **onde di Rayleigh**, che generano movimenti ellittici delle particelle del materiale attraversato dall'onda in piani orientati nella stessa direzione di propagazione dell'onda, e le **onde di Love**, che provocano movimenti trasversali e perpendicolari alla direzione di propagazione dell'onda (▶6).

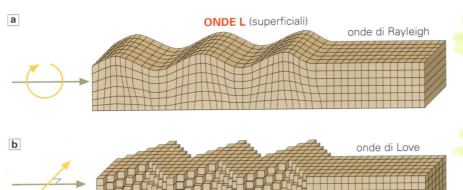

2.1 Gli strumenti di rilevazione delle onde sismiche

Le onde sismiche vengono rilevate in superficie da strumenti chiamati **sismografi**. Questi sono posizionati nelle stazioni di rilevamento, che costituiscono una vera e propria rete su porzioni di territorio a rischio.

Il sismografo tradizionale è costituito da un supporto, al quale è agganciata una massa metallica che tende a rimanere ferma per inerzia quando il supporto (solidale con il terreno) si muove. Alla massa è agganciato un pennino che registra su un foglio di carta arrotolato su un cilindro rotante gli eventuali movimenti del suolo.

Alcuni tipi di sismografi rilevano i movimenti verticali del suolo, altri ne registrano i movimenti orizzontali (▶7). Ferma restando la presenza di un sismografo che rileva la componente verticale, per registrare esattamente la direzione del movimento orizzontale in una stazione di rilevamento dobbiamo avere a disposizione almeno altri due sismografi diversamente orientati: si può utilizzare, ad esempio, un sismografo orientato N-S e un altro orientato E-W. Il **sismogramma** è il risultato della registrazione (▶8); da esso si possono ricavare il tempo di arrivo delle onde e la posizione di epicentro e ipocentro.

Nuovi e più sofisticati **strumenti digitali**, distribuiti nelle aree più a rischio e collocati in reti sismiche permanenti, permettono la teletrasmissione e il

Lo sapevi che...

Sismoscopi cinesi
Intorno al 130 d.C. il matematico e astronomo cinese Chang Heng progettò questo sismoscopio di bronzo: si tratta di un recipiente sulle cui pareti ci sono delle teste di draghi (anch'esse di bronzo) con la bocca aperta e rivolta verso il basso, fissato su un basamento rigido e solidale con il terreno. Le onde sismiche muovono il pendolo che c'è all'interno del sismoscopio, provocando la caduta di una pallina dalla bocca di un drago. La rana in cui cade la pallina indica la direzione dell'epicentro del terremoto.

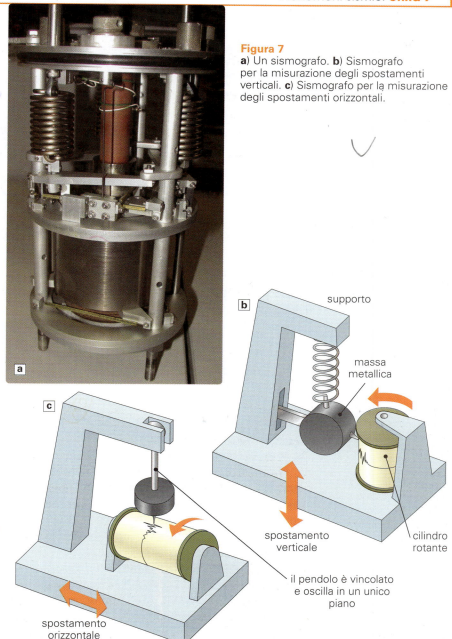

Figura 7
a) Un sismografo. b) Sismografo per la misurazione degli spostamenti verticali. c) Sismografo per la misurazione degli spostamenti orizzontali.

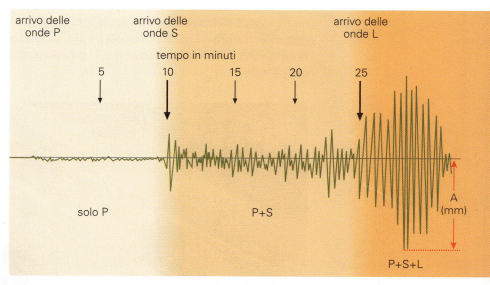

Figura 8 Esempio di sismogramma: si nota l'arrivo in successione delle onde P, S e L. L'ampiezza massima (A), in rosso nel sismogramma, si registra dopo l'arrivo delle onde L.

Sezione D Geologia strutturale e fenomeni sismici

animazione

Le onde sismiche
Le onde di compressione e quelle superficiali

processamento automatico dei dati. Questo tipo di elaborazione dei dati permette di ricavare notizie più precise sulla localizzazione dei terremoti e sulla propagazione delle onde sismiche verso la superficie. In Italia, per esempio, la rete sismica permanente del Vesuvio, gestita dall'Osservatorio Vesuviano, è costituita da dieci stazioni di rilevamento, di cui nove collocate sulle pendici del vulcano.

Facciamo il punto

3 Quali sono le caratteristiche delle onde P?

4 Quali sono le caratteristiche delle onde S?

5 Descrivi il funzionamento dei sismografi.

3 Magnitudo e intensità di un terremoto

Dall'ipocentro di un terremoto si libera una quantità enorme di energia sotto forma di onde sismiche. Considerando il meccanismo di formazione e il tipo di rocce interessate dal fenomeno, si deduce che è praticamente impossibile riscontrare ipocentri a grandi profondità all'interno della Terra. Il comportamento elastico che può dare origine a rotture di materiale roccioso può verificarsi a profondità variabili, ma mai superiori a un valore di circa 700 km. È possibile quantificare l'energia liberata dall'ipocentro di un terremoto per mezzo della scala delle magnitudo o **scala Richter**.

La **magnitudo** è una grandezza il cui valore è direttamente proporzionale all'energia liberata: si può calcolare misurando l'ampiezza massima (A) delle onde sismiche registrate in una qualsiasi stazione di rilevamento e mettendola a confronto con un'ampiezza standard (A_0).

L'ampiezza A_0 viene definita arbitrariamente come quella generata da un terremoto di riferimento che provochi un'oscillazione massima di 0,001 mm rilevata da un sismografo standard a 100 km di distanza dall'epicentro. I valori di A_0 normalmente vengono corretti in base alla distanza effettiva dell'epicentro dalla stazione di rilevamento: se il sismografo è più lontano di 100 km A_0 sarà minore di 0,001 mm, se è più vicino il valore di A_0 sarà maggiore. Per il calcolo della magnitudo si utilizza la seguente relazione:

$$M = \log_{10} \frac{A}{A_0}$$

Se $A = A_0$ sarà anche $M = 0$, se $A < A_0$ la magnitudo assume valori negativi. Così come non esiste un valore minimo, non esiste nemmeno un valore teorico massimo di magnitudo: tuttavia, il limite di elasticità delle rocce permette di calcolare al massimo valori di poco superiori a 9.

La scala delle magnitudo è logaritmica, quindi tra un valore intero e quello immediatamente successivo della scala Richter l'ampiezza della traccia sul sismogramma aumenta di 10 volte. Per esempio, un terremoto di magnitudo 4 si avrà quando sul sismogramma misureremo un'ampiezza massima 10^4 volte più grande di quella di un terremoto di magnitudo 0: il sismografo posto alla distanza standard di 100 km registrerà quindi un'ampiezza massima di 10 mm ($0,001 \cdot 10^4$). Tra un valore intero di magnitudo e il successivo si riscontra un aumento di energia di circa 30 volte: l'energia liberata da un terremoto di magnitudo 7 rispetto a un terremoto di magnitudo 4 è di 27 000 volte maggiore ($30^3 = 27 000$).

Per determinare l'energia liberata da un terremoto, conoscendo la magnitudo, si utilizzano delle relazioni empiriche che variano da luogo a luogo in base alle caratteristiche geologiche del territorio.

Gli effetti della scossa in superficie possono essere più o meno gravi, ma è evidente che un terremoto di bassa magnitudo con ipocentro poco profondo può verosimilmente provocare più danni di quanto non possa fare un terremoto di alta magnitudo ma con ipocentro profondo (**TABELLA 1** e ▶**9**).

Figura 9 Danni provocati dal terremoto del 1999 in Turchia nella città di Adapazari (**a**). Danni provocati dal terremoto del 1976 in Friuli, che ebbe una magnitudo di 6,8 e provocò circa 1000 morti (**b**).

TABELLA 1 — I terremoti più disastrosi degli ultimi 35 anni

Regione	Anno	Magnitudo	Vittime
Guatemala: Città del Guatemala	1976	7,5	16 000
Italia: Friuli	1976	6,8	927
Cina: Tangshang	1976	8,2	240 000
Turchia: Van	1976	7,8	5000
Italia: Irpinia	1980	6,8	2614
Messico: Città del Messico	1985	8	20 000
San Salvador	1986	6	900
Cina: Yunnan	1987	7,6	1000
Armenia	1988	7	30 000
California: San Francisco	1989	7	200
Iran	1990	7,3	60 000
California: Los Angeles	1994	6,7	61
Giappone: Kobe	1995	6,9	5000
Iran: Bam	2003	6,3	35 000
Indonesia: Sumatra	2004	9	280 000
Kashmir	2005	7,6	40 000
L'Aquila	2009	5,8	308
Haiti	2010	7,0	222 000
Cile	2010	8,8	500
Giappone	2011	9	26 000

L'**intensità di un terremoto** è misurata con la **scala MCS** (Mercalli, Cancani, Sieberg). Essa comprende 12 gradi indicati con numeri romani: a ogni grado corrisponde una descrizione degli effetti dell'evento su persone e cose (TABELLA 2).

Si tratta di una scala puramente descrittiva, priva di valore scientifico (non sarà possibile attribuire un valore dell'intensità a un terremoto che avviene in un deserto), ma che è estremamente utile per motivi pratici che riguardano soprattutto l'opera di prevenzione, l'organizzazione dei soccorsi, l'edilizia antisismica e l'individuazione delle aree a rischio. Il grado di intensità di un terremoto in una determinata zona viene definitivamente assegnato dopo la compilazione da parte della popolazione di un questionario che, nel minimo dettaglio, descrive i possibili fenomeni (oscillazioni di lampadari, quadri, spostamenti di suppellettili, caduta di calcinacci, con riferimento ai piani alti e ai piani bassi) e addirittura le sensazioni (diversi livelli di paura, panico ecc.) che una persona può osservare e avvertire durante il terremoto stesso. Esistono tuttavia delle formule di passaggio per calcolare in modo sommario e veloce il grado della scala Mercalli a partire dalla magnitudo, cioè dal dato della scala Richter.

TABELLA 2 — La scala MCS (Mercalli, Cancani, Sieberg)

Grado	Descrizione
I	Avvertita solo dagli strumenti sismici.
II	Avvertita solo da qualche persona in opportune condizioni.
III	Avvertita da poche persone.
IV	Avvertita da molte persone; tremito di infissi e cristalli e leggere oscillazioni di oggetti appesi.
V	Avvertita anche da persone addormentate; caduta di oggetti.
VI	Qualche leggera lesione negli edifici.
VII	Caduta di fumaioli, lesioni negli edifici.
VIII	Rovina parziale di qualche edificio; qualche vittima isolata.
IX	Rovina totale di alcuni edifici e gravi lesioni in molti altri; vittime umane sparse ma non numerose.
X	Rovina di molti edifici; molte vittime umane; crepacci nel suolo.
XI	Distruzione di agglomerati urbani; moltissime vittime; crepacci e frane nel suolo; maremoto.
XII	Distruzione di ogni manufatto; pochi superstiti; sconvolgimento del suolo; maremoto distruttivo.

3.1 Le isosisme

Attraverso un'indagine capillare degli effetti del sisma in un'ampia zona intorno all'epicentro è possibile disegnare, su cartine geografiche della zona colpita, linee chiuse di uguale intensità chiamate **isosisme** (▶ 10).

Se il sottosuolo fosse omogeneo, le isosisme assumerebbero la forma di circonferenze concentriche a partire dall'epicentro del terremoto. Nella realtà esse assumono un andamento irregolare, che dipende essenzialmente dalla minore o maggiore capacità delle diverse formazioni rocciose presenti nel sottosuolo di trasmettere le onde sismiche. All'interno di ogni isosisma viene indicato il numero romano che indica il grado massimo della scala MCS con il quale è stato percepito il sisma; non è detto che all'interno della isosisma più interna si collochi necessariamente l'epicentro registrato dagli strumenti: i danni maggiori potrebbero registrarsi a una certa distanza dall'epicentro.

Le carte delle isosisme hanno una notevole utilità pratica in quanto sono uno dei parametri con i quali vengono individuate più facilmente le aree a maggiore rischio sismico in una determinata regione.

3.2 Il concetto di rischio sismico

Anche per la valutazione del **rischio sismico**, così come abbiamo già detto per il rischio vulcanico (Unità 3, § 10), si deve tenere conto di diversi fattori, che non sempre sono distintamente quantificabili: pericolosità, vulnerabilità, costi.

→ La *pericolosità* (**P**) è determinata dalla probabilità che in una determinata area si presenti un evento di una certa entità in un prossimo futuro.
→ La *vulnerabilità* (**V**) è un parametro che indica quanto una porzione di territorio sia in grado di sostenere, limitando i danni, una scossa di una certa entità: bisognerà valutare la resistenza degli edifici, la possibilità della popolazione di mettersi in salvo, la possibilità di organizzare i soccorsi in modo efficace.
→ I *costi* (**C**), cioè i danni economici, sono determinati dalla perdita di vite umane e dalle necessarie ricostruzioni dopo l'evento.

Il rischio sismico (**R**) per un certo territorio sarà valutato prendendo in considerazione l'insieme di questi fattori (**R = P × V × C**).

> **Facciamo il punto**
>
> **6** Che cosa si intende con il termine "magnitudo"?
> **7** Come viene misurata l'intensità di un terremoto?
> **8** Qual è la differenza tra scala Richter e scala MCS?
> **9** Che cosa sono le isosisme?
> **10** Come si calcola il rischio sismico?

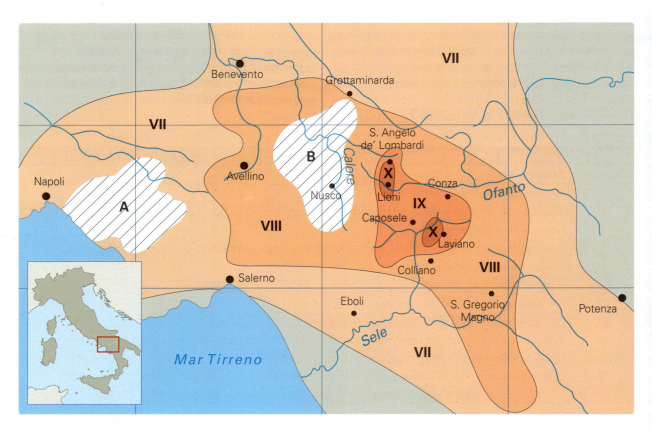

Figura 10 Isosisme del terremoto dell'Irpinia del 1980: le strutture geologiche e la disomogeneità delle rocce condizionano il passaggio delle onde sismiche. Le isosisme appaiono deformate e allungate in direzione NO-SE rispetto all'epicentro dove si sono avuti i danni maggiori. Nelle aree A e B l'intensità registrata è stata anche di due gradi inferiore all'area in cui sono incluse a causa della diversa natura della crosta sottostante.

Scheda 1 Come si determina l'epicentro di un terremoto?

Per risalire esattamente alla distanza a cui si trova l'epicentro di un sisma occorre avere a disposizione il sismogramma registrato in una stazione di rilevamento e un grafico cartesiano in cui siano riportate particolari curve chiamate **dromòcrone** (dal greco *drómos* = corsa e *crónos* = tempo); la loro inclinazione varia da luogo a luogo a seconda del tipo di rocce attraversate dalle onde sismiche.

Le dromòcrone, per una data località, rappresentano la velocità di propagazione delle onde P e S. Nel piano cartesiano si indicano la distanza dell'epicentro sull'asse delle ascisse e sull'ordinata il tempo di arrivo delle onde P e S. A una maggiore pendenza della curva corrisponde una minore velocità di propagazione. Dal sismogramma si possono leggere direttamente le differenze del tempo di arrivo delle onde P e delle onde S. Con questo dato numerico si entra nel grafico delle dromòcrone e si individua il tratto verticale in cui la distanza delle curve coincide con la differenza dei tempi di arrivo. Si legge infine direttamente sull'ascissa la distanza dell'epicentro (▶1). Tuttavia il dato così ricavato non consente ancora di determinare con precisione l'ubicazione dell'epicentro del terremoto.

Infatti, con un solo valore di distanza a disposizione, si può tracciare su una cartina geografica una circonferenza avente raggio coincidente con il dato numerico ricavato utilizzando le dromòcrone e centro nella stazione di rilevamento. Occorre avere quindi almeno tre registrazioni relative a tre località differenti per poter calcolare graficamente sulla carta geografica il punto esatto in cui possiamo collocare l'epicentro del terremoto (▶2).

Il calcolo della posizione dell'ipocentro è più complicato perché, a differenza del precedente, si deve considerare anche una terza dimensione, che è la profondità; per fare ciò occorre avere a disposizione i sismogrammi di molte stazioni di rilevamento.

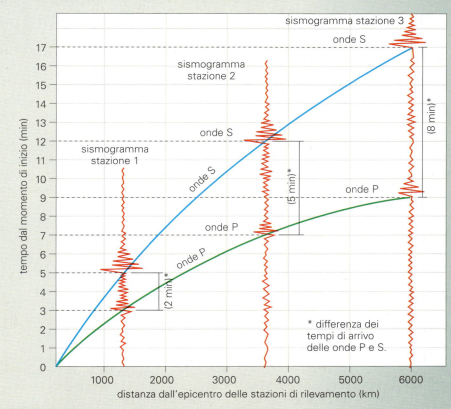

Figura 1 Dalle dromòcrone di una data località si può ricavare la distanza dell'epicentro del terremoto dall'intervallo di tempo che intercorre tra l'arrivo delle onde P e quello delle onde S. Le dromòcrone indicano la velocità delle onde sismiche: una minore inclinazione sull'asse delle ascisse significa velocità maggiore.

Figura 2 Per uno stesso evento occorre avere a disposizione i dati di almeno tre stazioni di rilevamento della Rete Sismica Nazionale Centralizzata (RSNC) per calcolare con precisione la posizione dell'epicentro.

Scheda 2 Gli tsunami

Gli tsunami, o maremoti, sono delle onde altissime generate principalmente da terremoti sottomarini; essi si abbattono furiosamente, provocando enormi danni, sulle zone costiere dei continenti che si affacciano soprattutto sull'oceano Pacifico.

L'azione delle onde provocate dai terremoti sottomarini si avverte anche a notevoli profondità, mentre le onde generate dal vento o dalle maree limitano la loro azione nella zona superficiale, anche se possono raggiungere altezze di 30 metri durante un uragano in mare aperto.

I maremoti sono onde lunghe che possono attraversare l'intero oceano senza essere avvertite, ma crescono notevolmente in altezza e perciò diventano molto pericolose non appena si propagano in acque basse. La velocità delle onde può raggiungere i 700 km/h in mare aperto con altezze minori di 1 m e lunghezze d'onda fino a 750 km. Altre cause, meno frequenti, che possono generare uno tsunami sono: eruzioni vulcaniche, impatti di meteoriti o frane sottomarine. La famosa eruzione del Krakatoa del 1883 generò onde alte come un edificio di 12 piani che provocarono 31 000 vittime sulle coste nel raggio di 120 km. La dinamica del fenomeno comprende tre processi fisici distinti (▶1).

1) Si origina una forza che perturba la colonna d'acqua in mare aperto. Questa può essere generata da un movimento del fondale (per esempio lungo una faglia).

2) Le onde si propagano dal mare aperto verso le acque costiere. I fronti d'onda tendono ad allinearsi parallelamente alla linea di costa e rallentano la loro velocità di propagazione; man mano che si avvicinano, le onde aumentano la loro altezza.

3) Le zone costiere emerse vengono inondate. Le onde possono raggiungere altezze di qualche decina di metri, ma sono sufficienti altezze di 2 o 3 m per causare ingenti danni. Un quarto degli tsunami del Pacifico, dagli inizi del '900 in poi, si è originato al largo dell'arcipelago giapponese, zona tettonicamente molto attiva, e ciò spiega il motivo per cui viene usato un nome in lingua giapponese per indicare il fenomeno. Proprio in Giappone e negli Stati Uniti sono all'avanguardia gli studi per prevenire eventuali danni a persone e cose. Ciò non significa che sia possibile prevedere un maremoto (così come non è prevedibile un terremoto), ma è possibile in alcuni casi, attraverso sistemi di prevenzione e di informazione alla popolazione, ridurre i danni e limitare il numero delle vittime. Soprattutto si tende, tramite appositi rilevatori (▶2), a individuare lo tsunami in mare aperto, in modo che le autorità abbiano un margine di tempo (comunque ridotto) per dare l'allarme alla popolazione costiera, la cui unica via di fuga è verso l'interno e verso zone in rilievo (se presenti). Inoltre, compito delle autorità sarà aver cura di compilare carte in cui si individuano zone a rischio di inondazione, informare la popolazione sul comportamento da tenere in caso di maremoto, individuare le principali vie di evacuazione in tempi brevi.

Uno dei più grandi terremoti mai registrati sulla Terra, di magnitudo superiore a 9, ha provocato lo tsunami del 26 dicembre 2004, che ha sconvolto le coste dei Paesi che si affacciano sull'oceano Indiano. L'epicentro è stato individuato al largo dell'isola di Sumatra, in Indonesia, circa 250 km a Sud della località di Banda Aceh (▶3).

Le onde, alte in media 10 metri, si sono abbattute su coste densamente popolate provocando una catastrofe senza precedenti.

Gli tsunami — La forza distruttrice delle onde

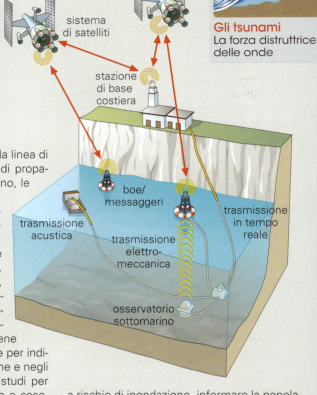

Figura 2 Schema di funzionamento dei rilevatori di tsunami in mare aperto: sensori sul fondale marino registrano il passaggio delle onde di tsunami e trasmettono segnali a boe galleggianti, che a loro volta trasferiscono un segnale via satellite diretto verso i centri costieri responsabili di allertare la popolazione.

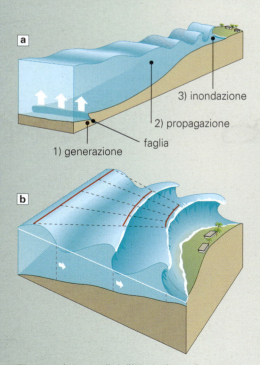

Figura 1 I tre stadi dell'evoluzione di uno tsunami (**a**) e il ravvicinamento delle creste d'onda in prossimità della linea di costa (**b**).

Figura 3 Tsunami del 23 dicembre 2004. Dopo aver colpito le coste indonesiane, lo tsunami si abbatté sull'isola di Phuket in Thailandia.

4 Si può prevedere un terremoto?

In natura esistono dei fenomeni prevedibili e dei fenomeni che non lo sono, se non in modo molto sommario.

Si definiscono fenomeni prevedibili quelli per cui siamo in grado di indicare il momento, il luogo in cui si svolgeranno e le modalità con le quali si manifesteranno: relativamente a un determinato evento dovremmo cioè essere in grado di rispondere con precisione e contemporaneamente alle domande: "Quando?", "Dove?", "Come?". Per esempio, applicando le leggi della meccanica celeste possiamo prevedere con precisione millimetrica la posizione di Marte nel cielo di Milano alle ore 20.45 del prossimo 25 aprile ma, per quello stesso giorno, non siamo in grado di prevedere che tempo farà.

Si possono così effettuare due tipi di previsione, a seconda del fenomeno studiato: quella deterministica e quella statistica.

4.1 La previsione deterministica

La previsione che ha lo scopo di collocare con precisione il fenomeno nello spazio e nel tempo viene chiamata **deterministica**. Per effettuare una previsione deterministica di un terremoto bisognerebbe indicare l'ora, o per lo meno il giorno, in cui dovrebbe avvenire la scossa; il luogo, cioè la zona in cui dovrebbe ubicarsi l'ipocentro o l'epicentro del terremoto; la quantità di energia che potrebbe liberarsi (il valore della magnitudo) o i danni che essa potrebbe provocare in superficie (il valore dell'intensità).

Nel 1975 nella provincia di Haicheng, in Cina, un gruppo di scienziati riuscì clamorosamente a prevedere un terremoto di magnitudo 7,3 che in effetti si abbatté sulla regione, evitando così la morte di migliaia di persone, che vennero evacuate in tempo. Gli scienziati cinesi si erano sbagliati solamente di qualche chilometro per quanto riguardava la posizione dell'epicentro e di poche ore riguardo all'effettivo istante in cui vennero liberate le onde sismiche.

Non fu invece previsto il terremoto della città di Tangshang dell'anno successivo, che provocò la morte di ben 240 000 persone, poiché i fenomeni precursori erano comparsi solo il giorno prima della scossa (▶ 11).

In quegli stessi anni, altre previsioni riferite a terremoti di intensità minore negli Stati Uniti alimentarono la speranza che si potesse partire da queste esperienze per elaborare modelli matematici che consentissero, in un futuro prossimo, di poter prevedere tutte le scosse telluriche in tutti i luoghi della Terra.

Questi studi si basavano sull'osservazione dei **fenomeni premonitori**, cioè di particolari modificazioni di alcuni parametri fisici all'interno delle rocce che precedono la scossa principale e che possono essere rilevati e tenuti sotto controllo tramite l'utilizzo di apposite apparecchiature.

Da studi di laboratorio si è scoperto che nelle rocce, prima che si verifichi la rottura che genererebbe il sisma, secondo "la teoria del rimbalzo elastico", si formano delle microfratture e spazi vuoti microscopici che possono aumentare il volume della massa rocciosa e variare le velocità di propagazione delle onde sismiche.

I vuoti si possono successivamente riempire d'acqua facendo così diminuire la coesione del materiale, che risulterebbe quindi indebolito e più soggetto a fratturarsi.

Questa **teoria**, detta **"della dilatanza"**, spiega alcune modificazioni e anomalie fisiche e meccaniche nel materiale soggetto a sforzi nella crosta terrestre che potrebbero essere considerate fenomeni premonitori.

Figura 11 Tangshang, 1976.

🔍 Lo sapevi che...

Terremoti giapponesi
Una delle prime certezze che gli umani acquisiscono è che il suolo su cui si cammina è solido e stabile. I terremoti sconvolgono questa certezza e forse è per questo che, fin dai tempi più antichi, i fenomeni tellurici hanno alimentato miti e leggende nelle popolazioni colpite: spesso infatti i movimenti del suolo erano attribuiti a creature fantastiche o alla collera di qualche divinità. Per esempio, in Giappone si credeva che i terremoti fossero originati da un pesce gatto (in giapponese Namazu) che viveva sottoterra, nel fango. A guardia di Namazu c'era il dio Kashima, che aveva il compito di sorvegliare e limitare i suoi movimenti tenendolo fermo con una grande pietra. Quando Kashima si distraeva o lasciava il posto di guardia, Namazu si poteva muovere, provocando così violenti terremoti.

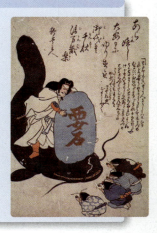

Esempi di fenomeni premonitori sono:

→ la diminuzione della velocità (10-15%) delle onde P nella zona in cui si verificherà la rottura;
→ sollevamenti del suolo;
→ variazioni del livello delle falde acquifere sotterranee;
→ aumento dell'emissione dal sottosuolo di gas radon (gas radioattivo che si libera dai minerali componenti la crosta terrestre) che a causa della presenza di microfratture tende a risalire verso la superficie;
→ diminuzione della resistività elettrica delle rocce.

Purtroppo, dopo una prima fase di ottimismo, non si riuscì più a prevedere un sisma a partire dallo studio dei fenomeni premonitori: troppi, complessi e non sempre ben definiti sono i parametri da prendere in considerazione per elaborare un modello semplificato al quale fare sempre riferimento. Infatti, la distribuzione delle rocce in profondità e in zone diverse è fortemente disomogenea e gli sforzi a cui gli ammassi rocciosi sono sottoposti derivano generalmente dalla somma di situazioni complesse.

La previsione dei terremoti della metà degli anni '70 venne così interpretata come frutto più del caso che di un'effettiva conseguenza di uno studio scientifico e accurato dei fenomeni premonitori.

Malgrado questo tipo di studi non sia stato del tutto abbandonato, è evidente come le indicazioni che possiamo ricavare dai fenomeni precursori non possano sempre essere utilizzate a fini pratici per la previsione dei terremoti, in quanto si manifestano in modo irregolare.

Gli scienziati non sono, oggi, in grado di prevedere quando avverrà il prossimo terremoto nel mondo.

4.2 La previsione statistica

La statistica è l'insieme dei metodi di studio che descrivono fenomeni soggetti a variazioni e che abbracciano un grande numero di casi singoli. Lo scopo della **previsione statistica** dei terremoti è di valutare con quale probabilità possa verificarsi in un dato intervallo di tempo e in una determinata zona un evento potenzialmente distruttivo.

Questo tipo di indagine si basa sulla **periodicità di un evento di una certa entità in una determinata area**. I primi studi che si devono effettuare per impostare un'indagine di tipo statistico sono relativi all'individuazione delle strutture tettoniche (come le faglie) che possono innescare il terremoto e che sono state attive nel passato. Poiché le strutture tettoniche possono rimanere attive per milioni di anni, è lecito attendersi che se sono state attive nel passato esse possano provocare terremoti anche nei prossimi millenni. Lo studio delle strutture tettoniche attive fornisce quindi indicazioni sul luogo dove presumibilmente potrà avvenire un terremoto (possiamo quindi rispondere con relativa precisione solo alla domanda: "Dove?").

Ma come facciamo per prevedere con quale forza e quando il terremoto si manifesterà? L'unica possibilità che abbiamo è lo studio dei terremoti del passato, ipotizzando che un terremoto di una certa intensità si ripeta periodicamente in una data località. Per quanto riguarda gli eventi dei secoli anteriori al XX possiamo fare affidamento solo sul dato dell'intensità, poiché non esistevano gli strumenti di registrazione delle onde sismiche. Risulta quindi evidente che per ricostruire i dati dell'intensità di un terremoto avvenuto in un lontano passato bisogna effettuare un'indagine di tipo storico, con un'analisi accurata dei documenti dell'epoca, nella speranza che in essi si trovi qualche indicazione sugli effetti provocati a persone e manufatti. Procedendo in questo modo, e aggiungendo i dati sperimentali degli eventi più recenti, si sono potuti compilare dei *cataloghi sismici*, che contengono i dati riferiti a tutti i terremoti del passato. In Italia, il catalogo più importante è sicuramente quello redatto dall'Istituto Nazionale di Geofisica (I.N.G.), con dati che descrivono oltre 40 000 eventi a partire dal 1400 a.C. È possibile anche ricostruire carte delle isosisme degli antichi terremoti, che aiutano a suddividere il territorio in aree a diverso rischio sismico (▶12).

Figura 12 Carta della sismicità italiana. I simboli indicano i maggiori terremoti verificatisi sul territorio italiano nel corso dell'ultimo millennio. La loro ubicazione e la frequenza con cui tendono a riproporsi forniscono elementi utili alla previsione statistica dei terremoti.

Scheda 3 · 1908: apocalisse sullo Stretto

Fin dai tempi più remoti nella zona dello **Stretto di Messina** si registrano terremoti di varia natura e intensità che la rendono una delle **aree sismiche più pericolose** del Mediterraneo. Non possiamo sapere quando, ma un eventuale "Big One" di casa nostra si verificherà probabilmente proprio nel tratto di mare che separa la costa siciliana da quella calabrese.
Il terremoto che devastò le città di Messina e di Reggio Calabria il **28 dicembre del 1908** provocò una vera e propria catastrofe.

La scossa
La popolazione delle due città si stava lentamente risvegliando per affrontare la prima giornata di lavoro dopo le feste natalizie, quando alle ore 5.20 si verificò una violenta scossa. La sismologia era a quei tempi una scienza giovane che si affidava a strumenti di registrazione rudimentali. Alle ore 5.21 nella stazione di rilevamento dell'Osservatorio Ximeniano a Firenze si rilevarono ampiezze che oltrepassavano la scala di registrazione dei sismografi: le tracce misuravano oltre 40 cm, e si estendevano ben oltre le dimensioni dei cilindri di carta; le aste a cui erano agganciati i pennini si spezzarono e continuarono a oscillare per l'intera durata della scossa (36 secondi). Si capisce che, per forza di cose, il dato della magnitudo non potesse essere calcolato con precisione, ma i sismologi sono oggi concordi nell'attribuirgli un valore di poco superiore a 7 della scala Richter.

Figura 1 Uno scorcio di via I settembre a Messina dopo il terremoto del 1908.

I danni
Molti edifici crollarono e le perdite di gas dalle tubature spezzate provocarono numerosi incendi; il mare si ritirò e dopo pochi minuti ondate alte oltre 10 metri aggiunsero danni e lutti a quelli che già si erano verificati poco prima (▶1).
La scossa principale e il successivo maremoto rasero al suolo le due città e i centri limitrofi provocando oltre **100 000 morti**: 80 000 a Messina, su un totale di 130 000 abitanti, e 15 000 a Reggio, che ne contava 45 000. Dopo i primi sopralluoghi i sismologi attribuirono al sisma un'intensità del massimo grado della scala Mercalli.

I soccorsi
Un primo problema fu la difficoltà di avvertire le autorità competenti: molti di coloro che avrebbero dovuto tempestivamente comunicare la gravità dell'evento erano rimasti sepolti sotto le macerie degli edifici; gli organici delle caserme e delle navi che incrociavano nello Stretto erano ridotti, poiché molti erano i militari e i marinai in licenza per le festività natalizie; le linee del telegrafo, interrotte, non potevano essere utilizzate per le comunicazioni. I primi soccorsi arrivarono dal mare: all'alba del giorno dopo giunsero sul luogo del disastro alcune navi della flotta imperiale russa, che si trovava al largo di Augusta per un viaggio di istruzione dei cadetti dell'Accademia Navale; nelle ore successive giunsero le navi della marina inglese che da Malta (dove l'onda del maremoto arrivò dopo circa 40 minuti dalla scossa principale) ricevettero l'ordine di dirigersi verso Messina. Le prime navi italiane arrivarono solamente nella tarda mattinata del 29 dicembre e brillarono per inefficienza: le unità non erano dotate di scialuppe per sbarcare. I marinai si trovarono di fronte a una situazione apocalittica e poiché non avevano sufficienti scorte di viveri e acqua si unirono agli abitanti sopravvissuti e affamati in attività di sciacallaggio; per fronteggiare questa emergenza fu addirittura proclamato lo **stato d'assedio** e molte furono le fucilazioni sommarie di coloro che avevano compiuto furti e saccheggi. Feroci accuse e polemiche, che raggiunsero anche il Presidente del Consiglio Giolitti e il Re Vittorio Emanuele III, infuriarono per il ritardo dei soccorsi, per l'incapacità delle autorità di coordinare gli interventi e per l'impreparazione della regia flotta navale. Nel 1909 furono stanziati 30 milioni di lire, che vennero utilizzati per la costruzione di baracche di legno e lamiera: a Messina ancora oggi ne esistono circa 4000.
Questo disastro avrebbe dovuto far riflettere sull'alto **rischio sismico** della zona dello Stretto, sull'utilità di investire risorse per ampliare le conoscenze scientifiche sui terremoti e sulla possibilità di avviare un programma di prevenzione su tutto il territorio ma, come spesso accade, non sempre si fa tesoro delle esperienze del passato: per la ricostruzione vennero proposte norme antisismiche che però rimasero per buona parte sulla carta e nei sopravvissuti prevalse la voglia di cambiare aria o, semplicemente, di dimenticare la tragedia.

Le cause
Oggi sappiamo che i forti terremoti di questa zona sono probabilmente provocati dal movimento di una **faglia molto profonda** situata a circa 3000 m sotto il braccio di mare che separa la Sicilia dalla Calabria, e altre faglie attive, potenzialmente pericolose, sono state recentemente scoperte. Non sappiamo quale sia il tempo di ritorno di un terremoto di questo ordine di grandezza, ma è certo che si ripeterà: per questa ragione molti ritengono che questa non sia la zona più adatta per costruire grandi opere di ingegneria civile.

Scheda 4 — Dalla California... all'Aquila, passando per l'Irpinia: la previsione si scontra con la realtà

San Francisco e Los Angeles sono megalopoli che sorgono in prossimità di una delle più pericolose strutture tettoniche del mondo: la faglia di San Andreas che attraversa da Sud a Nord tutta la California. Gli scienziati, e naturalmente gli abitanti, sono in attesa del cosiddetto "**Big One**", cioè di un terremoto che si prevede disastroso (M=8) e che dovrebbe interessare un segmento della faglia. Questa ha una struttura molto complessa ed è associata a numerose altre faglie secondarie che isolano dei veri e propri blocchi rocciosi che possono accumulare tensioni e muoversi l'uno rispetto all'altro (▶1).

San Francisco
A **San Francisco**, dopo il famoso terremoto del 18 aprile del 1906, non si sono più registrati eventi di una certa entità fino al 17 ottobre del 1989, quando alle 17.04 un terremoto di magnitudo 7,1 con epicentro nella località di Loma Prieta (circa 100 km a Sud della città, sulle montagne di Santa Cruz) provocò crolli e danni a numerosi edifici e la morte di 62 persone, quantità esigua vista la gravità dell'evento. I criteri antisismici con cui erano state costruite le abitazioni e le infrastrutture limitarono il numero delle vittime. Si pensa che il terremoto di Loma Prieta non sia stato il temuto Big One, poiché ci si aspettava un evento con forza decisamente maggiore (ricordiamo che la differenza di una sola unità di magnitudo corrisponde a un terremoto, con energia liberata 30 volte superiore).
Qualche anno prima, nel 1985, il servizio geologico degli Stati Uniti azzardò una previsione di tipo statistico: entro il 1993 un terremoto di magnitudo 6 avrebbe colpito la zona di Parkfield, a metà strada tra Los Angeles e San Francisco. Considerando un intervallo di tempo più ampio, la probabilità che l'evento potesse verificarsi tra il 1988 e il 2018 sarebbe aumentata fino ad arrivare al 99% (cioè la quasi certezza).
Il periodo più probabile era considerato il gennaio del 1988. Questa previsione si basava su dati storico-statistici che mettevano in evidenza una grande regolarità nella frequenza di terremoti distruttivi nella zona di Parkfield: 6 scosse con ritorno medio di 22 anni tra il 1857 e il 1966. L'evento, come sappiamo, si verificò l'anno successivo ed ebbe come epicentro Loma Prieta. Sono risultati evidenti quindi i limiti della previsione di tipo statistico: Loma Prieta si trova a metà strada tra Parkfield e San Francisco e la probabilità che in quella zona potesse avvenire un terremoto di magnitudo 7 era di oltre tre volte inferiore a quella stimata per Parkfield, su cui invece si erano concentrati i maggiori studi (una volta individuata l'area più probabile) per cercare di prevedere esattamente l'evento tramite lo studio dei fenomeni premonitori.

Los Angeles
Anche gli abitanti di **Los Angeles** sono "in attesa" di quello che potrebbe essere un evento catastrofico per tutto l'agglomerato urbano che ha un'estensione territoriale paragonabile a quella della regione Campania.

Qui, sempre nel 1985, alcuni scienziati tentarono di identificare terremoti del passato in tempi antecedenti la conquista dell'Ovest (che avvenne a metà circa dell'800), quando quelle zone erano pressoché disabitate: si avviarono così i primi studi di **paleosismologia**, una disciplina che cerca, tramite lo studio dei sedimenti antichi che sono stati dislocati dal movimento delle faglie, di risalire sia all'intensità del sisma sia alla posizione dell'epicentro, e di datare l'evento utilizzando il carbonio-14 sui resti organici eventualmente presenti nella roccia sedimentaria.
Per il tratto meridionale della faglia di San Andreas, quello che interessa di più la città di Los Angeles, si era stimato il 50% di probabilità che un terremoto di magnitudo 8,3 avvenisse nei successivi 20-30 anni (si arrivava quindi all'anno 2015).
Per il tratto settentrionale della faglia di San Andreas, quello che diede origine al terremoto del 1906, ci sono pochi dati paleosismici a disposizione. Si pensa a un tempo di ricorrenza compreso tra 150 e 300 anni per un terremoto di magnitudo maggiore di 7,5. Dopo il 1906 è seguito un periodo di relativa calma sismica fino al 1957, quando si sono registrati terremoti di grado moderato, come era avvenuto nei decenni precedenti all'evento del 1906. Si pensa quindi che per i prossimi 25 anni si susseguiranno eventi di magnitudo 6,5-7 che potranno provocare gravi danni e che precederanno forse un evento più grande.

Irpinia
Il terremoto dell'**Irpinia** del 23 novembre 1980 fu uno degli eventi maggiormente documentati da dati strumentali (magnitudo 6,8, 3000 vittime, danni stimati in 50 miliardi di euro) (▶2).
In quel periodo infatti si ebbe una rapida evoluzione della sismologia strumentale e perciò il terremoto poté essere studiato in modo approfondito e completo.
Soprattutto si studiarono le modificazioni permanenti del suolo e della topografia e le alterazioni dei regimi delle acque superficiali e sotterranee.
Non sempre, soprattutto in Italia, il movimento delle faglie è evidente a livello superficiale, ma in questo caso si individuò in particolare una zona in cui si era attivata una faglia con orientazione NO-SE, estesa per quasi 40 km tra l'abitato di Lioni (uno dei centri più colpiti, X grado della scala MCS) e il Pantano di San Gregorio Magno; la scarpata di questa faglia presentava rigetto verticale di circa 80 cm. Indagini paleosismiche, condotte tramite lo scavo di trincee artificiali, portarono al riconoscimento di 4 paleoterremoti per i quali la relativa

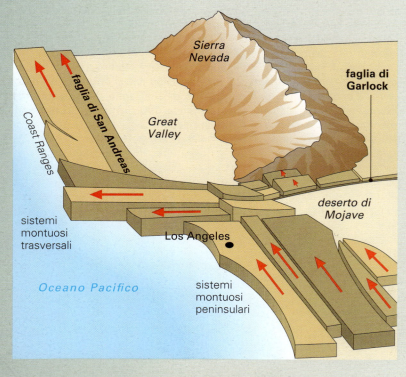

Figura 1 Il sistema di faglie associate alla faglia di San Andreas in California isola blocchi rocciosi che possono scorrere l'uno rispetto all'altro.

TABELLA 1	Paleosismologia	
Evento	Età (anni)	Rigetto verticale (cm)
1	10	80
2	2750-3500	55
3	3500-4400	50
4	4400-6700	85
5	> 6700	60

Figura 2 I danni provocati dal terremoto dell'Irpinia del 1980 (M = 6,8).

dislocazione verticale prodotta era sempre inferiore al metro (**TABELLA 1**). Il tempo di ritorno medio per i terremoti del tipo 1980, causato dal movimento lungo questa faglia, è di circa 1700 anni. Purtroppo le popolazioni che vivono sui rilievi dell'Appennino centro-meridionale non possono dormire sonni tranquilli: in quelle zone infatti sono state riconosciute delle microzone interessate da faglie tuttora attive, e quindi potenzialmente pericolose. Nell'ultimo secolo nell'Appennino meridionale si sono succeduti terremoti disastrosi con un tempo di ricorrenza di circa 20-30 anni (1910, 1930, 1962, 1980).

Assisi
Un altro esempio, che dimostra come sia impossibile per ora fare delle previsioni esatte sui fenomeni sismici, è costituito dal terremoto che interessò l'Umbria e la città di **Assisi** nel settembre 1997. Dopo una serie di forti scosse che raggiunsero il grado VIII della scala MCS, gli esperti ritennero che come in altri casi del genere il territorio sarebbe stato interessato solamente da scosse più deboli di "assestamento". Le previsioni si rivelarono drammaticamente sbagliate: il 26 settembre alcuni operai morirono sepolti dai calcinacci della basilica di San Francesco ad Assisi a seguito di un'ulteriore forte scossa inaspettata.

L'Aquila
Infine, un caso che fece molto discutere in tema di prevedibilità fu quello della rovinosa scossa di magnitudo 5,8 che il 6 aprile 2009 alle ore 3.32 colpì, per 28 interminabili secondi, **L'Aquila** e dintorni provocando poco più di 300 morti. La zona colpita subì enormi danni agli edifici, soprattutto nel centro storico del capoluogo, ai quali si sono sommati forti disagi per i circa 70 000 senza tetto.
La scossa del 6 aprile fu preceduta da uno "sciame sismico" (una serie ininterrotta di circa 400 scosse) che si protrasse per quattro mesi; la scossa più forte, di magnitudo 4, si registrò il 30 marzo, una settimana prima del disastro. Il giorno dopo all'Aquila si riunirono gli esperti della Commissione Grandi Rischi per valutare la gravità della situazione. Si ritenne che non fosse il caso di prendere decisioni drastiche (come l'evacuazione) poiché lo sciame sismico venne ritenuto un fenomeno "normale", vista la tipologia del territorio, e considerato il quadro complessivo "favorevole": l'energia infatti veniva scaricata in modo continuo.
Abbiamo così avuto ancora una volta la conferma di come la prevedibilità di eventi del genere sia alquanto difficile, sebbene si sapesse che il rischio sismico all'Aquila fosse altissimo (la città fu interamente distrutta nel 1703). La magistratura ha avviato comunque delle indagini per accertare eventuali responsabilità del mancato allarme, ma soprattutto per individuare chi aveva costruito edifici con materiali scadenti e senza seguire elementari criteri antisismici.
Il processo, in cui sono imputati gli esperti della Commissione Grandi Rischi, si è concluso per ora con una condanna in primo grado a 6 anni per omicidio e lesioni colpose e con un'assoluzione in appello (10 novembre 2014).

Figura 3 La prefettura de L'Aquila dopo la disastrosa scossa del 6 aprile 2009.

Sezione D Geologia strutturale e fenomeni sismici

Figura 13 Carta della pericolosità sismica che individua le zone maggiormente a rischio in Italia.

Per stabilire il *tempo medio di ritorno* si studiano statisticamente, per uno stesso epicentro, gli intervalli di tempo trascorsi tra eventi successivi: si arriva così a stimare la probabilità che un terremoto di una data intensità si ripeta in futuro. In questo modo possiamo tentare di rispondere anche a un'altra domanda che consentirebbe di fornire una completa previsione: "Quando avverrà il sisma con quella intensità?" Si capisce che se già il dato sull'intensità non consente di essere molto precisi, visto l'approccio non strumentale ma di tipo storico, con descrizioni di danni relativi solamente a località abitate, la precisione diminuisce ancora di più se si considera il fattore tempo.

In conclusione, quello che gli scienziati possono affermare in questo momento per una data zona è che, per esempio, un sisma di grado VIII della scala MCS ha la probabilità statistica di ripetersi ogni 40 anni. Sulla carta delle isosisme viene quindi riportato il valore massimo dell'intensità che ci si aspetta in una determinata zona in un dato intervallo di tempo: viene in questo modo effettuata una **macrozonazione sismica** del territorio, individuando le zone più a rischio (▶13).

Facciamo il punto

11 Che cosa sono e perché sono importanti i fenomeni premonitori?

12 Qual è l'obiettivo della previsione statistica?

5 Come difendersi dai terremoti

Dato che il fenomeno terremoto non è prevedibile in modo deterministico, tutto ciò che possiamo fare è cercare, dopo aver individuato le aree a rischio, di limitare il numero di vittime imponendo vincoli edilizi, costruendo edifici con criteri antisismici, educando la popolazione e pianificando i soccorsi a priori: facendo cioè un'adeguata opera di **prevenzione**, per la quale devono essere destinati gli stanziamenti economici necessari.

L'Italia è purtroppo rimasta molto indietro in materia di prevenzione, se si fa il confronto con altri Paesi in cui il rischio sismico è elevatissimo, come gli Stati Uniti (California) e il Giappone: un terremoto di modesta entità che in Italia potrebbe provocare ingenti danni e decine di vittime, in altri luoghi potrebbe passare quasi inosservato.

Per esempio, il terremoto di San Fernando, nelle vicinanze di Los Angeles, del 1971 e quello dell'Irpinia del 1980 furono paragonabili per intensità, ma il primo provocò danni irrisori e qualche vittima, il secondo causò ben 3000 morti e danni stimati in 50 miliardi di euro!

Queste differenze non sono spiegabili solo ammettendo la diversa natura del sottosuolo o della diversa miscela di forze endogene che provocano il terremoto, ma riconoscendo che Giappone e Stati Uniti da decenni si sono preoccupati di investire capitali per la ricerca, per lo studio dei fenomeni, per interventi di consolidamento su edifici già esistenti, per la costruzione di edifici antisismici e per la prevenzione in generale. La California è all'avanguardia nello studio del fenomeno: lungo i segmenti più attivi della faglia di San Andreas vengono utilizzati dispositivi laser che rilevano ogni minimo spostamento lungo la faglia e in questo modo è possibile ridurre l'errore a meno di un centimetro su una lunghezza di 30 km! Nell'ultimo decennio le posizioni degli strumenti sono rilevate con satelliti della rete GPS (Global Positioning System) che permettono misurazioni ancora più precise.

Studi geologici dettagliati su porzioni ristrette di territorio (ad esempio, i centri storici) permettono di effettuare una **microzonazione sismica** che consente di prevedere se gli effetti delle onde sismiche saranno attenuati o amplificati in base ai diversi tipi di terreno superficiale attraversati, in modo da poter intervenire direttamente sugli edifici per modifiche o consolidamenti. Per esempio, il disastroso terremoto che colpì Città del Messico nel 1985 provocò numerose vittime soprattutto in una zona del centro storico. Si scoprì in seguito che gli edifici crollati si trovavano su un'area anticamente occupata da un lago, successivamente colmata con terreni di riporto che amplificarono gli effetti del sisma.

5.1 Edilizia antisismica

Di solito nei centri cittadini italiani colpiti da un terremoto gli edifici più soggetti al crollo sono quelli più vecchi, costruiti con mattoni o pietre locali, che formano il centro storico. In particolare i mattoni resistono poco alle sollecitazioni e tendono a sbriciolarsi. Materiali che vengono ampiamente usati nell'edilizia antisismica sono il cemento armato e il legno, che però è un materiale infiammabile.

Si dovrebbero quindi costruire nuove case con criteri e materiali antisismici come il cemento armato e cercare di adattare quelle vecchie, costruite con tecniche e materiali che non offrono la necessaria sicurezza. Si intuisce facilmente che il problema più grosso è il riadattamento degli edifici e delle opere di ingegneria civile già esistenti, poiché si tratta di valutarne la vulnerabilità (attraverso un vero e proprio "censimento") e successivamente di intervenire per consolidarli.

Per indicare la vulnerabilità degli edifici, compito importante e molto laborioso, si utilizzano diversi criteri: si fa uso, per esempio, di indici che vengono assegnati in base allo stato dell'edificio, al tipo di fondazioni, al materiale utilizzato per le strutture verticali, orizzontali e le coperture (tetti), allo spessore delle murature ecc.

Attualmente l'ingegneria sismica può contare su moderne tecniche che consentono di ridurre i danni agli edifici, ormai pienamente affermate ed estremamente efficaci: una di queste prevede l'impiego di apparecchi chiamati *isolatori sismici*. Il principio su cui si basa l'isolamento sismico è simile a quello delle sospensioni delle automobili: gli edifici da isolare vengono "appoggiati" su isolatori, posti tra le fondamenta dell'edificio (che ricevono le sollecitazioni dal terreno durante il terremoto) e la sua base, nella zona a contatto con la superficie del suolo (▶14). In questo modo la trasmissione delle onde sismiche viene attutita garantendo all'edificio il minor danno possibile. Questi dispositivi cilindrici sono costituiti da dischi alternati di gomma e di acciaio, molto resistenti, che permettono al sistema di appoggio di sostenere il peso del manufatto e nello stesso tempo gli conferiscono una notevole capacità di assorbimento dei movimenti del terreno.

In Italia le poche risorse economiche che si potrebbero destinare alla prevenzione vengono soprattutto utilizzate per la ricostruzione post-terremoto e ciò ha tragicamente messo in evidenza come sia possibile la speculazione: gli "affari" migliori sono stati effettuati dalle imprese incaricate della ricostruzione e non da chi avrebbe dovuto essere coinvolto nelle opere di consolidamento antisismico.

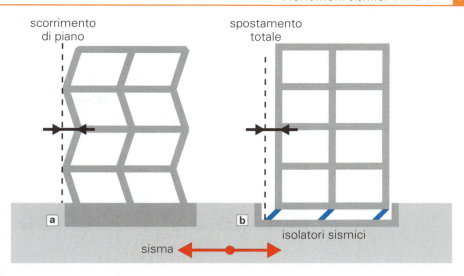

Figura 14 Deformazione di un edificio a base fissa (**a**) e di un edificio isolato alla base (**b**).

5.2 Che cosa fare in caso di terremoto?

La prevenzione comprende anche l'educazione della popolazione che vive in aree a rischio. Ciascun cittadino dovrebbe sapere esattamente che cosa fare in caso di emergenza; esercitazioni per fronteggiare l'evento disastroso sono molto frequenti in Giappone e in California, specialmente nei luoghi pubblici come le scuole. Anche la Protezione Civile in Italia ha diramato una serie di norme comportamentali da seguire in caso di terremoto, che possono contribuire alla salvezza di vite umane se supportate da frequenti campagne informative (▶15).

Alcune norme basilari vengono qui di seguito riportate: per esempio, se si viene colti dal sisma all'improvviso all'interno di un edificio può essere letale cercare di uscire dall'edificio tutti assieme fa-

SE ARRIVA IL TERREMOTO...

Cerca riparo all'interno di una porta in un muro portante o sotto una trave. Se rimani al centro di una stanza potresti essere ferito dalla caduta di vetri, intonaco o altri oggetti.

Non precipitarti fuori per le scale: sono la parte più debole dell'edificio. Non usare l'ascensore: si può bloccare. In strada potresti essere colpito da vasi, tegole ed altri materiali che cadono.

Chiudi gli interruttori generali del gas e della corrente elettrica, alla fine della scossa, per evitare possibili incendi.

Esci alla fine della scossa. Indossa le scarpe: in strada potresti ferirti con i vetri rotti. Raggiungi uno spazio aperto, lontano dagli edifici e dalle linee elettriche.

Non bloccare le strade. Servono per i mezzi di soccorso. Usa l'automobile solo in caso di assoluta necessità.

Figura 15 Come comportarsi in caso di terremoto.

144 Sezione D Geologia strutturale e fenomeni sismici

Figura 16 Esercitazione antisismica. In questa scuola di Parkfield, una cittadina nelle vicinanze della faglia di San Andreas, in California, gli alunni sanno esattamente cosa fare in occasione di un terremoto.

cendosi prendere dal panico. Sarebbe meglio quindi non uscire e mantenere la calma, evitando di riversarsi sulle scale (si può morire calpestati dalla folla) ed evitando assolutamente di prendere l'ascensore (se si rompono i cavi elettrici si resta intrappolati);

si dovrebbe cercare riparo sotto gli stipiti delle porte, vicino alle colonne portanti dell'edificio (quelle in cemento armato), sotto tavoli robusti, evitando di mettersi vicino alle finestre (per non rimanere feriti dai vetri) e al centro della stanza (per non essere feriti dal crollo del pavimento del piano superiore) (▶16). Se si riuscisse comunque a uscire dall'edificio, non è detto che si sia raggiunta la salvezza! Bisogna allontanarsi il più possibile per evitare di rimanere colpiti da calcinacci, vasi, tegole e parti dell'edificio stesso che può crollare. Nel caso che il sisma ci sorprenda per strada è bene, se possibile, dirigersi in fretta verso uno spazio aperto o, se si è in auto, fermarsi e accostare sul margine della strada lontano da ponti, cavalcavia e linee elettriche. È anche molto importante, a sisma avvenuto, non intasare le linee telefoniche e le vie di comunicazione principali, che devono essere utilizzate per coordinare i soccorsi.

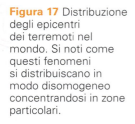

video

I terremoti
Come si originano e come ci si può difendere.

Facciamo il punto

13 Quali sono i materiali usati per l'edilizia antisismica?

14 Quali sono i problemi che si incontrano nel riadattare i vecchi edifici?

15 Che cosa sono e come vengono impiegati gli isolatori sismici?

16 Quali sono le norme comportamentali da seguire in caso di terremoto?

6 Distribuzione dei terremoti sulla Terra

I fenomeni sismici, così come i fenomeni vulcanici, si concentrano in specifiche zone della crosta terrestre (▶17). In particolare si riscontra una coincidenza impressionante con la distribuzione dei vulcani dell'*anello di fuoco circumpacifico* (Unità 3, § 8). Le aree sismiche interessano sia zone continentali sia zone oceaniche, ma la maggior quantità di energia viene liberata in prossimità dei margini degli oceani e delle catene montuose recenti come le Alpi o l'Himalaya.

Si noti, infine, come la zona mediterranea orientale sia una zona a elevato rischio sismico e comprenda Paesi densamente popolati come l'Italia, la Grecia, la Turchia, i Paesi dell'ex-Yugoslavia. Per contro si possono identificare zone decisamente asismiche: ad esempio la penisola scandinava, la Russia, molti Paesi africani, il Brasile, il Canada, l'Australia.

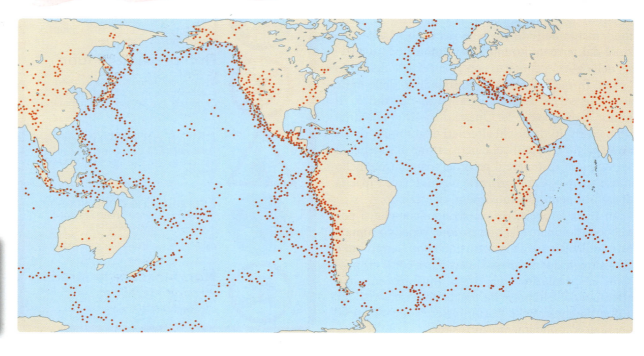

Figura 17 Distribuzione degli epicentri dei terremoti nel mondo. Si noti come questi fenomeni si distribuiscano in modo disomogeneo concentrandosi in zone particolari.

Facciamo il punto

17 Dove si concentrano i principali fenomeni sismici?

I fenomeni sismici **Unità 7** 145

verifiche

Ripassa con le flashcard ed esercitati con i test interattivi sul Me•book.

CONOSCENZE

Con un testo articolato tratta i seguenti argomenti

1 Spiega la teoria del rimbalzo elastico e quali tipi di studi hanno portato alla sua formulazione.

2 Spiega le differenze che esistono tra le diverse onde sismiche.

3 Qual è la differenza tra previsione deterministica e previsione statistica?

4 Che cosa significa "fare prevenzione"?

5 Spiega in che modo è possibile determinare l'epicentro di un terremoto (Scheda 1).

6 Descrivi la dinamica di uno tsunami (Scheda 2).

Con un testo sintetico rispondi alle seguenti domande

7 Descrivi le caratteristiche delle onde S.

8 Quali sono i diversi tipi di onde superficiali?

9 Descrivi il principio di funzionamento di un sismografo.

10 Che cosa sono le isosisme?

11 Che cosa si intende per rischio sismico?

12 Come si calcola la magnitudo di un terremoto?

13 In quali casi la magnitudo può assumere valori negativi?

14 Quali sono le differenze tra magnitudo e intensità?

15 Che cos'è la scala MCS?

16 Che relazione esiste tra fenomeni premonitori e teoria della dilatanza?

17 Cosa sono i cataloghi sismici e a che scopo vengono usati?

18 Come ti comporteresti se venissi sorpreso da un terremoto durante una lezione scolastica?

19 Che cosa sono le dromòcrone? (Scheda 1)

20 Come è stata utilizzata la paleosismologia nello studio del terremoto dell'Irpinia? (Scheda 4)

Quesiti

21 L'ipocentro di un terremoto è:

a il punto all'interno della crosta terrestre da cui si propagano le onde L.

b il punto all'interno della crosta terrestre da cui si propagano le onde P e S.

c il punto sulla superficie terrestre dove si propagano le onde P e S.

d il punto sulla superficie terrestre dove si propagano le onde L.

22 Quale di queste affermazioni sulla magnitudo è errata?

a È un dato numerico che si ricava mediante una relazione logaritmica.

b È un dato direttamente proporzionale all'energia liberata dall'ipocentro del terremoto.

c È un dato direttamente proporzionale ai danni provocati in superficie dal terremoto.

d È un dato che si ricava a partire dalla lettura del sismogramma.

23 Qual è la differenza tra magnitudo e intensità?

a Non c'è nessuna differenza, ambedue misurano la forza del terremoto.

b L'intensità è un dato che si basa sugli effetti del terremoto, la magnitudo sull'energia liberata.

c La magnitudo indica gli effetti in superficie, l'intensità è proporzionale all'energia liberata.

d La magnitudo indica l'energia liberata dall'epicentro, l'intensità indica gli effetti in superficie.

24 Se un terremoto di magnitudo 5 investisse un'area desertica e un'area intensamente edificata ed abitata, l'intensità misurata con la scala MCS sarebbe probabilmente:

a uguale in entrambi i casi, perché i due terremoti hanno liberato la stessa quantità di energia.

b uguale in entrambi i casi, perché i due terremoti hanno la stessa magnitudo.

c diversa nei due casi, perché i danni rilevati nelle due località sarebbero differenti.

d diversa nei due casi, perché la liberazione di energia che ha provocato i due terremoti è comunque differente.

25 La teoria della dilatanza prevede:

a il formarsi di faglie che indeboliscono l'ammasso roccioso.

b il formarsi di microfratture che fanno aumentare di volume l'ammasso roccioso.

c la compattazione del materiale roccioso che diventa più rigido e più soggetto a rompersi.

d l'aumento della pressione litostatica che fa variare la velocità delle onde sismiche prima del terremoto.

26 Se dovessi scegliere materiali con cui costruire una casa in una zona a rischio sismico, quali tra questi sceglieresti? (2 risposte)

a Mattoni.   **d** Cemento.

b Legno.   **e** Cemento armato.

c Calce.

27 Quali dei seguenti comportamenti seguiresti se fossi sorpreso al 5° piano di una casa di Milano da un terremoto?

a Mi precipito sul pianerottolo e prendo l'ascensore per scendere.

b Mi precipito sul pianerottolo e scendo dalle scale.

c Rimango in casa e mi metto al centro della stanza in cui mi trovo.

d Rimango in casa e mi riparo sotto uno stipite di una porta.

28 Quale tra i fenomeni elencati non può causare uno tsunami? (Scheda 2)

a Terremoti sottomarini.   **c** Frane sottomarine.

b Impatto meteoritico.   **d** Eruzione vulcanica sottomarina.

29 Perché il terremoto dell'Irpinia del 1980 è stato uno dei più studiati? (Scheda 4)

a Perché in quel periodo si ebbe una rapida evoluzione della sismologia strumentale.

b Perché fu il terremoto in cui si ebbero più vittime.

c Perché era stato previsto.

d Perché alcuni edifici crollati erano costruiti con criteri antisismici.

Sezione D — Geologia strutturale e fenomeni sismici

30 Vero o falso?

a. Il punto in cui si origina il sisma è chiamato epicentro. V F

b. È la forza di attrito lungo un piano di faglia che si oppone al movimento dei blocchi rocciosi. V F

c. I terremoti sono fenomeni che, in una certa zona, si ripetono periodicamente. V F

d. Il terremoto che colpì San Francisco nel 1906 provocò spostamenti dell'ordine di qualche metro lungo la faglia di San Andreas. V F

31 Abbina la descrizione al tipo di onda sismica.

a. Onde P – b. Onde S – c. Onde di Rayleigh – d. Onde di Love

1. Il movimento delle particelle è perpendicolare rispetto alla direzione di propagazione dell'onda. ....

2. Provocano movimenti ellittici delle particelle in piani orientati nella stessa direzione di propagazione dell'onda. ....

3. Provocano movimenti trasversali e perpendicolari alla direzione di propagazione dell'onda. ....

4. Le particelle si muovono nella stessa direzione di propagazione dell'onda. ....

32 Vero o falso?

a. L'aumento di emissioni di gas radon nel sottosuolo è considerato un fenomeno premonitore. V F

b. I fenomeni premonitori si manifestano sempre in modo regolare. V F

c. La microzonazione sismica ha l'obiettivo di prevedere gli effetti delle onde sismiche in relazione ai tipi di terreno superficiale attraversati. V F

d. Non è possibile ricostruire carte delle isosisme di antichi terremoti. V F

COMPETENZE

Leggi e interpreta

33 San Giuliano di Puglia 2002

Il 31 ottobre 2002 un terremoto di magnitudo 5,6 Richter e di intensità che ha raggiunto l'VIII-IX grado della scala MCS, ha colpito la zona di San Giuliano di Puglia, distruggendo in particolare la scuola elementare e causando la morte di 26 bambini e della maestra. [...] I danni del terremoto si registrano solo in una parte del paese; il resto delle abitazioni è invece praticamente intatto. E si capisce subito perché: il nucleo storico antico è stato prevalentemente edificato su materiale roccioso calcareo, una roccia dura e compatta che ha assorbito le onde sismiche e ha permesso alle costruzioni di resistere meglio. La parte nuova, dove c'era la scuola Francesco Iovine, è stata invece costruita su terreni argillosi e sabbiosi molto meno coerenti: questi terreni normalmente hanno la capacità di amplificare le onde sismiche e producono danni molto più ingenti. Questo dato geologico è indiscutibile ma è solo uno dei fattori che ha contribuito alla tragedia. Bisogna infatti tenere conto anche delle modalità costruttive degli edifici: quelli che si trovano storicamente sul territorio, come le chiese e i castelli, sono stati spesso danneggiati anche nei paesi attorno a San Giuliano, mentre quelli in cemento armato non presentano danni rilevanti, se non in qualche raro caso. I rilievi dei danni post-terremoto hanno riscontrato danni insignificanti (qualche fessura nell'intonaco) ad un'abitazione di questo tipo proprio nei pressi della scuola. Prima di dare la colpa a qualcuno bisognerà aspettare le indagini dei periti e dei magistrati, ma la conclusione a cui possiamo arrivare anche noi è ovvia: la causa di questa tragedia ha radici antiche, che vanno ricercate nel modo in cui la scuola è stata costruita nel 1954 e ampliata in passato (diversi lavori fino al 2001). Sicuramente quando la scuola è stata costruita non si sapeva molto sul rischio sismico dell'area che, anzi, prima di questo terremoto non veniva considerato elevato. "I muri erano sottili, ma forse avrebbero retto senza la sopraelevazione imposta in tempi recenti: un carico eccessivo che non aveva provocato ancora problemi strutturali di natura statica, ma che avrebbe certamente compromesso la stabilità dell'edificio in seguito a sollecitazioni dinamiche come quelle impresse tipicamente dai terremoti. Come in un pendolo rovesciato appesantito in punta, l'ondeggiare della costruzione a causa delle onde sismiche ha ridotto la scuola a un cumulo di rovine".

Liberamente tratto da Mario Tozzi, Catastrofi, Rizzoli, 2005

a. Individua nel brano i termini che hai incontrato nello studio di questa Unità.
b. Qual è la differenza tra magnitudo e intensità?
c. Qual è stata la zona di San Giuliano a subire i maggiori danni dal terremoto?
d. Su che tipo di rocce è stata edificata la parte nuova di San Giuliano?
e. Quali sono le rocce che in questa zona hanno permesso agli edifici di resistere meglio al sisma?
f. Quali materiali, usati per la costruzione degli edifici, sono di norma più resistenti?
g. Qual è stato il principale fattore che ha aumentato il rischio di crollo della scuola?

Osserva e rispondi

34 Completa il seguente disegno.

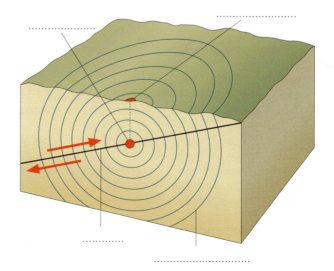

Fai un'indagine

35 Cerca in Internet informazioni sul terremoto del 23 novembre 1980 in Irpinia con particolare riferimento:
– ai danni subiti dai centri abitati;
– all'organizzazione dei soccorsi;
– al denaro stanziato per la ricostruzione.

36 Cerca informazioni sulla faglia di San Andreas, sui terremoti più recenti a essa collegati e sul cosiddetto "Big One".

37 Cerca informazioni sulle cause geologiche dello tsunami indonesiano del 26 dicembre 2004.

38 Cerca sul web informazioni relative agli ultimi terremoti avvenuti nella tua regione ricercando notizie sulla magnitudo e sull'intensità dei terremoti avvenuti, sui danni agli edifici e su eventuali vittime, sul rischio sismico che grava sull'area, sui criteri antisismici a cui ci si dovrebbe attenere per le nuove costruzioni, su eventuali piani di evacuazione e su esercitazioni relative. Suggerimento: fai affidamento sul sito dell'Istituto Nazionale di Geofisica e Vulcanologia (www.ingv.it).

Risolvi il problema

39 Determina la magnitudo di un terremoto.
Premessa: utilizzando un diagramma come quello che segue è possibile ricavare molto semplicemente e velocemente la magnitudo di un terremoto avendo a disposizione il sismogramma registrato in una data località.
Sulla linea verticale a destra vengono riportati i valori dell'ampiezza massima registrata in mm. Sulla linea verticale a sinistra viene indicato l'intervallo di tempo in secondi (s) che intercorre tra l'arrivo delle onde P e l'arrivo delle onde S; quest'ultimo dato consente anche di calcolare la distanza dell'ipocentro del terremoto, che viene riportata sulla stessa linea. Sulla linea verticale al centro sono riportati i valori di magnitudo.
Come si procede: su un sismogramma si misura un'ampiezza massima delle onde sismiche di 20 mm e una differenza dei tempi di arrivo delle onde P e S di 40 s.
Congiungi i due valori così trovati tracciando una linea con un righello. La linea tracciata interseca la linea centrale su cui leggerai direttamente il valore della magnitudo.

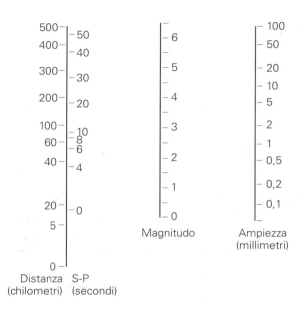

Rispondi alle seguenti domande
1. Determina la magnitudo di un terremoto con ampiezza massima 5 mm e differenza di tempo di arrivo delle onde P e S di 4 s.
2. Determina la magnitudo di un terremoto con ampiezza massima 10 mm e differenza di tempo di arrivo delle onde P e S di 30 s.

In English

40 Explain the practical use of isoseismal maps.

41 Write a short text explaining the difference between P-waves and S-waves.

Fai la tua scelta

42 Immagina di venir svegliato in piena notte da un forte terremoto. Come ti comporteresti? Motiva la tua scelta.

Organizza i concetti

43 Completa la mappa.

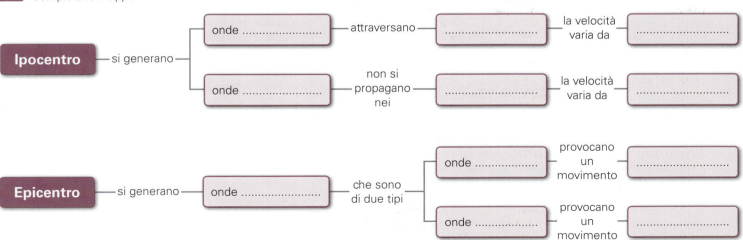

44 Costruisci una mappa che evidenzi le differenze tra scala Richter e scala MCS.

L'interno della Terra

unità 8

Quali metodi si utilizzano per indagare l'interno della Terra, per noi inaccessibile?

1 L'importanza dello studio delle onde sismiche

Le **onde sismiche** sono un ottimo strumento di indagine per uno studio indiretto dei materiali che costituiscono l'interno della Terra e della loro distribuzione in profondità. Infatti, tramite lo studio dei sismogrammi degli eventi sismici naturali e artificiali, è possibile ricostruire il percorso effettuato dalle onde sismiche all'interno della Terra. Terremoti "artificiali" possono essere generati dallo scoppio di bombe atomiche o da più modeste esplosioni di cariche di tritolo che vengono utilizzate localmente per indagini sulla struttura superficiale della crosta, con lo scopo di individuare campi geotermici o giacimenti petroliferi. Il vantaggio fornito dai terremoti generati in questo modo è la conoscenza dell'esatta ubicazione dell'ipocentro.

Nei decenni successivi alla seconda guerra mondiale si effettuarono numerosi esperimenti atomici nel deserto del Nevada (Stati Uniti) e negli atolli polinesiani: i risultati sismici, secondari rispetto agli scopi bellici primari, portarono alla definizione della struttura interna della Terra.

Le onde P e S che si originano dall'ipocentro del terremoto variano la loro velocità in base alla temperatura, alla pressione, alla composizione chimica, alla densità e alle proprietà meccaniche del tipo di roccia attraversato. Ricordiamo anche che le onde P possono propagarsi nei solidi e nei liquidi, mentre le onde S solo nei solidi; esse inoltre modificano la loro direzione nel passaggio da un materiale a un altro poiché subiscono **riflessioni e rifrazioni** (SCHEDA 1).

L'obiettivo dei geofisici è quello di ricostruire il percorso effettuato dalle onde P e S all'interno della Terra, facendo ipotesi sulla composizione delle rocce attraversate, conoscendo solo la posizione dell'ipocentro e il tempo di arrivo delle onde alle varie stazioni di rilevamento.

? Lo sapevi che...

Il pozzo più profondo del mondo
È situato a 10 km a Nord della città mineraria di Zapolyarny, nella penisola di Kola in Russia. Il progetto risale all'inizio degli anni '60 del secolo scorso e aveva lo scopo principale di studiare le rocce della crosta terrestre; la speranza era anche di acquisire nuovi dati che potessero spiegare i processi di formazione dei giacimenti minerari. La perforazione iniziò nel 1970 e proseguì fino al 1989, quando si raggiunse la profondità di 12262 metri. Oggi il pozzo è usato come geo-laboratorio profondo dall'Ente scientifico di Stato per indagini sull'interno della Terra.

Facciamo il punto

1 Come viene ricostruito il fenomeno delle onde sismiche in profondità?

2 Quale importanza rivestono i cosidetti "terremoti artificiali"?

Scheda 1 Riflessioni e rifrazioni delle onde sismiche

Dall'ipocentro del terremoto le onde sismiche si propagano in tutte le direzioni dello spazio. Quando incontrano una superficie di discontinuità subiscono riflessioni o rifrazioni come le onde luminose. Le superfici di discontinuità segnano in modo molto netto il passaggio da uno stato di aggregazione a un altro (solido-liquido) oppure i cambiamenti di densità o di composizione chimica all'interno del nostro pianeta.
Il raggio incidente, quando incontra la superficie di discontinuità, origina un **raggio riflesso**, che ritorna verso la superficie con lo stesso angolo di incidenza, e un **raggio rifratto**, che prosegue nello strato sottostante. Il raggio rifratto tende ad avvicinarsi alla superficie di discontinuità se la velocità aumenta, cioè se lo strato sottostante è composto da rocce più dense di quelle sovrastanti; si avvicina invece alla verticale se, al passaggio da uno strato a un altro, la velocità diminuisce (questo può accadere per esempio al passaggio da uno stato di aggregazione all'altro) (▶1).
Tra tutti i raggi incidenti, ve ne sarà almeno uno che arriverà alla superficie di discontinuità con un'angolazione limite (angolo critico), per il quale cioè l'angolo di rifrazione sarà di 90° e si propagherà lungo la superficie di discontinuità. Tutti i raggi che superano questo valore critico non verranno rifratti ma solo riflessi, si avrà cioè **riflessione totale**.
Poiché per uno stesso stato di aggregazione all'aumentare della profondità in linea di massima aumenta anche la densità, i raggi rifratti possono attraversare diversi strati a profondità diverse, ma tenderanno tutti a riemergere quando raggiungeranno e supereranno l'angolo critico dando luogo a fenomeni di riflessione totale (▶2).
Il percorso effettuato dai raggi in profondità, con buona approssimazione, si può quindi considerare una curva concava verso l'alto. Inoltre, se consideriamo anche la rete di sismografi disposti a diversa distanza dall'ipocentro, possiamo constatare come possano arrivare sia **onde dirette** (che viaggiano nel primo strato senza subire deviazioni), sia **onde rifratte** e poi **riflesse** che hanno percorso a una velocità maggiore un tratto dello strato sottostante più denso prima di riemergere. Nella stazione di rilevamento più vicina arriveranno prima le onde dirette; nella stazione più lontana arriveranno prima le onde rifratte e riflesse poiché hanno percorso la stessa distanza con velocità maggiore nello strato sottostante (▶3).

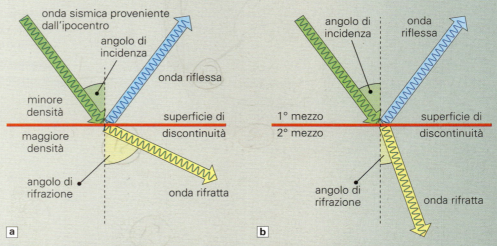

Figura 1 a) Esempio di rifrazione nel caso in cui la velocità dell'onda sismica aumenti: il raggio subisce una deviazione verso la superficie di discontinuità (come accade per esempio in uno stesso mezzo all'aumentare della densità). **b)** Esempio di rifrazione nel caso in cui la velocità dell'onda sismica diminuisca: il raggio subisce una deviazione verso la normale alla superficie di separazione (come accade per esempio tra due mezzi di natura diversa).

Figura 2 Rifrazioni multiple possono provocare la risalita dell'onda sismica che disegna una traiettoria approssimativamente curva.

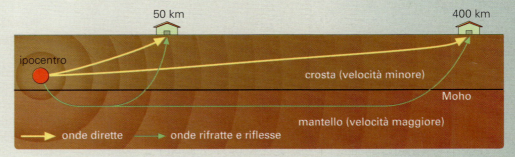

Figura 3 Le onde sismiche che dall'ipocentro si propagano nella crosta (onde dirette) raggiungono prima il sismografo più vicino e poi quello più lontano. L'onda che si rifrange nel mantello (dove la velocità di propagazione è più elevata) arriva al sismografo più distante in anticipo rispetto alle onde dirette della crosta (che viaggiano più lentamente).

Sezione D Geologia strutturale e fenomeni sismici

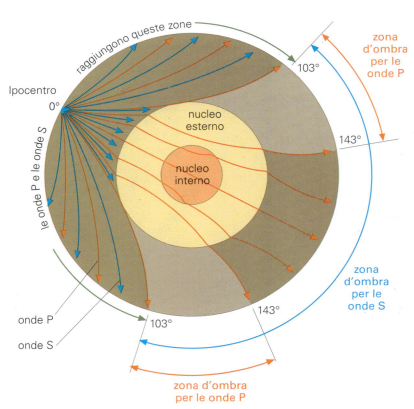

Figura 1 Modello semplificato della propagazione delle onde sismiche all'interno della Terra. Sono indicate le zone d'ombra per le onde P e per le onde S.

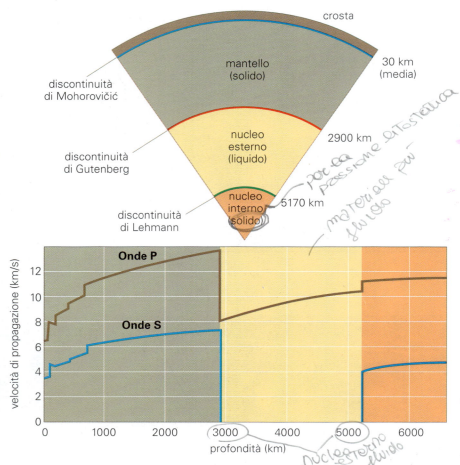

Figura 2 Le diverse velocità di propagazione delle onde P e S mettono in evidenza le discontinuità che separano gli strati concentrici che formano l'interno della Terra.

2 Le principali discontinuità sismiche

Le **superfici di discontinuità** sono involucri sferici che, all'interno della Terra, separano strati rocciosi concentrici con diverse caratteristiche chimico-fisiche. Sono facilmente individuabili grazie ai fenomeni di rifrazione e riflessione delle onde sismiche, che possono indicare una brusca variazione della densità, una differenza marcata nella composizione chimica oppure un passaggio da uno stato di aggregazione a un altro. Quando le onde sismiche raggiungono una di queste superfici subiscono variazioni di velocità e deviazioni nella loro traiettoria.

Agli inizi del '900 il geofisico croato Andrija Mohorovičić studiò i sismogrammi relativi al terremoto di Zagabria del 1906, mettendo in relazione i tempi di arrivo delle onde sismiche a diverse distanze dall'epicentro. I sismografi più lontani registravano onde P e S che sembravano aver viaggiato più velocemente di quelle registrate dai sismografi prossimi all'epicentro. Questa osservazione si poteva spiegare ipotizzando una brusca accelerazione delle onde P (da 6,8-7,5 km/s a 8 km/s) a qualche decina di chilometri di profondità dovuta alla presenza di rocce più dense e con composizione chimica diversa, attraversate prima di emergere in superficie. Già agli inizi del '900 si ipotizzava che l'interno della Terra fosse composto da materiali più densi di quelli superficiali per giustificare la forza attrattiva misurata sugli altri corpi celesti.

Mohorovičić ipotizzò la presenza di uno strato superficiale, la **crosta terrestre**, in cui le onde sismiche si propagano più lentamente, e uno strato più profondo, chiamato **mantello**, in cui esse si propagano più velocemente. Le onde sismiche, dopo aver viaggiato nel mantello, riemergono in superficie per mezzo di fenomeni di riflessione e di rifrazione.

La superficie di discontinuità così individuata venne chiamata **discontinuità di Mohorovičić** o, più semplicemente, **Moho**. In seguito la Moho venne riconosciuta con maggiore o minore evidenza in ogni parte del mondo a profondità variabile (in media 30 km) e interpretata come zona di separazione tra crosta e mantello.

Nel 1924 il geofisico americano B. Gutenberg individuò una discontinuità più profonda (2900 km) messa in evidenza dalla scoperta delle cosiddette zone d'ombra (▶1): per un dato sisma esiste una zona in superficie in cui non si registrano onde P in una fascia compresa tra 103° e 143° dall'epicentro (valori che corrispondono a una distanza compresa tra 11000 e 16000 km) e non vengono più rilevate onde S a partire da 103° in poi (da 11000 km). Le onde P ricompaiono, fortemente rallentate, oltre i 16000 km.

Il rallentamento delle onde P (da 13 km/s a 8 km/s) e la scomparsa delle onde S in prossimità della discontinuità possono essere spiegati ipotizzando l'esistenza di materiale liquido all'interno della Terra (▶2). La zona d'ombra delle onde P può essere spiegata ammettendo che le onde che non raggiungono la superficie di discontinuità siano fortemente deviate verso la superficie terrestre, mentre le onde che incontrano la superficie di discontinuità siano deviate verso il centro della Terra riemergendo solo a partire da una distanza di 16 000 km dall'epicentro.

La **discontinuità di Gutenberg** separa il mantello dal nucleo ed è interpretata sia come limite chimico (separa materiali diversi così come la Moho) sia come limite fisico (separa uno strato solido da uno liquido).

Un'ulteriore discontinuità all'interno del nucleo fu identificata negli anni '60 dalla sismologa danese Inge Lehmann a 5170 km di profondità. Dalle registrazioni di terremoti generati da esplosioni nucleari, ci si rese conto che all'interno del nucleo si registravano fenomeni di riflessione e di rifrazione delle onde P causati dal passaggio a materiale più denso ed elastico che probabilmente indicava la presenza di un nucleo interno solido. Inoltre le onde P aumentavano lievemente la loro velocità attraversando la discontinuità (da 10 km/s a 11 km/s). La **discontinuità di Lehmann** separa il **nucleo esterno** (liquido) dal **nucleo interno** (solido).

Facciamo il punto

3 Che cosa permisero di scoprire gli studi di Mohorovičić relativi al terremoto di Zagabria del 1906?

4 Quali sono le ipotesi per spiegare le zone d'ombra delle onde P e delle onde S?

5 Perché la discontinuità di Gutenberg è interpretata sia come limite chimico, sia come limite fisico?

3 Crosta oceanica e crosta continentale

I materiali che formano la crosta terrestre sono individuati attraverso osservazioni dirette e attraverso studi di laboratorio. In laboratorio diversi campioni rocciosi vengono sottoposti a molteplici analisi in cui si individua il loro comportamento al passaggio delle onde sismiche. Il dato sperimentale registrato attraverso la rete di sismografi viene confrontato con quello di laboratorio, ricostruendo così in modo plausibile la composizione del materiale roccioso che si trova all'interno della Terra.

La crosta terrestre compone lo 0,5% della massa del pianeta e corrisponde all'1,4% del volume totale. La diversa profondità a cui si trova la Moho ha permesso ai geofisici di distinguere una porzione di crosta più spessa (da 20 a 70 km) che costituisce i continenti e le loro "radici", chiamata crosta continentale, da una più sottile (da 6 a 8 km) che forma i fondali oceanici, chiamata crosta oceanica (▶3).

La **crosta continentale** ha una densità media di 2,7 g/cm³. La sua composizione è estremamente eterogenea e non ancora ben definita. Si ritiene che possa essere suddivisa grosso modo in due strati:

→ uno strato superficiale formato prevalentemente da graniti e da rocce metamorfiche (gneiss) di composizione acida, che può essere ricoperto da un sottile strato di rocce sedimentarie;

→ uno strato sottostante di composizione incerta che potrebbe essere formato da granuliti a granato, rocce metamorfiche intermedio-acide, che si sono formate ad alta temperatura e in assenza di acqua.

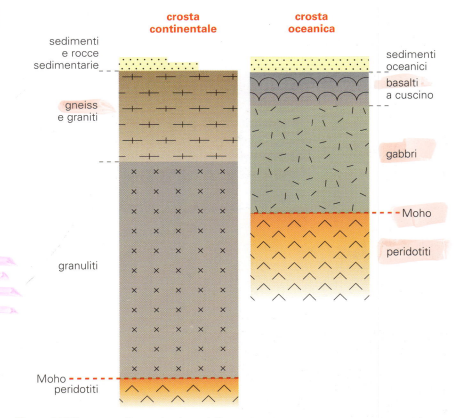

Figura 3 Differenze nella costituzione della crosta continentale e della crosta oceanica.

Nelle parti più interne dei continenti si ritrovano rocce anche molto antiche con età maggiore di 3 miliardi di anni.

La **crosta oceanica** ha una densità media di 3 g/cm³ e una composizione più omogenea. Essa infatti è composta da:

→ uno strato superficiale di sedimenti oceanici;

→ uno strato di basalti (rocce effusive) con struttura a cuscino, dicchi e rocce ipoabissali di composizione basica;

→ uno strato di gabbri (rocce intrusive con la stessa composizione chimica dei basalti).

Facciamo il punto

6 Come vengono individuati i materiali che formano la crosta terrestre?

7 Quali sono le principali differenze tra la crosta continentale e la crosta oceanica?

8 Da quali strati è composta la crosta oceanica?

4 Il mantello

Il mantello è lo strato di maggiore spessore all'interno del nostro pianeta: esso corrisponde infatti al 67% della massa della Terra e all'83% del suo volume, estendendosi dalla discontinuità di Mohorovičić alla discontinuità di Gutenberg, a 2900 km di profondità.

Le condizioni di temperatura e pressione che si trovano al di sotto della Moho, in accordo con i dati sismici, fanno pensare che sia composto da peridotiti, rocce ultrabasiche composte da silicati di Fe e Mg (olivina e pirosseni). Il ritrovamento di inclusi peridotitici (**xenoliti**) nelle rocce basiche è considerato una prova che i magmi basici primari possano originarsi dalla fusione parziale di questo materiale.

La densità della parte superiore del mantello, a diretto contatto con la Moho, è di circa 3,3 g/cm³. La velocità delle onde P aumenta con la profondità, passando da valori superiori agli 8 km/s al di sotto della Moho fino a 13 km/s in prossimità della discontinuità di Gutenberg.

All'interno del mantello si individuano alcune discontinuità minori (a 400 e a 700 km di profondità), che vengono interpretate come adattamenti (a temperature e pressioni crescenti) dell'organizzazione degli atomi (Fe, Mg, Si, O) che formano il reticolo cristallino dell'olivina (nesosilicato) in strutture cristalline più semplici, dense e compatte, tipiche degli ossidi (▶ 4).

L'incremento di velocità delle onde P a circa 700 km di profondità viene considerato come passaggio da mantello superiore a mantello inferiore: sembra infatti che da qui fino a 2900 km di profondità non si verifichino ulteriori cambiamenti di composizione mineralogica dei materiali ma solo un aumento della loro densità fino a 5,6 g/cm³.

Facciamo il punto

9 Tra quali discontinuità si trova il mantello?

Figura 4 Le discontinuità minori registrate all'interno del mantello (a 400 e a 700 km di profondità) indicano cambiamenti di fase dovuti al metamorfismo: a temperature e pressioni elevate l'olivina si trasforma in ossidi come lo spinello MgAl₂O₄ (tra i 400 e i 700 km di profondità) e come la perowskite [Mg,Fe]SiO₃ (oltre i 700 km di profondità). La curva delle velocità registrate delle onde P è in accordo con le curve teoriche riferite ai singoli minerali.

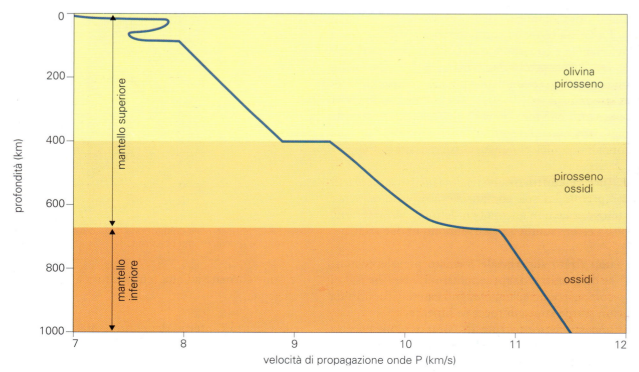

5 Il nucleo

Il nucleo terrestre ha un raggio di circa 3500 km e costituisce circa il 16% del volume totale della Terra. Attraverso lo studio delle zone d'ombra delle onde sismiche e considerando la discontinuità di Lehmann (5170 km), esso è stato suddiviso in un **nucleo esterno** (liquido) e in un **nucleo interno** (solido). Si ritiene, in accordo con studi di laboratorio sui materiali sottoposti a passaggio di onde sismiche, che sia costituito da una lega Fe-Ni a cui si aggiungono quantità minori di Si, S, K e Mg.

Al centro della Terra si raggiungono densità molto elevate, dell'ordine dei 10-12 g/cm³.

La composizione del nucleo è stata ipotizzata a partire dall'analisi chimica delle meteoriti (corpi del sistema solare che non si sono mai aggregati per formare pianeti), molte delle quali ferrose, e dal fatto che, per differenziazione gravitativa, i materiali più pesanti costituenti la Terra primordiale avrebbero dovuto concentrarsi proprio al centro del nostro pianeta (▶5).

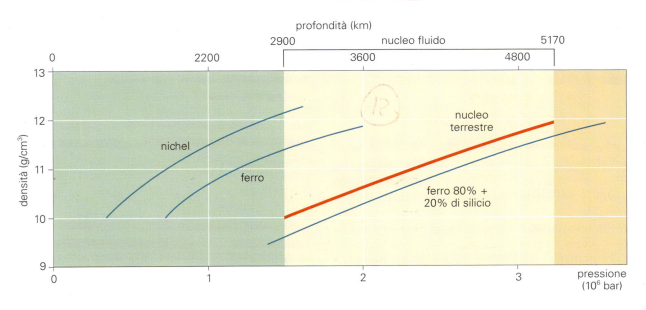

Figura 5 La densità del nucleo esterno è messa a confronto con quella relativa a vari materiali: la curva è prossima a quella che indica la stabilità per una lega di Fe (80%) e Si (20%).

Facciamo il punto

10 Da quale "materiale" è costituito il nucleo terrestre?

11 Quali considerazioni hanno condotto a definire la composizione del nucleo?

---

6 Litosfera, astenosfera e mesosfera

Fino ad ora abbiamo interpretato le **discontinuità sismiche** come limiti di passaggio tra strati di diversa composizione chimica e mineralogica, tra cambiamenti di fase o tra diversi stati della materia. Esiste un'ulteriore suddivisione, che si sovrappone parzialmente a quella appena descritta, e che prende in considerazione le caratteristiche fisiche e il comportamento meccanico dei materiali.

Negli anni '20 del secolo scorso Gutenberg individuò, nel mantello, a una profondità compresa tra 70 e 200 km, uno strato a bassa velocità delle onde sismiche (▶6). Le onde P e S infatti, all'interno di questo strato, diminuiscono considerevolmente la loro velocità. Il rallentamento viene attribuito alla presenza, nella peridotite del mantello superiore, di materiale parzialmente fuso (non più dell'1-10%) che forma una sottilissima pellicola attorno a ciascun singolo minerale. Con il contributo di questo

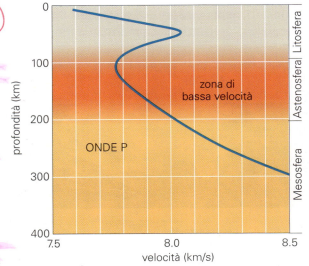
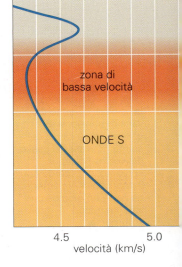

Figura 6 La diminuzione di velocità delle onde P e S tra i 70 e 200 km di profondità indica la presenza di una zona di debolezza (astenosfera) in cui le rocce sono parzialmente fuse.

lubrificante naturale, la roccia accentua le sue caratteristiche plastiche.

Lo strato a bassa velocità, composto da rocce di questo tipo, viene chiamato **astenosfera** (dal greco *asthénos* = debole).

Lo strato sovrastante, con comportamento rigido ed elastico, comprendente la crosta (continentale e oceanica) e parte del mantello superiore, viene chiamato **litosfera** (dal greco *líthos* = pietra).

La parte sottostante l'astenosfera è detta **mesosfera**. In questo strato, che si estende fino alla discontinuità di Gutenberg, non si hanno variazioni apprezzabili delle caratteristiche fisiche e meccaniche; si osserva un aumento della densità e quindi anche della velocità delle onde sismiche all'aumentare della profondità. Il criterio di suddivisione adottato per distinguere litosfera, astenosfera e mesosfera, attraverso l'interpretazione delle discontinuità sismiche porta anche alla distinzione tra nucleo interno ed esterno.

Facciamo il punto

12 Definisci i seguenti termini: astenosfera, litosfera, mesosfera.

7 I movimenti verticali della crosta: la teoria isostatica

La forza di gravità gioca un ruolo fondamentale nella dinamica del nostro pianeta; il settore della fisica che se ne occupa specificatamente è la **gravimetria**.

Sappiamo che i valori dell'accelerazione di gravità g di ogni punto della Terra dipendono sia dalla latitudine, sia dall'altitudine, sia dalla distribuzione delle masse crostali.

In generale, i valori di g misurati sperimentalmente con i **gravimetri** confermano le previsioni teoriche, ottenute facendo riferimento all'ellissoide di Hayford e corrette in base alla quota, alla collocazione e alle caratteristiche geologiche del luogo. A volte, però, le misurazioni sperimentali si discostano dai valori attesi: in questo caso si parla di **anomalie gravitazionali**, che possono essere prodotte dalla presenza nel sottosuolo di zone di ridotta o elevata densità, come giacimenti petroliferi o minerari, oppure essere l'effetto di una situazione di squilibrio gravitazionale prodotta da movimenti verticali di settori della crosta.

La crosta terrestre, infatti, non è un unico blocco roccioso: usando un modello semplificato, la possiamo considerare formata da numerosi blocchi prismatici di diversa altezza, composizione e densità, che galleggiano, in parte immersi, nel mantello sottostante più denso (in accordo con il principio di Archimede, come gli iceberg che galleggiano nell'acqua marina, ▶7).

Più il blocco crostale emerge in altitudine, più affonda le sue *radici* in profondità nel mantello, abbassando anche il limite crosta-mantello determinato dalla Moho, che quindi sarà più profonda sotto la crosta continentale che non sotto la crosta oceanica. I blocchi che sono soggetti a erosione tendono a diminuire il loro spessore e quindi l'equilibrio si ristabilisce se il blocco si muove verso l'alto, innalzando anche le proprie radici. I blocchi sui quali vengono accumulati sedimenti tendono ad aumentare il loro spessore e quindi a sprofondare e ad affondare più in profondità le loro radici (▶8). Quindi anche la profondità della Moho varia, a seconda che il blocco tenda a emergere o a sprofondare.

Viene definita **isostasia** la tendenza dei blocchi crostali a stabilire una condizione di equilibrio gravitazionale. Si tratta evidentemente di un equilibrio dinamico, che viene raggiunto con movimenti verticali e con continue variazioni di profondità della Moho.

Il concetto di isostasia venne introdotto nella seconda metà dell'800, in seguito a misurazioni con il filo a piombo effettuate in prossimità della catena dell'Himalaya dal geofisico inglese John Pratt.

Un eccesso di massa, come si registra in prossimità di catene montuose, deve necessariamente deviare il filo a piombo dalla verticale del luogo di misurazione, a causa della maggiore forza attrattiva esercitata localmente. Pratt, tuttavia, rilevò che la deviazione del filo era solo di 1/3 rispetto al valore calcolato teoricamente ammettendo la stessa profondità per tutti i blocchi crostali (▶9). La registrazione di una deviazione inferiore rispetto al valore calcolato indicava in realtà un "difetto"

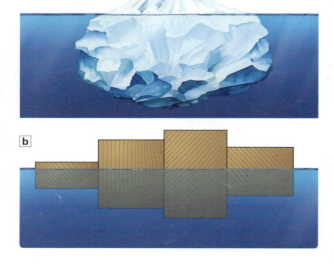

Figura 7 Un iceberg (**a**) e pezzi di legno di varia dimensione (**b**) galleggiano a causa della spinta ricevuta dal basso dal volume d'acqua spostato, in accordo con il principio di Archimede. La parte emersa ha un volume minore di quella sommersa.

L'interno della Terra **Unità 8**

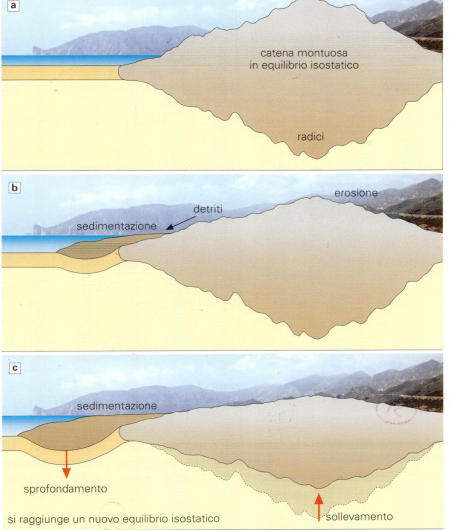

Figura 8 a) Secondo il principio dell'isostasia, più i blocchi crostali emergono e più affondano le loro radici in profondità. **b)** I blocchi crostali che formano le catene montuose diventano più leggeri (a causa dell'erosione) e tendono a sollevarsi. I blocchi che formano i bacini di sedimentazione adiacenti diventano più pesanti (a causa dell'accumulo di materiale) e tendono a sprofondare. **c)** Per ristabilire l'equilibrio isostatico i blocchi si muovono in senso verticale.

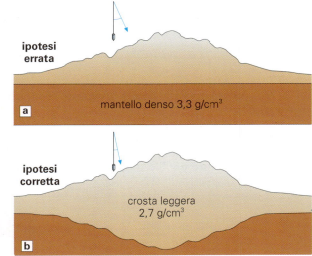

Figura 9 a) Deviazione teorica del filo a piombo nel caso in cui la Moho si trovi sempre alla stessa profondità in presenza di una catena montuosa; **b)** deviazione reale del filo a piombo (1/3 della deviazione teorica) spiegata da Airy: l'eccesso di massa che provoca la deviazione del filo è in parte compensato da un difetto di massa dovuto alla presenza di radici profonde costituite da materiale meno denso del mantello.

di massa spiegabile in due modi: ipotizzando una minore densità dei materiali costituenti la catena montuosa (**ipotesi di Pratt**), oppure ammettendo che il blocco crostale continentale (comunque meno denso del mantello sottostante), pur mantenendo più o meno la stessa densità dei blocchi continentali adiacenti, potesse affondare le sue radici più in profondità rispetto ai blocchi adiacenti (**ipotesi di Airy**) (▶ 10).

Pur ammettendo lievi variazioni di densità nella crosta continentale, bisogna riconoscere che il fattore principale che provoca la minore deviazione del filo a piombo è la diversa profondità dei blocchi crostali.

I prismi crostali che formano le montagne sono quindi più leggeri e sprofondano di più nel mantello (più denso), mentre i prismi della crosta oceanica sono più sottili e più pesanti. Un esempio recente di compensazione isostatica riguarda la penisola Scandinava. Durante l'ultima glaciazione questa zona venne ricoperta da una coltre di ghiaccio spessa 2-3 km che provocò l'abbassamento della crosta. A partire da 10 000 anni fa, il cambiamento climatico provocò lo scioglimento dei ghiacciai e il conseguente innalzamento della penisola, tuttora in atto, a un ritmo di circa 2 cm all'anno.

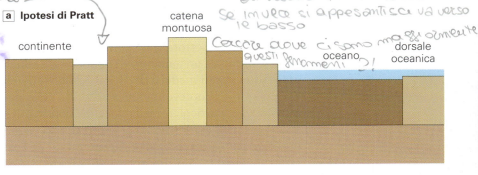

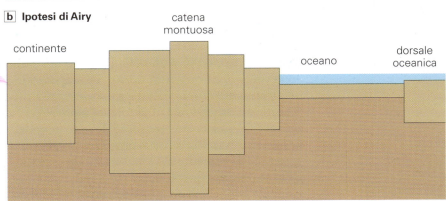

Figura 10 Secondo la teoria isostatica di Pratt (**a**) i prismi crostali a densità diverse poggiano uniformemente sul mantello. Secondo Airy (**b**) i prismi crostali hanno uguale densità e radici con profondità diverse.

Si calcola che per raggiungere l'equilibrio isostatico occorrerà un ulteriore sollevamento di circa 200 m che sarà raggiunto, con il ritmo attuale, tra 10 000 anni (▶ 11).

Figura 11 Durante le glaciazioni i ghiacciai si estesero dalle maggiori aree continentali prossime ai poli, come la penisola scandinava, raggiungendo latitudini oggi interessate da clima temperato. Molte regioni finirono per sprofondare per effetto isostatico.

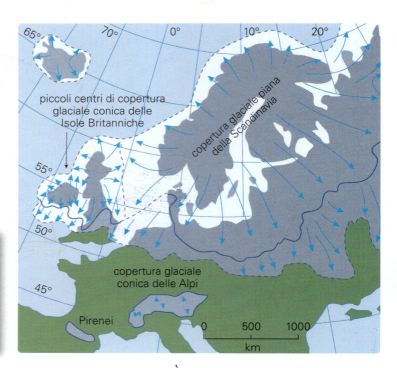

Facciamo il punto

13 Da quali fattori possono essere provocate le anomalie gravitazionali?

14 Come viene definita l'isostasia?

15 Quali sono le ipotesi di Pratt e di Airy per spiegare una deviazione inferiore del filo a piombo rispetto al calore calcolato?

8 Il calore interno della Terra

La maggior parte del calore proveniente dal Sole viene riflessa dalla Terra nello spazio e solo una piccola parte di esso influenza la temperatura interna del nostro pianeta per qualche decina di metri in profondità. Pertanto l'effetto del calore del Sole è trascurabile se confrontato con il calore generato dalla Terra stessa.

Si definisce **gradiente geotermico** l'aumento di temperatura in funzione della profondità.

Nei pozzi di perforazione petrolifera e nelle miniere si riscontra un aumento di temperatura con la profondità che in media è di circa 3 °C ogni 100 m, ma può variare notevolmente a seconda delle caratteristiche particolari della località considerata. Valori anomali del gradiente geotermico si possono misurare per esempio in aree caratterizzate da vulcanismo attivo o da sorgenti termali.

Accanto al gradiente geotermico si definisce anche il **grado geotermico**, che corrisponde all'intervallo di profondità per il quale si registra un aumento di temperatura di 1 °C. Il valore del grado geotermico è in media di 33 m. Se si ipotizzasse un incremento costante di temperatura con la profondità corrispondente al gradiente geotermico, si arriverebbe a calcolare un valore della temperatura talmente elevato da dover ammettere l'esistenza di materiale totalmente fuso nel mantello e nel nucleo. Sappiamo invece dagli studi sulla propagazione delle onde sismiche che il mantello e il nucleo interno sono solidi. I geofisici hanno potuto risalire alle temperature interne della Terra considerando la temperatura di fusione dei minerali costituenti gli strati interni in relazione alla pressione crescente. I valori più recentemente stimati per il limite mantello-nucleo esterno e per il centro della Terra sono rispettivamente 3700 °C e 4300 °C. La curva che mette in relazione la temperatura interna della Terra con la profondità viene chiamata **geoterma** (▶ 12).

8.1 Flusso di calore

Si definisce **flusso di calore** la quantità di calore che viene emessa dalla Terra per unità di superficie in una unità di tempo. Il valore del flusso di calore si misura in HFU (*Heat Flow Unit* – Unità di flusso di calore), unità di misura che corrisponde a 1 microcaloria/cm^2 s. Il valore medio del flusso di calore misurato è molto basso, ma se consideriamo l'intera superficie terrestre, il valore della quantità di calore disperso diventa significativo: si pensi che in un anno la Terra perde una quantità di calore corrispondente a $2 \cdot 10^{20}$ cal (10^{21} J), cioè circa 3 volte la quantità di energia consumata dall'intera umanità.

8.2 Origine del calore interno

Buona parte del calore interno del nostro pianeta deriva dall'energia immagazzinata nel periodo della sua formazione circa 4,5 miliardi di anni fa.

La Terra, nei primi stadi della sua evoluzione, avrebbe raggiunto temperature di circa 1000 °C provocando la fusione del ferro e di molti altri metalli. In particolare il ferro si sarebbe concentrato nelle parti più interne e avrebbe così formato il nucleo.

Questo spostamento interno di materiali in base alla loro densità avrebbe prodotto calore come con-

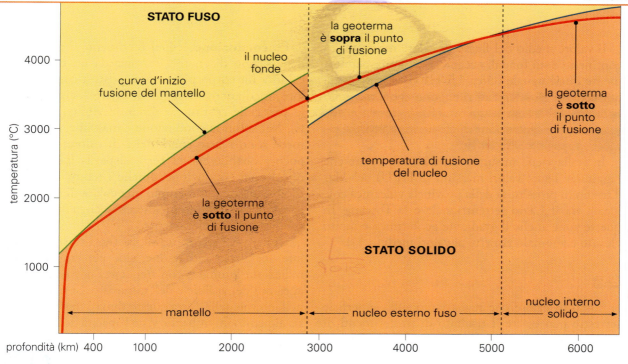

Figura 12 La geoterma (in rosso) rappresenta la variazione di temperatura all'interno della Terra con la profondità. Le altre curve indicano le temperature di fusione del mantello e del nucleo. Nel nucleo esterno la geoterma si trova tutta al di sopra del punto di fusione e quindi il materiale è presente allo stato fuso.

seguenza della liberazione di energia gravitazionale. L'aumento di temperatura (fino a 2000 °C) avrebbe provocato la fusione pressoché completa del nostro pianeta, con migrazione verso l'alto dei materiali silicatici più leggeri: la loro successiva solidificazione avrebbe generato l'attuale struttura a strati concentrici.

Il valore del flusso di calore misurato è però troppo elevato per essere spiegato solamente con l'ipotesi del calore fossile primordiale. Infatti le rocce sono cattive conduttrici di calore e quindi il calore interno si trasmette molto lentamente verso la superficie terrestre. Si è calcolato, per esempio, che il calore imprigionato a circa 400 km di profondità impiegherebbe circa 5 miliardi di anni per arrivare in superficie.

Oggi si ritiene che la causa principale del flusso termico sia il decadimento di elementi radioattivi all'interno della crosta, e quindi a profondità decisamente minori rispetto alle ipotesi precedenti. Nelle rocce componenti la crosta continentale si trova infatti una piccola quantità di elementi radioattivi: i più diffusi sono ^{238}U, ^{235}U, ^{232}Th, ^{40}K. I nuclei di questi isotopi sono instabili e tendono a raggiungere la stabilità emettendo particelle ed energia e trasformandosi in altri isotopi o elementi. Si calcola che circa il 40% del flusso di calore misurato derivi dal decadimento di elementi radioattivi presenti nella crosta.

La presenza nella crosta di elementi radioattivi, il cui tempo di dimezzamento è dell'ordine di 10^9 anni, giustifica ampiamente la fusione della Terra primordiale e la quantità di flusso di calore registrata attualmente. Tra le rocce della crosta terrestre, le più ricche di elementi radioattivi sono i graniti, rocce sialiche costituenti essenziali della crosta continentale; le rocce femiche della crosta oceanica producono invece una quantità di calore molto più bassa.

Valori elevati di flusso di calore si rilevano in corrispondenza delle zone dei fondali oceanici, note come "dorsali", e in prossimità di aree vulcaniche e di catene montuose continentali di recente formazione (circa 2 HFU).

Figura 13 Linee di uguale flusso di calore per la penisola italiana: sono presenti zone con anomalie positive e zone con anomalie negative.

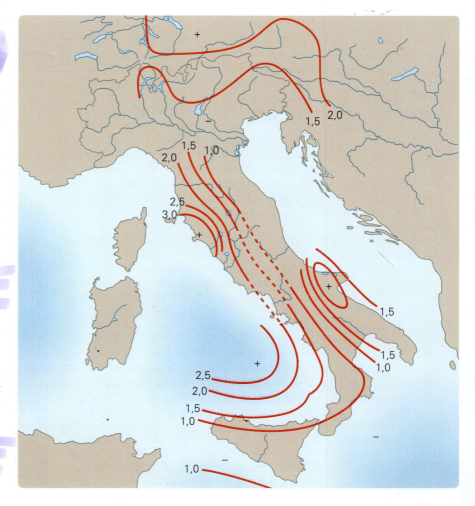

Sezione D — Geologia strutturale e fenomeni sismici

Il valore medio del flusso di calore misurato sui continenti e sui fondali oceanici è però inaspettatamente quasi uguale (circa 1,5 HFU). Per spiegare questo dato gli scienziati ritengono che il mantello oceanico abbia una temperatura più elevata e una maggiore concentrazione di elementi radioattivi rispetto a quello continentale.

In Italia viene misurato un flusso di calore che raggiunge i suoi valori massimi (3 HFU) nel Mar Tirreno in prossimità della provincia vulcanica collocata tra il Lazio settentrionale e la Toscana. In queste zone anche il gradiente geotermico è molto elevato e anomalo rispetto ai valori medi (▶13).

8.3 Correnti convettive nel mantello

Il flusso di calore che registriamo sulla superficie terrestre può essere il risultato di trasferimenti di calore da zone più calde a zone più fredde all'interno della superficie terrestre. Ma come si propaga il calore? Dalla fisica sappiamo che la propagazione del calore avviene secondo tre modalità: conduzione, radiazione (o irraggiamento) e convezione.

La **conduzione** è quel fenomeno che prevede il passaggio di energia termica da un corpo più caldo a un corpo più freddo, posti a contatto tra loro, mediante passaggio di energia cinetica tra le particelle costituenti (tramite vibrazioni e urti). Nei solidi la conduzione è massima, eppure le rocce sono scarse conduttrici di calore; è quindi poco probabile che la Terra disperda il suo calore solo per conduzione, poiché i tempi sarebbero molto lunghi: per esempio una colata di lava dello spessore di 100 m impiegherebbe circa 300 anni a solidificare completamente.

Come tutti i corpi caldi, la Terra trasmette calore anche per **radiazione**, cioè per emissione di radiazioni luminose con frequenza corrispondente ai campi del visibile e dell'infrarosso. Si ritiene che nell'interno della Terra questo tipo di trasferimento sia alquanto improbabile vista l'opacità dei materiali costituenti.

La **convezione** è il terzo tipo di trasferimento di calore ed è caratteristica dei fluidi. I moti convettivi possono essere osservati in un recipiente pieno d'acqua posto a scaldare su una fonte di

---

QUALCOSA IN PIÙ

Scheda 2 — Moderni metodi di indagine: la tomografia sismica

Negli ultimi anni i metodi di indagine si sono enormemente perfezionati e hanno consentito di ampliare le conoscenze sulla struttura interna della Terra. In particolare, i geofisici hanno perfezionato una tecnica analitica conosciuta come **tomografia sismica** (dal greco *tómos* = sezione). Essa ricalca a grandi linee i principi della TAC (Tomografia Assiale Computerizzata) utilizzata in campo medico. In una TAC si utilizzano raggi X per individuare strutture a maggiore densità (ossa e tumori, per esempio) che possono essere localizzate con precisione e di cui si può ottenere una sezione e immagini tridimensionali al computer. Allo stesso modo, così come nella TAC vengono utilizzati i raggi X, nella tomografia sismica vengono usate le onde sismiche. Centinaia di migliaia di onde sismiche attraversano la Terra in direzioni diverse a partire dall'ipocentro dei terremoti; attraverso lo studio dei sismogrammi registrati su tutta la superficie del pianeta si riescono a identificare regioni in cui le onde si propagano più lentamente o più velocemente del normale. È stato accertato che le onde sismiche si propagano più velocemente quando attraversano rocce più fredde, mentre viaggiano più lentamente quando attraversano rocce più calde. In questo modo si costruiscono delle mappe con riferimento alla temperatura e al flusso di calore all'interno del mantello in cui si evidenziano parti più calde e meno dense di quelle adiacenti, che tendono a risalire verso la crosta, e parti più fredde, che invece tendono a sprofondare verso il basso (▶1).

Le parti più calde sono corrispondenti a zone oceaniche dove si individuano strutture simili a catene montuose sottomarine, chiamate dorsali, mentre le zone più fredde corrispondono a località interne dei continenti. Inoltre, utilizzando questa tecnica si sono ottenute informazioni molto preziose riguardanti il nucleo: infatti si è scoperto che la base del mantello (in altre parole la discontinuità di Gutenberg) presenta delle piccole asperità, con dimensioni dell'ordine di qualche decina di chilometri. A causa dell'attrito della massa fluida del nucleo esterno sulla superficie rugosa solida del mantello sovrastante si genererebbe attrito, con produzione di una grande quantità di energia sotto forma di calore, che giustificherebbe l'esistenza delle celle convettive nel mantello stesso. Nonostante questo metodo di indagine sia molto efficace, i sismologi non hanno ancora chiarito del tutto i complessi meccanismi che stanno alla base dei movimenti del materiale che costituisce il mantello.

Figura 1 La tomografia sismica consente di rilevare zone più calde e meno dense (in rosso) e zone più fredde e più dense (in blu) all'interno del mantello.

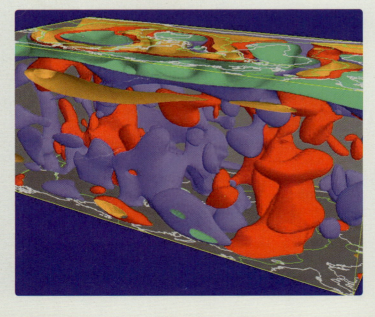

L'interno della Terra **Unità 8** | 159

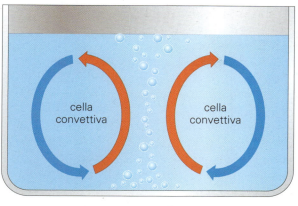

Figura 14 Movimenti delle singole particelle d'acqua in un recipiente a diretto contatto con una fonte di calore. Il ramo ascendente (rosso) della cella convettiva è formato da materiale meno denso, il ramo discendente (blu) è costituito da materiale più denso.

calore. L'acqua, a diretto contatto con la fonte di calore, diventa meno densa e più leggera a causa dell'aumento dell'energia cinetica delle singole molecole che tendono a migrare verso l'alto. L'acqua più densa e più pesante, lontana dalla fonte di calore, tende invece a sprofondare nel recipiente, viene riscaldata a sua volta, innescando quindi un ciclo convettivo con formazione di **celle convettive** subcircolari (▶14).

Le rocce del mantello sono solide poiché si comportano elasticamente al passaggio delle onde sismiche. Ma se le stesse rocce fossero sottoposte a sforzi prolungati in tempi dell'ordine di decine di milioni di anni, a profondità e temperature elevate si comporterebbero come un fluido molto viscoso, deformandosi in modo plastico.

È ormai comunemente accettata l'ipotesi che le rocce del mantello, sebbene siano solide, abbiano la capacità di "scorrere" come un fluido all'interno di celle convettive. Si ammette quindi che il calore venga distribuito nel mantello per convezione anche se non è ancora stata chiarita la dimensione delle celle convettive: esse potrebbero infatti coinvolgere solo la parte superiore del mantello in corrispondenza dell'astenosfera, oppure tutto il suo spessore (▶15).

I moti convettivi del mantello influiscono notevolmente sui movimenti della litosfera e sui fenomeni già studiati del vulcanismo e dei terremoti.

webdoc

La struttura della Terra

⚡ Facciamo il punto

16 Qual è la differenza tra il gradiente geotermico e il grado geotermico?

17 In che modo si sarebbe formata la struttura a strati concentrici dell'interno della Terra?

18 Quale si pensa sia il principale meccanismo di trasferimento di calore all'interno della Terra?

video

La dinamica terrestre
L'interno della Terra e i moti convettivi

Figura 15 Modello schematico dei moti convettivi che interesserebbero il mantello. Si identificano zone di risalita del materiale caldo, zone di scorrimento orizzontale e zone di sprofondamento del materiale freddo. La crosta non è rappresentata poiché ha spessore trascurabile.

Sezione D Geologia strutturale e fenomeni sismici

9 Campo magnetico terrestre

Fin dall'antichità erano ben note le proprietà magnetiche di alcuni materiali. Già i Greci, 2500 anni fa, conoscevano, per esempio, alcune sostanze che erano in grado di attirare il ferro. Nel III sec. d.C. i Cinesi scoprirono che materiali magnetici si dispongono sempre allineati secondo la direzione Nord-Sud e sfruttarono questa proprietà utilizzando aghi magnetici che servivano per orientarsi durante la navigazione. Bussole più evolute furono essenziali nei viaggi che, nei secoli XV e XVI, portarono alle grandi scoperte geografiche.

Fu lo scienziato inglese William Gilbert, medico della regina Elisabetta I, a formulare una teoria sulla causa del fenomeno nel suo trattato *De magnete* (1600), in cui afferma che la Terra stessa è un enorme magnete sferico che genera un campo di forze che orienta l'ago della bussola in direzione Nord-Sud. Le linee di forza del campo magnetico terrestre vennero descritte dallo scienziato tedesco Karl Friedrich Gauss nella prima metà dell'800 (▶16). Il loro andamento si potrebbe spiegare ipotizzando l'esistenza di un dipolo magnetico (una barra magnetica) inclinato di 11° 30' rispetto all'asse di rotazione (▶17). Tutti i materiali magnetici si orientano parallelamente alle linee di forza del campo che è prevalentemente dipolare; esistono anche deboli componenti non dipolari irregolari e di minore intensità che giustificano l'andamento complessivo delle linee di forza (▶18). In realtà la struttura delle linee di forza del campo non è simmetrica: infatti appare notevolmente schiacciata in direzione del Sole e allungata nella direzione opposta.

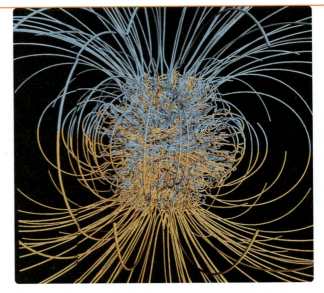

Figura 16 Questa simulazione al computer evidenzia le linee di forza del campo magnetico terrestre. In superficie la parte principale del campo esce (tubi gialli) vicino al polo Sud ed entra (tubi blu) in prossimità del polo Nord.

9.1 La misura del campo magnetico terrestre (c.m.t.)

Per determinare e definire esattamente in ogni punto della superficie terrestre il campo magnetico si richiedono tre parametri: l'intensità, la declinazione e l'inclinazione magnetica.

L'**intensità** si misura con appositi strumenti chiamati magnetometri e si esprime in gauss (G) che è un sottomultiplo del tesla (1 T = 10^4 G), unità di misura nel Sistema Internazionale. L'intensità del c.m.t. è molto debole ed equivale a un valore medio di 0,5 G che aumenta verso i poli e diminuisce verso l'equatore. Per avere un'idea dell'ordine di grandezza, si pensi che una semplice calamita a ferro di cavallo genera un campo di intensità 10 G.

La **declinazione magnetica** è l'angolo formato dalla direzione del polo Nord magnetico con la direzione del polo Nord geografico. Esso aumenta alle alte latitudini e il suo valore sarebbe 0° se i poli geografici e quelli magnetici coincidessero. Attual-

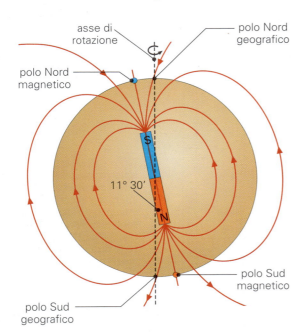

Figura 17 L'andamento delle linee di forza del campo magnetico terrestre spiegato con la presenza di una barra magnetica inclinata di 11°30' rispetto all'asse di rotazione.

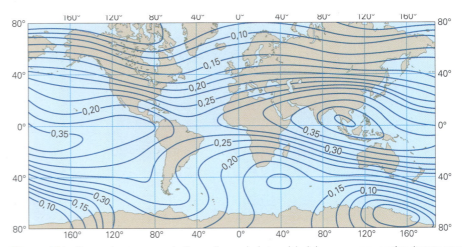

Figura 18 In figura si nota come le linee di uguale intensità del campo magnetico (componente orizzontale) abbiano un andamento irregolare. I valori sono espressi in gauss (G).

mente il polo Nord magnetico si trova nell'Isola Principe di Galles, nell'arcipelago canadese, alla latitudine di 74° N e alla longitudine di 100° O, mentre il polo Sud magnetico si trova nella Terra Vittoria in Antartide a 68° 12' lat. S e a 156° long. E. I problemi riguardanti l'orientamento corretto di una carta geografica, specialmente ad alte latitudini, potrebbero risultare insuperabili se sulla carta stessa non fosse riportato l'angolo di declinazione magnetica per quella determinata località o regione. Con questo dato l'operatore può agevolmente correggere la direzione letta con l'ago della bussola tenendo conto dell'angolo di declinazione che consente di individuare correttamente il Nord geografico (▶19).

L'**inclinazione magnetica** si misura con particolari bussole il cui l'ago è libero di ruotare in un piano verticale. Tenendo presente che l'ago magnetizzato si dispone sempre tangente alle linee di forza del campo, ai poli esso si disporrà verticalmente rispetto alla superficie terrestre (angolo di inclinazione = 90°), mentre all'equatore si orienterà parallelamente alla superficie (angolo di inclinazione = 0°).

9.2 Le ipotesi sull'origine del campo magnetico terrestre

L'ipotesi che esista una barra magnetica metallica all'interno della Terra non è plausibile, poiché per tutti i materiali che possono essere magnetizzati esiste una temperatura limite, chiamata **punto di Curie**, al di sopra della quale essi perdono le loro caratteristiche magnetiche.

Per molti materiali il punto di Curie si raggiunge alla temperatura di circa 500 °C; ciò significa, in accordo con il gradiente geotermico, che già a una profondità di 20 km è ben difficile ritrovare del materiale magnetico. Inoltre il punto di Curie del ferro è di circa 770 °C e nel nucleo terrestre la temperatura è di gran lunga superiore. Bisogna quindi spiegare in altro modo l'origine del c.m.t. Nel 1948 i geofisici inglesi Bullard ed Elsasser proposero un modello dinamico che è ancora oggi comunemente accettato, sebbene sia stato leggermente modificato e perfezionato successivamente.

Il **modello della dinamo ad autoeccitazione** si basa sul presupposto che all'interno della Terra esista del materiale conduttore in movimento. Il nucleo esterno, formato da una lega ferro-nichel allo stato liquido, potrebbe essere interessato da moti convettivi generati presumibilmente dal calore prodotto dalla radioattività residua del nucleo interno. Se il materiale conduttore si muove attraverso le linee di forza di un campo magnetico (seppur debole), esso genera un campo elettrico indotto, che a sua volta produce un campo magnetico indotto che è in grado di autoalimentarsi. Il modello teorico è costituito da un disco rotante metallico (nucleo esterno), inserito in un campo magnetico origina-

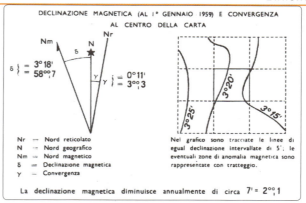

rio le cui linee di forza sono perpendicolari ad esso. Si genera in questo modo una forza elettromotrice (differenza di potenziale) tra il centro e la periferia del disco. Se si inserisce una spira di materiale conduttore (con asse coincidente con quello di rotazione) che collega il bordo esterno del disco all'asse di rotazione, in essa fluirà una corrente elettrica che andrà ad alimentare un campo magnetico innescando un meccanismo che si autosostiene (▶20).

Questa teoria però ha un punto debole: non riesce a spiegare la genesi del campo magnetico iniziale che produrrebbe le correnti elettriche responsabili dell'avviamento del meccanismo. Si ritiene che il campo magnetico preesistente possa essere generato da correnti elettriche spontanee e casuali originate tra nucleo e mantello a causa della diversa conduttività tra i materiali costituenti. Un'altra ipotesi è che il campo magnetico iniziale possa essersi prodotto a causa dell'interazione della Terra con campi magnetici casuali, probabilmente di origine solare, quando già si erano innescati i moti convettivi nel nucleo esterno.

Facciamo il punto

19 Perché è importante sapere il valore della declinazione magnetica?

20 Perché non è possibile che il c.m.t. sia generato da una barra magnetica metallica all'interno della Terra?

21 Su quale presupposto si basa il modello della dinamo ad autoeccitazione?

Figura 19 Sulle tavolette IGM alla scala 1:25 000 viene riportato per una determinata località, l'angolo di declinazione magnetica che viene utilizzato dall'operatore per ricavare la corretta direzione del polo Nord geografico.

Figura 20 Modello semplificato della dinamo ad autoeccitazione.
a) Un disco metallico ruota attorno ad un asse. Si genera una differenza di potenziale ma non fluisce corrente.
b) Quando si chiude il circuito nel filo passa la corrente.
c) Le estremità di disco e asse sono collegate da una spira di materiale conduttore a contatto che genera un campo magnetico indotto. Il disco metallico simulerebbe il nucleo, mentre la spira il materiale del mantello.

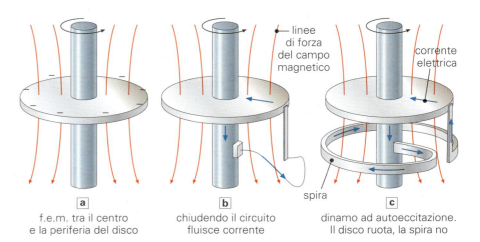

Sezione D Geologia strutturale e fenomeni sismici

Ripassa con le flashcard ed esercitati con i test interattivi sul Me•book.

CONOSCENZE

Con un testo articolato tratta i seguenti argomenti

1. Spiega perché le onde sismiche sono così importanti per lo studio dell'interno della Terra.
2. Spiega come le zone d'ombra vengono utilizzate per individuare la discontinuità di Gutenberg e quella di Lehmann.
3. Come si è arrivati a ipotizzare che il nucleo è composto da una lega Fe-Ni?
4. Definisci le basi su cui si fonda la teoria isostatica.
5. In che cosa consiste l'ipotesi della dinamo ad autoeccitazione per spiegare l'origine del campo magnetico terrestre?
6. Spiega in dettaglio quali sono i fenomeni a cui vanno incontro le onde sismiche quando raggiungono una superficie di discontinuità (Scheda 1).
7. Spiega in che cosa consiste la tecnica della tomografia sismica (Scheda 2).

Con un testo sintetico rispondi alle seguenti domande

8. Che cos'è la Moho?
9. Quali sono le principali discontinuità sismiche e qual è il loro significato?
10. Che cosa si intende per "zone d'ombra"?
11. Quali sono le differenze tra crosta continentale e crosta oceanica?
12. Qual è la composizione della crosta oceanica?
13. Descrivi brevemente la struttura e la composizione del mantello.
14. Sai indicare una prova che testimoni come il magma basaltico sia primario?
15. Che cos'è e dove si colloca la zona a bassa velocità delle onde sismiche?
16. Che cosa si intende per astenosfera?
17. Qual è stata l'osservazione sperimentale che ha permesso lo sviluppo delle teorie isostatiche?
18. Fai un esempio di situazione geologica in cui sono in corso movimenti per il raggiungimento dell'equilibrio isostatico.
19. Qual è l'andamento della geoterma?
20. Qual è l'ipotesi più accreditata sull'origine del calore interno?
21. Perché, pur avendo spessori diversi, sulla crosta oceanica e sulla crosta continentale si registrano valori pressoché uguali di flusso di calore?
22. Quali sono i modi di propagazione del calore e qual è quello più adatto per spiegare il trasferimento di calore nel mantello?
23. Che cosa si intende per moti convettivi?
24. Quali sono e con quali strumenti vengono misurati i parametri del c.m.t.?
25. Che cos'è il punto di Curie?
26. Perché non si può ipotizzare che il c.m.t. sia originato da una barra di materiale magnetico all'interno della Terra?
27. Come si spiega il fatto che onde che hanno viaggiato più in profondità arrivano prima a sismografi più lontani? (Scheda 1)
28. Che cosa si intende per "angolo critico"? (Scheda 1)
29. Che cosa si è scoperto con la tomografia sismica riguardo ai moti del mantello? (Scheda 2)

Quesiti

30. Vero o falso?
    a. La crosta ha una densità media di 3,3 g/cm³. V F
    b. La Moho si trova ad una profondità media di 30 km. V F
    c. La discontinuità di Lehmann si trova ad una profondità di 2900 km. V F
    d. Il mantello è lo strato di maggiore spessore all'interno del nostro pianeta. V F

31. Vero o falso?
    a. Il volume del mantello terrestre è di circa l'80% del volume totale del nostro pianeta. V F
    b. Gli xenoliti sono inclusi di peridotite del mantello in rocce basiche. V F
    c. All'interno del mantello si individuano alcune discontinuità minori. V F
    d. Al centro della Terra si raggiunge una densità di 20-22 g/cm³. V F

32. La discontinuità di Gutenberg separa:
    a. la crosta continentale dalla crosta oceanica.
    b. la crosta dal mantello.
    c. il mantello dal nucleo.
    d. il nucleo esterno dal nucleo interno.

33. Quali sono le prove geofisiche che dimostrano che il nucleo esterno della Terra è liquido?
    a. Le onde P attraversano il nucleo interno e il nucleo esterno, mentre le onde S attraversano solo il nucleo esterno.
    b. Le onde P e le onde S attraversano il nucleo interno e il nucleo esterno.
    c. Le onde P e le onde S non attraversano il nucleo esterno.
    d. Le onde S non attraversano il nucleo esterno.

34. Quando le onde P raggiungono la discontinuità di Mohorovicic:
    a. Vengono completamente riflesse verso la superficie.
    b. La attraversano in parte senza variare la loro velocità di propagazione.
    c. La attraversano in parte aumentando la loro velocità.
    d. La loro direzione di propagazione viene deviata fino a disporsi parallela alla discontinuità.

35. Lo strato inferiore della crosta continentale è composto da:
    a. basalti.
    b. peridotiti.
    c. graniti.
    d. granuliti.

36 Oltre gli 11 000 km dall'ipocentro di un terremoto si possono registrare:

a solo onde P.
b solo onde S.
c onde P e S.
d né onde P né onde S.

37 Quale tra queste affermazioni è corretta?

a La crosta oceanica è più spessa e meno densa di quella continentale.
b La crosta continentale è più vecchia e più densa di quella oceanica.
c La crosta oceanica è più sottile e più densa di quella continentale.
d La crosta continentale è più giovane e meno densa di quella oceanica.

38 La crosta oceanica è composta da una successione, dall'alto verso il basso, di:

a sedimenti, basalti, gabbri.
b basalti, gabbri, peridotiti.
c sedimenti, basalti, peridotiti.
d sedimenti, basalti, granuliti.

39 Il fatto che il mantello superiore sia composto da peridotiti è giustificato dal fatto che:

a le onde sismiche vengono rallentate.
b la crosta oceanica è composta da rocce basiche.
c si ritrovano xenoliti nelle rocce basiche della crosta oceanica.
d si ritrovano inclusi di composizione gabbrica nelle rocce basiche della crosta oceanica.

40 Il nucleo terrestre è composto di:

a silicati e ossidi molto densi; la parte più esterna è liquida, quella interna è solida.
b materiali metallici, in prevalenza ferro, liquidi per l'altissima temperatura.
c ferro con altri metalli; il nucleo esterno è solido e quello interno è liquido per l'elevata temperatura.
d ferro e altri metalli, con una parte più interna solida e una esterna liquida.

41 Con il termine "litosfera" si intende:

a la zona del mantello, corrispondente allo strato di bassa velocità delle onde sismiche, parzialmente fusa.
b la parte superiore della crosta.
c l'insieme della crosta e della parte superiore del mantello.
d tutto lo spessore di roccia che si trova al di sotto della Moho.

42 La zona a bassa velocità delle onde sismiche identifica:

a il nucleo.
b la mesosfera.
c l'astenosfera.
d la litosfera.

43 Il gradiente geotermico è:

a una curva che mette in relazione la temperatura interna con la profondità.
b la distribuzione del flusso di calore sulla superficie terrestre.
c l'intervallo di profondità per il quale si registra l'aumento di 1 °C di temperatura.
d l'aumento di temperatura in funzione della profondità.

44 Che valori raggiunge la temperatura interna della Terra nel nucleo?

a circa 1000 °C.
b 4000-5000 °C.
c 10 000-15 000 °C.
d circa 100 000 °C.

45 Il calore interno della Terra è originato principalmente da:

a calore fossile primordiale.
b decadimento di elementi radioattivi della crosta.
c distribuzione disomogenea delle masse magmatiche all'interno della crosta.
d dalore del nucleo terrestre che si diffonde per radiazione.

46 Il flusso di calore:

a é maggiore sui continenti perché la crosta è più ricca di minerali radioattivi.
b é maggiore sui fondali oceanici perché il mantello è più ricco di minerali radioattivi.
c dipende da fattori locali ma è comunque diverso.
d é sostanzialmente uguale sui continenti e sugli oceani.

47 Il campo magnetico terrestre è causato da:

a la presenza di un massiccio nucleo metallico magnetizzato presente all'interno della Terra.
b correnti elettriche prodotte nella parte più esterna del nucleo, che si trova allo stato fluido.
c i movimenti convettivi che si originano nella parte più interna del nucleo, l'unica allo stato fluido.
d rocce della parte inferiore del mantello, particolarmente ricche di materiali contenenti ferro.

48 Le onde sismiche che arrivano sulla superficie di discontinuità con un angolo maggiore di quello critico (Scheda 1):

a generano fenomeni di riflessione e di rifrazione.
b proseguono lungo la superficie di discontinuità.
c subiscono rifrazione totale.
d subiscono riflessione totale.

49 Il percorso effettuato dai raggi sismici in profondità si può considerare (Scheda 1):

a una linea retta.
b una curva concava verso l'alto.
c una curva concava verso il basso.
d una linea spezzata.

Sezione D Geologia strutturale e fenomeni sismici

COMPETENZE

Leggi e interpreta

50 Il gradiente di temperatura

Il flusso di calore viene misurato moltiplicando il gradiente geotermico per la conduttività termica delle rocce in cui viene effettuata la misurazione della temperatura. Sui continenti il gradiente di temperatura viene misurato utilizzando sonde termiche che vengono collocate nei cunicoli delle miniere oppure nei pozzi di perforazione.
Normalmente si associano queste misurazioni ad analisi di laboratorio sulla conduttività termica di campioni di roccia.
Sui fondali oceanici la misurazione è paradossalmente più facile e attendibile in quanto la massa d'acqua agisce da isolante nei confronti dell'escursione termica a cui sono soggette le masse continentali e quindi si possono avere dati attendibili anche da sedimenti superficiali del fondale oceanico. Dopo aver scavato un pozzo di piccolo diametro, si inserisce una sonda cilindrica dotata di sensori per il rilevamento della temperatura a diverse profondità.
La conduttività termica delle rocce può essere rilevata in situ mediante la stessa apparecchiatura, riscaldando una resistenza posta sul fondo dello strumento e misurando ancora il gradiente di temperatura dopo il raggiungimento del nuovo equilibrio, oppure prelevando un campione di roccia cilindrico (carota), utilizzando uno strumento campionatore chiamato carotiere e sottoponendolo alle stesse misurazioni in laboratorio.

a. Individua nel brano i termini che hai incontrato nello studio di questa unità.
b. In che modo viene misurato sui continenti il gradiente di temperatura?
c. Quali analisi di laboratorio normalmente si associano alla misurazione del gradiente di temperatura?
d. Perché sui fondali oceanici la misurazione del gradiente di temperatura è più attendibile?
e. Come viene misurata la conduttività termica?
f. A che scopo viene utilizzato il carotiere?

Osserva e rispondi

51 Completa il disegno e indica quali sono le principali differenze tra crosta continentale e crosta oceanica.

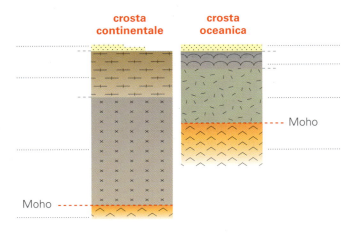

52 Osserva il grafico e rispondi alle seguenti domande.
a. Perché le onde P subiscono una drastica diminuzione di velocità a circa 3000 km di profondità?
b. Perché le onde S scompaiono oltre i 3000 km di profondità?
c. Da cosa è causato l'aumento della velocità di propagazione delle onde P oltre i 5000 km di profondità?

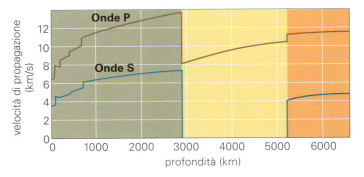

53 Osserva il grafico e rispondi alle seguenti domande.
a. Perché per profondità inferiori ai 200 km si osserva una netta diminuzione della velocità di propagazione delle onde P nel mantello?
b. A che cosa sono dovuti i bruschi aumenti della velocità di propagazione delle onde P a circa 400 e a circa 700 km di profondità nel mantello?

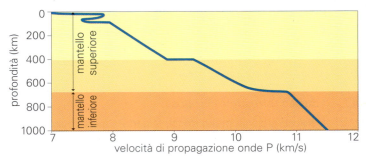

54 Le curve verde e azzurra indicano la temperatura di fusione dei materiali; la curva rossa è la geoterma.
a. Spiega l'andamento della geoterma, in particolare illustrando il motivo per cui presenta pendenze diverse.
b. Indica il tratto delle curve corrispondente al nucleo esterno e spiega perché questo si trova allo stato liquido.
c. A partire da quale profondità il materiale all'interno della Terra torna ad essere completamente solido?

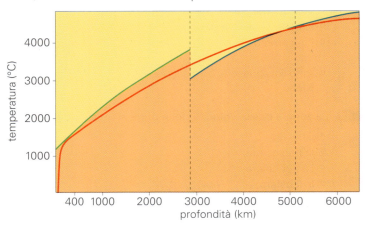

Fai un'indagine

55 Cerca sul web dati relativi al flusso di calore nella tua regione. Identifica eventuali anomalie rispetto ai valori standard e cerca di scoprire da cosa sono provocati.

56 Cerca sul web dati relativi a indagini effettuate sul territorio della tua regione sulla composizione litologica e sulla stratigrafia della parte superficiale della crosta terrestre.

Usa i termini corretti

57 Completa.
  a. La tendenza dei blocchi crostali a stabilire una condizione di equilibrio gravitazionale viene chiamata ....
  b. Per la catena dell'Himalaya la deviazione del filo a piombo era solo di .... rispetto al valore calcolato.
  c. L'ipotesi isostatica di .... giustifica la deviazione del filo a piombo ammettendo che una catena montuosa sia costituita da blocchi crostali con densità minore.
  d. L'ipotesi isostatica di .... giustifica la deviazione del filo di piombo ammettendo che il blocco crostale di una catena montuosa possa affondare le sue radici più in profondità.

In English

58 In the asthenosphere:
  a. rocks are rigid.
  b. rocks are plastic.
  c. rocks are more brittle.
  d. rocks are more plastic.

59 Write a short text explaining the difference between geothermal gradient and geothermal degree.

Organizza i concetti

60 Completa la mappa.

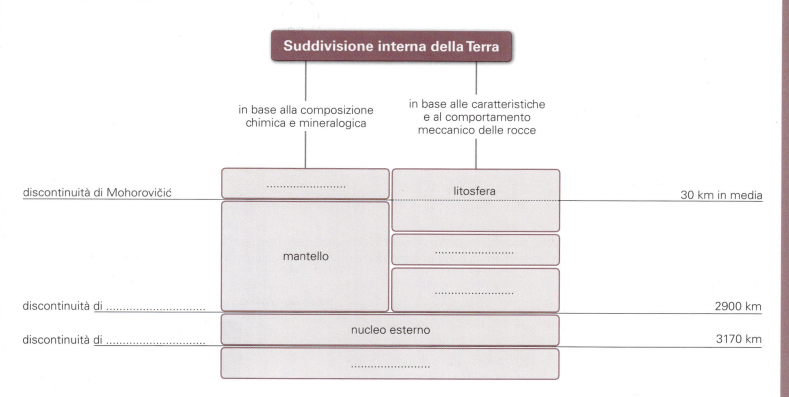

Geologia strutturale

Sei un geologo strutturale e devi fare un rilevamento in una determinata area. In molte località i rapporti tra gli ammassi rocciosi sono caratterizzati da situazioni di questo tipo.

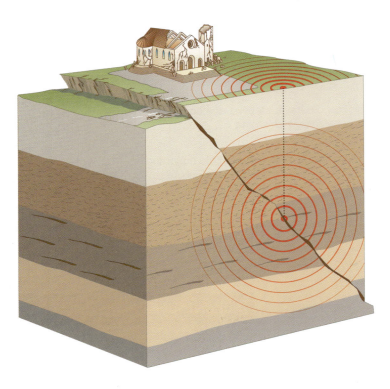

Domanda 1
Tipologia di faglia

Che tipo di faglia è quella che osservi e perchè viene definita in questo modo?

....
....

Domanda 2
Faglie e movimenti sismici

Se nella zona oggetto di studio prevale la presenza dello stesso tipo di faglie di quella osservata, puoi ipotizzare i movimenti a cui è prevalentemente soggetta la crosta terrestre in questa località?

....
....

Domanda 3
Faglie e deformazioni del terreno

Osserva la foto aerea qui a fianco, in cui si evidenzia una notevole deformazione del terreno. Si tratta di un fenomeno provocato da:

a una faglia diretta.
b una faglia inversa.
c una faglia trascorrente.
d una frattura del terreno.

Verso le competenze

Le onde sismiche

Sei un sismologo dell'INGV (Istituto Nazionale di Geofisica e Vulcanologia) e devi analizzare il seguente simogramma.

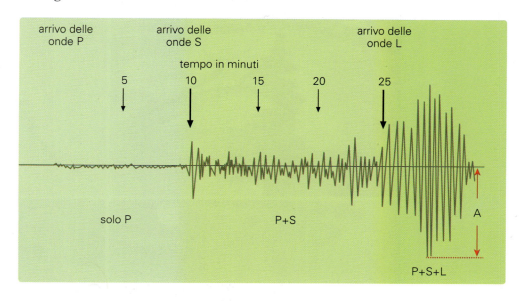

Domanda 1
Il tempo

Quanto tempo passa dopo la scossa sismica affinchè in quel luogo si registri la massima ampiezza delle onde sismiche? Dopo quanto tempo dall'evento il sismografo registra l'arrivo delle onde S?

....
....
....
....
....

Domanda 2
L'ampiezza massima

La massima ampiezza osservata e misurata sul sismogramma è determinata:

a unicamente dall'arrivo delle onde P.

b unicamente dall'arrivo delle onde S.

c dall'arrivo delle onde S che si vanno a sommare con l'effetto delle onde P.

d dall'arrivo delle onde L che si vanno a sommare con l'effetto delle onde P e S.

Domanda 3
L'ipocentro

I sismografi della stazione di rilevamento registrano l'arrivo delle onde P, ma non quello delle onde S per un dato evento sismico.

Quali considerazioni puoi fare riguardo alla posizione dell'ipocentro del terremoto?

....
....
....
....
....

Sezione D Geologia strutturale e fenomeni sismici

Verso le competenze

Il rischio sismico

Sei un esperto della Protezione civile che deve valutare il rischio sismico in una determinata regione.

Domanda 1
La limitazione del danno

Un Comune decide di investire denaro per limitare i danni di un possibile terremoto. Che indicazioni daresti agli amministratori locali?

....
....
....
....

Domanda 2
Materiali da costruzione

Si vuole costruire una nuova baita in una zona di media montagna considerata a forte rischio sismico, seguendo comunque le indicazioni di un piano regolatore rispettoso dell'ambiente. Che materiale antisismico si potrebbe utilizzare? (suggerimento: pensa anche alla facilità di reperibilità del materiale in loco)

- [a] Legno.
- [b] Mattoni.
- [c] Cemento armato.
- [d] Pietre opportunamente lavorate.

Domanda 3
Edifici vulnerabili

Cosa utilizzeresti per consolidare edifici in mattoni del centro storico di un piccolo centro appenninico?

....
....
....
....

Verso le competenze

L'interno della Terra

Vieni assunto come esperto geologo su una nave oceanografica per studiare le rocce dei fondali oceanici.

Domanda 1
La Moho

Si deve montare una piattaforma off shore con torre di perforazione per lo studio della Moho. Fino a quale profondità bisognerà perforare per essere sicuri di campionare rocce del mantello? Motiva la tua risposta.

....

....

Domanda 2
Crosta e mantello

Che rocce ti aspetti di campionare durante la perforazione? Quale densità avranno? Una volta oltrepassata la Moho quali rocce ti aspetti di trovare? Quale densità avranno?

....

....

Domanda 3
La velocità delle onde P e S

Si fanno delle indagini sismiche e si riscontrano i dati inseriti nel grafico che segue per quanto concerne la velocità delle onde P e S in relazione alla profondità. Quale ipotesi viene confermata da questi dati?

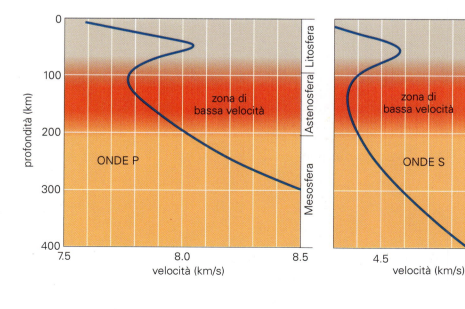

....

....

....

APPENDICE

Glossario

Dizionario essenziale italiano/inglese

Glossario

A

Abito cristallino: la forma esterna, fissa e caratteristica di ogni minerale.

Astenosfera: zona del mantello con comportamento plastico, compresa tra i 70 e i 200 km di profondità, caratterizzata da bassa velocità delle onde sismiche.

C

Caldera: depressione di forma circolare, più estesa del cratere, formatasi a causa del collasso dell'edificio vulcanico dopo un'eruzione particolarmente violenta.

Camera magmatica: struttura dell'apparato vulcanico in cui si accumula il magma proveniente da zone profonde della crosta o superficiali del mantello, prima di risalire in superficie.

Camino o condotto vulcanico: struttura dell'apparato vulcanico di collegamento tra la camera magmatica e il cratere vulcanico.

Cella elementare: è la più piccola unità tridimensionale che conserva sia la composizione chimica sia la struttura cristallina di un determinato minerale.

Cella convettiva: movimenti circolari che compiono le particelle di un fluido riscaldato dal basso. Questi movimenti ridistribuiscono per convezione il calore all'interno del fluido.

Ciclo litogenetico: processo ciclico che prevede che ogni roccia (magmatica, sedimentaria o metamorfica) possa trasformarsi in un tipo diverso a causa dei movimenti della crosta terrestre e dell'erosione da parte degli agenti atmosferici.

Cratone: strutture molto stabili e pianeggianti della crosta continentale. Sono formate da scudi e piattaforme.

Cristallo: corpo solido, naturale o artificiale, che si presenta con una forma esterna poliedrica, delimitata da superfici piane, le facce, disposte regolarmente.

Crosta terrestre: involucro rigido e sottile che ricopre la superficie terrestre. La crosta continentale è più spessa della crosta oceanica.

D

Datazione relativa: metodo di definizione dell'età di una roccia o di un fossile che si basa sul principio di sovrapposizione: lo strato sedimentario che si trova più in basso è più antico di quello sovrastante.

Diagenesi: l'insieme dei fenomeni di compattazione e di cementazione che avvengono dopo l'accumulo dei sedimenti durante il processo sedimentario.

Differenziazione magmatica: serie di processi chimico-fisici che mutano la composizione di un magma.

Discontinuità sismica: superfici di separazione tra i diversi strati che costituiscono l'interno della Terra, individuate da brusche variazioni della velocità delle onde sismiche.

E

Epicentro (di un terremoto): punto sulla superficie terrestre che si trova sulla verticale dell'ipocentro del terremoto.

F

Facies metamorfiche: intervalli di temperatura e pressione, riferiti all'ambiente di formazione delle rocce metamorfiche, che comprendono rocce di origine e composizione diversa.

Facies sedimentarie: caratteristiche litologiche e paleontologiche di una roccia che dipendono dall'ambiente di formazione.

Faglia: frattura all'interno di un ammasso roccioso nella quale si verifica il movimento delle due masse a contatto. Il movimento brusco genera scosse sismiche.

Fuso: fase liquida di un magma; ha composizione prevalentemente silicatica.

G

Geoterma: curva che mette in relazione la temperatura interna della Terra con la profondità.

Giacitura: rappresentazione sulla carta topografica dell'immersione (azimut della direzione di massima pendenza), dell'inclinazione (rispetto al piano orizzontale) e della direzione (perpendicolare all'immersione) di uno strato roccioso.

Gradiente geotermico: aumento di temperatura all'interno della Terra in funzione della profondità: in media è di circa 3 °C ogni 100 m.

Gutenberg (discontinuità di): superficie che separa il mantello dal nucleo esterno della Terra. Si trova a una profondità di 2900 km.

I

Intensità (di un terremoto): parametro che fornisce indicazioni sui danni registrati sulla superficie terrestre in un'area colpita da un terremoto; si misura con la scala MCS.

Ipocentro (di un terremoto): punto in cui avviene la rottura e il movimento di masse rocciose in profondità; da qui si propagano le onde P e S.

Isomorfismo: proprietà dei minerali che hanno una diversa composizione chimica ma una analoga struttura cristallina.

Isosisme: in una carta geografica, le linee chiuse che indicano aree che hanno subito un movimento tellurico di uguale intensità.

Isostasia: tendenza dei blocchi rocciosi della crosta terrestre a stabilire un equilibrio gravitazionale per mezzo di movimenti verticali.

L

Lacuna: mancanza di strati sedimentari all'interno di una serie: testimonia la mancata sedimentazione per un certo intervallo di tempo o l'asportazione di strati per erosione.

Lava: magma che fuoriesce sulla superficie terrestre durante un'eruzione vulcanica e che perde gran parte dei gas e dei vapori che contiene.

Lehmann (discontinuità di): superficie che separa il nucleo esterno dal nucleo interno della Terra. Si trova a una profondità di 5170 km.

Litosfera: involucro con comportamento rigido ed elastico che comprende la crosta e la parte superiore del mantello terrestre.

M

Magma: miscuglio di materiale fuso e gas situato all'interno della crosta terrestre.

Magma acido: magma che ha una percentuale in silice maggiore del 65%.

Magma basico: magma che ha una percentuale in silice compresa tra il 45% e il 52%.

Magma primario: magma basico di origine profonda derivato dalla fusione parziale di rocce ultrabasiche del mantello.

Magma secondario: magma di composizione acida che deriva dalla fusione parziale di rocce della crosta.

Magnitudo: grandezza calcolata che corrisponde all'energia liberata dall'ipocentro durante un terremoto. La scala delle magnitudo è la scala Richter.

Mesosfera: dal basso, il terzo strato dell'atmosfera; è costituito da gas molto rarefatti e si estende sino a 80/90 km di quota. Anche zona del mantello sottostante l'astenosfera, in cui le caratteristiche meccaniche delle rocce componenti sono simili a quelle della litosfera.

Minerale: sostanza solida caratterizzata da una composizione chimica ben definita e da una disposizione spaziale ordinata delle particelle che lo compongono.

Minerali indice: minerali importanti per lo studio dell'ambiente di formazione di una roccia metamorfica perché si formano in intervalli ristretti di temperatura e pressione.

Mohorovicic (discontinuità di): superficie che separa la crosta dal mantello terrestre. Si trova a una profondità media di 33 km.

N

Nubi ardenti: valanghe di materiale piroclastico misto a gas ad alta temperatura che scendono verso valle ad altissima velocità.

O

Onde L: onde sismiche superficiali che si propagano dall'epicentro di un terremoto.

Onde P: onde sismiche di compressione che si originano dall'ipocentro di un terremoto; la loro velocità aumenta all'aumentare della densità e varia nella crosta tra 4 e 8 km/s.

Onde S: onde sismiche trasversali che si originano dall'ipocentro di un terremoto; la loro velocità nella crosta varia tra 2 e 4 km/s. Non si propagano nei fluidi.

Onde sismiche: onde elastiche che si liberano quando le masse rocciose si muovono lungo un piano di faglia.

Orogeni: zone intensamente piegate, corrugate e metamorfosate della superficie terrestre che corrispondono alle principali catene montuose.

P

Paleosismologia: settore della sismologia che studia i terremoti del passato di cui non abbiamo testimonianze scritte.

Paragenesi: associazione mineralogica che consente di ricostruire le condizioni chimiche e fisiche di formazione di una roccia.

Piattaforma: aree pianeggianti all'interno dei continenti, formate da rocce sedimentarie, che formano (con gli scudi) aree molto stabili chiamate cratoni.

Piroclasti: frammenti generati dalla frantumazione della lava durante un'eruzione esplosiva. A seconda delle dimensioni crescenti si distinguono: polveri, ceneri, lapilli, blocchi e bombe.

Plutoni: masse magmatiche che solidificano in profondità.

Polimorfismo: proprietà dei minerali che possono presentarsi con un diverso abito cristallino a seconda delle condizioni di cristallizzazione.

Previsione deterministica: tipo di previsione che ha lo scopo di indicare precisamente quando avverrà un dato fenomeno in una determinata località.

Previsione statistica: tipo di previsione che valuta con quale probabilità possa verificarsi un evento in un certo intervallo di tempo in una determinata località.

Punto (o temperatura) di Curie: temperatura al di sopra della quale i materiali perdono le loro proprietà magnetiche.

R

Rimbalzo elastico (teoria del...): teoria che spiega il meccanismo di innesco di un terremoto: le rocce, se sottoposte a sforzi, si deformano e si rompono liberando energia sotto forma di onde sismiche.

Rocce ignee effusive: rocce che si formano a causa del raffreddamento rapido di una lava in superficie.

Rocce ignee intrusive: rocce che si formano a causa del raffreddamento molto lento di una massa magmatica in profondità.

Rocce metamorfiche: rocce che si formano dalla trasformazione di rocce preesistenti a causa delle variate condizioni di temperatura e pressione.

Rocce sedimentarie: rocce che si formano prevalentemente dall'erosione, trasporto e accumulo di rocce preesistenti.

Roccia: corpo solido formato dall'insieme di più minerali.

S

Scala MCS: scala di dodici gradi che esprime l'intensità di un terremoto; è basata sugli effetti rilevati sulla superficie terrestre.

Scala Richter: scala che misura la forza di un terremoto attraverso il calcolo della magnitudo.

Scudi: aree pianeggianti continentali che formano i cratoni. Sono costituiti da rocce metamorfiche e plutoniche che dimostrano la loro derivazione dall'erosione di antiche catene montuose.

Serie isomorfa: soluzioni solide di due minerali (termini estremi della serie) in cui esiste vicarianza tra due elementi chimici che sono presenti contemporaneamente e in quantità variabile.

T

Terremoto: violento e brusco movimento di una faglia della crosta terrestre che genera onde elastiche (sismiche) che si propagano in tutte le direzioni.

Tettonica: settore delle scienze della Terra che si occupa dello studio dei movimenti e delle deformazioni delle rocce della crosta terrestre.

V

Vicarianza: fenomeno di sostituzione di uno o più ioni, con dimensioni simili, nel reticolo cristallino di un minerale.

Vulcani a scudo: vulcani molto estesi e molto alti generati da una prevalente attività effusiva (Mauna Loa e Kilauea).

Vulcani composti o stratovulcani: vulcani con la tipica forma a cono, generati da una prevalente attività esplosiva, i cui fianchi sono formati da alternanza di depositi lavici e di depositi piroclastici.

Dizionario essenziale italiano/inglese

A

abito cristallino: *crystal form*

astenosfera: *asthenosphere*

C

caldera: *caldera*

camera magmatica: *magma chamber*

camino o condotto vulcanico: *volcanic pipe or conduit*

cella elementare: *unit cell*

cella convettiva: *convective cell*

ciclo litogenetico: *rock cycle*

cratone: *craton*

cristallo: *crystal*

crosta terrestre: *Earth crust*

D

datazione relativa: *relative dating*

diagenesi: *diagenesis*

differenziazione magmatica: *magmatic differentiation*

discontinuità sismica: *seismic discontinuity*

E

epicentro (di un terremoto): *epicenter*

F

facies metamorfiche: *metamorphic facies*

facies sedimentarie: *sedimentary facies*

faglia: *fault*

fuso: *molten*

G

geoterma: *geotherm*

giacitura: *attitude*

gradiente geotermico: geothermal gradient

Gutenberg (discontinuità di): *Gutenberg discontinuity*

I

intensità (di un terremoto): *earthquake's intensity*

ipocentro (di un terremoto): *hypocenter*

isomorfismo: *isomorphism*

isosisme: *isoseismic*

isostasia: *isostasy*

L

lacuna: *gap*

lava: *lava*

Lehmann (discontinuità di): *Lehmann discontinuity*

litosfera: *lithosphere*

M

magma: *magma*

magma acido: *acid magma*

magma basico: *basic magma*

magma primario: *primary magma*

magma secondario: *secondary magma*

magnitudo: *magnitude*

mesosfera: *mesosphere*

minerale: *mineral*

minerali indice: *index minerals*

Mohorovicic (discontinuità di): *Mohorovicic discontinuity*

N

nubi ardenti: *hot clouds*

O

onde L: *L waves*

onde P: *P waves*

onde S: S waves

onde sismiche: *seismic waves*

orogeni: *orogens*

P

paleosismologia: *paleoseismology*

paragenesi: *paragenesis*

piattaforma: *platform*

piroclasti: *pyroclastics*

plutoni: *plutones*

polimorfismo: *polymorphism*

previsione deterministica: *deterministic prediction*

previsione statistica: *statistical prediction*

punto (o temperatura) di curie: *curie point or temperature*

R

rimbalzo elastico (teoria del...): *elastic rebound theory*

rocce ignee effusive: *effusive igneous rocks*

rocce ignee intrusive: *intrusive igneous rocks*

rocce metamorfiche: *metamorphic rocks*

rocce sedimentarie: *sedimentary rocks*

roccia: *rock*

S

scala MCS: *MCS scale*

scala Richter: *Richter scale*

scudi: *shields*

serie isomorfa: *isomorphous series*

T

terremoto: *earthquake*

tettonica: *tectonic*

V

vicarianza: *vicariance*

vulcani a scudo: *shield volcanoes*

vulcani compositi o stratovulcani: *stratovolcanoes*

TAVOLA PERIODICA

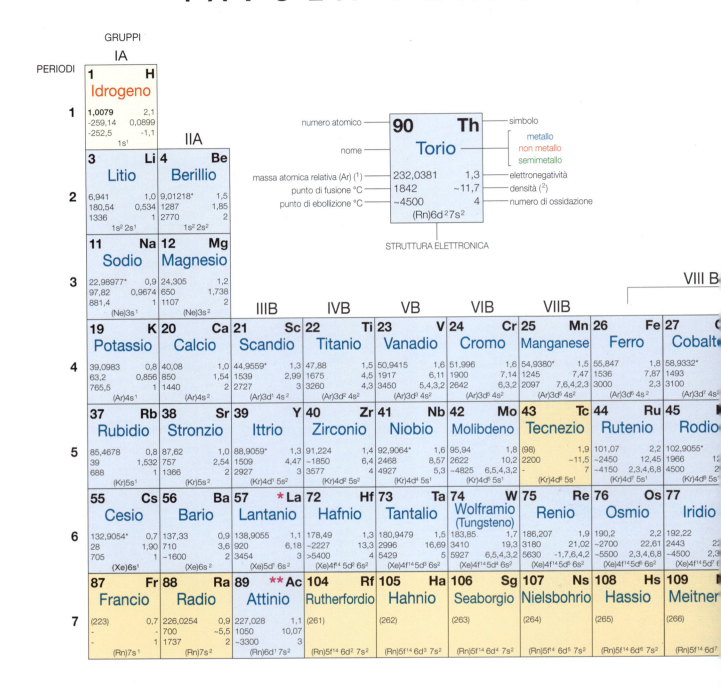

DEGLI ELEMENTI

Appendice

Legenda:
- SOLIDO
- LIQUIDO
- GAS
- ARTIFICIALE

VIIIA

2 He — Elio: 4,00260 | − ; − | 0,1785 ; −268,9 | − ; $1s^2$

Gruppi IIIA – VIIA

	IIIA	IVA	VA	VIA	VIIA
Z / Simbolo / Nome	5 B Boro	6 C Carbonio	7 N Azoto	8 O Ossigeno	9 F Fluoro
peso atomico	10,81 — 2,0	12,011 — 2,5	14,0067 — 3,0	15,9994 — 3,5	18,99840* — 4,0
	~2300 — 2,46	3727 g — 2,23 g	−210 — 1,25046	−218,4 — 1,429	−219,6 — 2,1866
	3	4827 — ±4,2	−196 — ±3,5,4,2,1	−183 — −2,−1	−188 — −1
config.	$1s^2\,2s^2\,2p^1$	$1s^2\,2s^2\,2p^2$	$1s^2\,2s^2\,2p^3$	$1s^2\,2s^2\,2p^4$	$1s^2\,2s^2\,2p^5$

10 Ne — Neon: 20,179 | − ; −248,6 | 0,89994 ; −245,92 | − ; $1s^2\,2s^2\,2p^6$

	IIIA	IVA	VA	VIA	VIIA
	13 Al Alluminio	14 Si Silicio	15 P Fosforo	16 S Zolfo	17 Cl Cloro
	26,98154 — 1,5	28,0855 — 1,8	30,97376* — 2,1	32,06 — 2,5	35,453 — 3,0
	660 — 2,708	1410 — 2,33	44,1 b — 1,836	115,21 β — 2,06	−101 — 3,212
	2327 — 3	2355 — 4	280 b — ±3,5	444,6 ß — −2,6,4	−34,05 — ±1,3,5,7
	$(Ne)3s^2\,3p^1$	$(Ne)3s^2\,3p^2$	$(Ne)3s^2\,3p^3$	$(Ne)3s^2\,3p^4$	$(Ne)3s^2\,3p^5$

18 Ar — Argo: 39,948 | − ; −189,3 | 1,784 ; −185,8 | − ; $(Ne)3s^2\,3p^6$

Gruppi IB – VIIIA (periodo 4)

	IB	IIB	IIIA	IVA	VA	VIA	VIIA
	29 Cu Rame	30 Zn Zinco	31 Ga Gallio	32 Ge Germanio	33 As Arsenico	34 Se Selenio	35 Br Bromo
	63,546 — 1,9	65,38 — 1,6	69,72 — 1,6	72,59 — 1,8	74,9216* — 2,0	78,96 — 2,4	79,904 — 2,8
	1083 — 8,96	419 — 7,14	29,7 — 5,9	937,4 — 5,32	814 — 5,72	217 — 4,81	−7,25 — 4,52
	2595 — 2,1	907 — 2	2403 — 3	2830 — 4	613 (subl.) — ±3,5	685 — 6,4,−2	58,78 — ±1,3,5
	$(Ar)3d^{10}\,4s^1$	$(Ar)3d^{10}\,4s^2$	$(Zn)4p^1$	$(Zn)4p^2$	$(Zn)4p^3$	$(Zn)4p^4$	$(Zn)4p^5$

(28 Ni — Nichel(io): …69 — 1,8 ; …55 — 8,910 ; …00 — 2,3 ; $(Ar)3d^8\,4s^2$)

36 Kr — Kripto: 83,80 | − ; −157,2 | 3,7493 ; −153,35 | − ; $(Zn)4p^6$

Gruppi IB – VIIIA (periodo 5)

	IB	IIB	IIIA	IVA	VA	VIA	VIIA
	47 Ag Argento	48 Cd Cadmio	49 In Indio	50 Sn Stagno	51 Sb Antimonio	52 Te Tellurio	53 I Iodio
	107,868 — 1,9	112,41 — 1,7	114,82 — 1,7	118,71 — 1,8	121,75 — 1,9	127,60 — 2,1	126,9045* — 2,5
	961 — 10,53	320,9 — 8,64	156 — 7,36	232 — 7,29	630 — 6,68	450 — 6,64	113,6 — 4,98
	2212 — 1	767 — 2	2000 — 3	2507 — 4,2	1635 — ±3,5	990 — −2,6,4	185,24 — ±1,5,7
	$(Kr)4d^{10}\,5s^1$	$(Kr)4d^{10}\,5s^2$	$(Cd)5p^1$	$(Cd)5p^2$	$(Cd)5p^3$	$(Cd)5p^4$	$(Cd)5p^5$

(46 Pd — Palladio: …6,42 — 2,2 ; …54 — 12,0 ; …67 — 2,4 ; $(Kr)4d^{10}$)

54 Xe — Xeno: 131,29 | − ; −111,9 | 5,8971 ; −108,12 | − ; $(Cd)5p^6$

Gruppi IB – VIIIA (periodo 6)

	IB	IIB	IIIA	IVA	VA	VIA	VIIA
	79 Au Oro	80 Hg Mercurio	81 Tl Tallio	82 Pb Piombo	83 Bi Bismuto	84 Po Polonio	85 At Astato
	196,9665* — 2,4	200,59 — 1,9	204,383 — 1,8	207,2 — 1,8	208,9804* — 1,9	(209) — 2,0	(210) — 2,2
	1064,8 — 19,3	−38,85 — 13,59	303,5 — 11,85	327,4 — 11,35	271 — 9,8	254 — 9,4	(302) — −
	2808 — 3,1	356,72 — 2,1	1457 — 3,1	1740 — 4,2	1560 — 3,5	962 — 4,2	−71 — ±1,3,5,7
	$(Xe)4f^{14}5d^{10}\,6s^1$	$(Xe)4f^{14}5d^{10}\,6s^2$	$(Hg)6p^1$	$(Hg)6p^2$	$(Hg)6p^3$	$(Hg)6p^4$	$(Hg)6p^5$

(78 Pt — Platino: …5,08 — 2,2 ; …'3 — 21,45 ; …327 — 2,4 ; $(Xe)4f^{14}5d^9\,6s^1$)

86 Rn — Radon: (222) | − ; −71 | 9,72 ; −61,8 | − ; $(Hg)6p^6$

gas nobili

Periodo 7 (parziale)

	111 Uuu Unununio	112 Uub Ununbio
	(272)	(277)
	$(Rn)5f^{14}6d^{10}7s^1$	$(Rn)5f^{14}6d^{10}7s^2$

(110 Uun — Ununilio: (…2) ; $(Rn)5f^{14}6d^9\,7s^1$)

ELEMENTI DI TRANSIZIONE INTERNA

Lantanidi

	64 Gd Gadolinio	65 Tb Terbio	66 Dy Disprosio	67 Ho Olmio	68 Er Erbio	69 Tm Tulio	70 Yb Itterbio	71 Lu Lutezio
	157,25 — 1,1	158,9254* — 1,2	162,50 — 1,2	164,9304* — 1,2	167,26 — 1,2	168,9342* — 1,2	173,04 — 1,1	174,967 — 1,2
	1312 — 7,87	1356 — 8,33	1407 — 8,56	1470 — 8,80	1497 — 9,06	1550 — 9,318	824 — 7,01	1652 — 9,84
	3000 — 3	2800 — 3,4	2330 — 3	2720 — 3	~2500 — 3	1727 — 2,3	1427 — 3,2	3327 — 3
	$(Xe)4f^7\,6s^2$	$(Xe)4f^9\,6s^2$	$(Xe)4f^{10}\,6s^2$	$(Xe)4f^{11}\,6s^2$	$(Xe)4f^{12}\,6s^2$	$(Xe)4f^{13}\,6s^2$	$(Xe)4f^{14}\,6s^2$	$(Xe)4f^{14}5d^1\,6s^2$

(63 Eu — Europio: …,96 — 1,0 ; … — 5,24 ; …89 — 2,3 ; $(Xe)4f^7\,6s^2$)

Attinidi

	96 Cm Curio	97 Bk Berkelio	98 Cf Californio	99 Es Eisteinio	100 Fm Fermio	101 Md Mendelevio	102 No Nobelio	103 Lr Laurenzio
	(247) — 1,3	(247) — −	(251) — −	(252) — −	(257) — −	(258) — −	(259) — −	(260) — −
	1350 — 13,67	986 — 13,25	900 — −	−	−	−	−	−
	3	4,3	3	−	−	−	−	−
	$(Rn)5f^7\,6d^1\,7s^2$	$(Rn)5f^9\,7s^2$	$(Rn)5f^{10}\,7s^2$	$(Rn)5f^{11}\,7s^2$	$(Rn)5f^{12}\,7s^2$	$(Rn)5f^{13}\,7s^2$	$(Rn)5f^{14}\,7s^2$	$(Rn)5f^{14}6d^1\,7s^2$

(95 Am — Americio: …3 — 1,3 ; … ; 6,5,4,3 ; $(Rn)5f^7\,7s^2$)